同济大学学术专著（自然科学类）出版基金项目

海绵城市透水铺装技术与应用

李 辉 赵文忠 张 超 王向平 著

同济大学出版社
TONGJI UNIVERSITY PRESS

内 容 提 要

本书以海绵城市建设为背景，围绕透水铺装的技术与应用，从全寿命周期的角度出发，系统梳理了透水铺装从材料选择、结构设计到施工工艺、养护技术等多方面内容，详细介绍了透水铺装的生态功能，并分析其可能产生的全寿命周期经济成本与环境影响，同时积极探索固体废弃物在透水铺装中实现资源化利用的可能性，最后对未来发展方向提出展望。本书适用于海绵城市、交通运输工程相关技术、管理、决策人员以及广大对此领域感兴趣的读者阅读。

图书在版编目(CIP)数据

海绵城市透水铺装技术与应用 / 李辉等著. —上海：同济大学出版社，2019.5

ISBN 978-7-5608-8361-8

Ⅰ.①海… Ⅱ.①李… Ⅲ.①透水路面—路面铺装 Ⅳ.①U416.25

中国版本图书馆 CIP 数据核字(2019)第 004110 号

同济大学学术专著（自然科学类）出版基金项目

海绵城市透水铺装技术与应用

李　辉　赵文忠　张　超　王向平　**著**

责任编辑 陆克丽霞　**责任校对** 徐春莲　**封面设计** 陈益平

出版发行　同济大学出版社　www.tongjipress.com.cn

（地址：上海市四平路 1239 号　邮编：200092　电话：021-65985622）

经　　销　全国各地新华书店、建筑书店、网络书店

印　　刷　常熟市华顺印刷有限公司

开　　本　787 mm×1092 mm　1/16

印　　张　13.75

字　　数　343 000

版　　次　2019 年 5 月第 1 版　2019 年 5 月第 1 次印刷

书　　号　ISBN 978-7-5608-8361-8

定　　价　80.00 元

前　言

我国在城市化快速发展过程中普遍存在开发强度高、地表铺装硬化等诸多问题，使得城市原有的水文条件与生态环境被改变，突出表现为地表径流大幅增加，不仅增大了传统末端处理设施的负荷，而且引发严重的“城市内涝”问题。同时，地表径流裹挟着空气中的悬浮物及路表各种污染物排入附近水体也会造成面源水污染。另外，近年来，在气候变化与人类活动的综合影响下，水资源供需矛盾愈发突出。因此，针对以上城市水安全、水环境、水资源三大问题，寻求新型的雨洪管理理念与方法成为当前城市雨洪管理领域的主要方向。

我国于2014年提出了“海绵城市”的新型城镇化建设发展战略，并相继出台了《海绵城市建设技术指南——低影响开发雨水系统构建》《关于推进海绵城市建设的指导意见》等文件，分别于2015年和2016年分两批选择了镇江、嘉兴、上海、北京、深圳等30个城市开展试点。根据海绵城市建设的总体目标，到2020年城市建成区20%以上的面积需要能够将不低于70%的降雨地表径流就地消纳和利用，到2030年城市建成区80%以上的面积需要能够将不低于70%的降雨地表径流就地消纳和利用。建设海绵城市需要的技术措施包括：透水铺装、绿色屋顶、雨水花园、生态滞留池等。其中，各种道路铺装面积占城市地表面积的20%～30%，因此透水铺装成为海绵城市建设的重要技术支撑。

本书围绕透水铺装的技术与应用展开，系统梳理、总结了透水铺装在材料、结构、施工与养护等方面的内容。具体包括：海绵城市理念与透水铺装概述（第1章）、透水铺装生态功能（第2章）、透水沥青混凝土铺装技术（第3章）、透水水泥混凝土铺装技术（第4章）、透水连锁混凝土铺砖路面（第5章）、透水铺装结构设计理论与方法（第6章）、透水铺装施工工艺及养护技术（第7章）、透水铺装路面全寿命周期经济成本与环境影响分析（第8章）、固体废弃物在透水路面中的资源化应用（第9章）、透水铺装现存问题及发展趋势（第10章）。

感谢相关人员在书稿素材整理和校核方面所做的贡献，希望本书能够为从事相关行业的技术人员与管理人员提供借鉴与参考，不足之处，敬请批评、指正！

本专著研究成果得到了国家重点研发计划资助（2016YFE0108200）及河北省交通厅项目资助（QG2018-5），特此表示感谢！

著　者

2019年3月

目　　录

第 1 章 海绵城市理念与透水铺装概述

1.1 海绵城市的理念与背景

当前，我国正处在城镇化快速发展的时期，城市建设已取得了显著成就。与此同时，高强度开发和不透水铺装不仅导致城市硬化面积过大，而且改变了城市原有的水文条件和生态环境，使中国面临严重的水环境和水安全问题。

(1) 水资源短缺。我国水资源虽然总量可观，但面积占有量和人均占有量均较少，全国平均单位国土面积水资源量仅为 29.9 万 m^3/km^2，为世界平均水平的 83%；人均水资源仅为 2 100 m^3，不足世界人均占有量的 1/3。从整体来看，地理位置和季风气候决定了我国降水主要受到东南季风和西南季风控制，年际变化大，年内月份分布不均，具有明显的雨热同期的特点，6—9 月降水占全年降水量的 60%～80%。从地理位置来看，空间分布不均，南多北少，东多西少。进入 21 世纪以来，由于气候变化和人类活动的综合影响，与 1956—2000 年相比，2001—2009 年降水量多年平均值减少 2.8%，海河流域降水减少 9%，地表水减少 49%，径流的减少使得部分河流从开放向闭合转变，水资源总量减少 31%[1]。随着工业、农业、生活用水需求的逐年增长，水资源供需矛盾越来越突出[2]。

(2) 水污染问题。我国地表水和地下水的受污染情况都十分严重。《2016 年水资源公报》中指出，通过对全国 23.5 万 km 的河流水质进行评价，水质为Ⅰ～Ⅲ类的河长占 76.9%，劣Ⅴ类水质的河长占 9.8%，主要污染项目为氨氮、总磷、化学需氧量。对全国 118 个湖泊共 3.1 万 km^2 水面进行水质评价，全年总体水质为Ⅰ～Ⅲ类的湖泊有 28 个，Ⅳ～Ⅴ类湖泊 69 个，劣Ⅴ类湖泊 21 个，分别占 23.7%，58.5%和 17.8%。全国 763 眼监测井中，水质为Ⅳ～Ⅴ类的监测井比例达 62.0%。同时，我国水污染呈现复合性、流域性和长期性的特点，由于排污量的增加和水体纳污能力的综合作用，导致水污染已成为最突出的水资源问题。

(3) 城市内涝多发。近年来，城市内涝现象发生的频率越来越高，主要原因有两方面：①不透水铺装面积的增加，导致渗入地下的水量越来越少；②城市排水系统的作用是使径流顺着道路排水系统排出城市区域，现状是城市排水系统排洪能力不足、管网设施不配套等问题。据统计，2008—2010 年，全国 62%的城市发生过不同程度的内涝，内涝灾害超过 3 次的城市有 137 个。2012 年我国有 184 个县级以上城市遭受了不同程度的内涝灾害[3]。2011 年南京“7・18”特大暴雨、2012 年北京“7・21”特大暴雨，2013 年厦门和沈阳、2014 年深圳、2015 年上海、2016 年武汉的大暴雨等均给城市和人民造成了不同程度的损失。

在快速的城市化进程中，我国水资源问题越来越多、水安全问题也日益突出，因此寻求新型雨洪管理方法和先进理念是解决这些问题的根本途径。要使城市“弹性适应”环境的变化与自然灾害，有以下几个目标需要达成：①最大限度地保护原有河湖水系和生态体系，保护原有水生态系统，维持城市开发前的自然水文特征，保护水生态系统；②始终保持城市生态空间占一定比例，恢复被破坏的水生态；③通过合理控制开发强度，减小对城市原有生态体系的影响，实现低影响开发，增加水域面积，促进雨水利用；④减小径流量，减轻暴雨对城市的影响。

“海绵城市”是一种新型城市雨洪管理理念，它能够通过以上手段，实现城市“弹性适应”环境的总目标。“海绵城市”的内涵是城市在适应环境变化和应对雨水带来的自然灾害等方面具有良好的“弹性”，下雨时吸水、蓄水、渗水、净水，需要时将蓄存的水“释放”并加以利用，也可称之为“水弹性城市”。

1.2 雨洪管理国内外相关理念

针对城市化进程中城市内涝现象频发，以及非点源污染等问题，国内外进行了一系列针对雨洪管理的探索和实践，并提出了多种理论体系。在国外的研究中比较典型的雨洪管理有以下几种：美国提出的最佳管理措施（Best Management Practices, BMP）和低影响开发（Low Impact Development, LID），英国提出的可持续排水系统（Sustainable Discharge System, SuDS），澳大利亚的水敏感城市设计（Water Sensitive Urban Design, WSUD），新西兰的低影响城市设计与开发（Low Impact Urban Design and Development, LIUDD），以及我国提出的海绵城市（Sponge City）。

1.2.1 最佳管理措施(BMP)

作为一种预防污染的措施，最佳管理措施（BMP）这一概念主要在美国和加拿大应用较为广泛。美国农业部（U.S. Department of Agriculture, USDA）将 BMP 定义为：通过问题评估，采用工程性和非工程性方式来避免或减少非点源污染以提高水质的方法与措施。BMP 理念的雏形出现在 1949 年美国农业年鉴中，C. R. Hursh[4] 关于流域及其保护的一篇文章中首次提出需要采用更好的土地管理措施以恢复植物覆盖与土壤结构。虽然该文章中并没有明确提出 BMP 这一术语，但应是 BMP 理念的前身。1972 年，美国在《净水法案》（*Clean Water Act*）中首次明确了最佳管理措施（BMP）的概念，将点源污染与面源污染两个概念区分开，其中面源污染具有广泛随机分布、滞后性、模糊性、潜伏性的特点，如表 1-1 所示。同时，该法案中提出 BMP 措施是解决非点源污染的有效措施，倡导以土地利用方式合理化为基础的最佳管理措施 BMP，建立了 BMP 数据库（BMP database），已包含 400 多个相关案例。

表1-1　点源污染与非点源污染[5]

点源污染	非点源污染
管道末端，源头可确认	源头分散
工业污染产物	自然污染（如沉积），一定程度上与水流生态相关
负载远超自然承载力	对于每种单源头来说，负载相对较低
静态来源，易建立具有代表性的监控地区	随时间和地域变化，难以建立监控地区
污染受气候、水文条件影响小	污染受气候、水文条件影响很大
通过NPDES认证的过程控制或者废水处理来控制污染	通过自愿、激励、监管的最佳管理措施（BMP）来控制污染

注：NPDES（National Polution Discharge Elimination System）为美国消除污染排放系统。

最佳管理措施（BMP）的实现，主要可以分为结构性和非结构性两种形式。结构性的BMP措施是指通过在末端建设绿色设施（如过滤带、过滤准则、浅草坑、绿色屋顶、生物滞留池、透水铺装等）来实现水净化、缓解暴雨径流；非结构性的BMP措施是指通过运营及过程管控（如减少采用化学肥料及杀虫剂的使用等）来实现水净化、缓解暴雨径流。随着美国消除污染排放系统（NPDES）阶段Ⅱ要求的提出，再次细化了BMP在控制暴雨径流方面的定义：BMP是单一采用或协同起作用来使暴雨径流减少排放污染且效益最大化的技术、过程、行为和结构。

对于单项BMP工程性技术，主要有滞留式、生物式、渗透式和过滤式这四种形式。

(1) 滞留式BMP：代表性措施为滞留池和滞留塘，主要目的为减小雨水洪峰流量及控制雨水排入自然水体的量，即水量控制。

(2) 生物式BMP：利用生物的拦截作用使污染物经沉淀、渗透后得以去除的最佳管理措施。植被过滤带（Vegetation Filter Zone，VFZ）为其代表性措施，其主要目的为减少污染物流入水体。

(3) 渗透式BMP：通常分为三层，下层为不受干扰的自然土壤层，中间为碎石或其他粗糙物填充的介质层，上层覆盖表层土。近年来，研究应用较多的透水型路面即属于这种BMP措施。这种方式可以兼顾水量控制和水质控制均达到较好的效果。但这种方式在设计时需要考虑的因素更多，包括土壤类型、地质条件及地下水位等。

(4) 过滤式BMP：又称为雨水花园，通常包括表层植被、填料层、透水土壤，底部一般设有地下排水系统。研究发现，不同填充介质有不同的净化效果；降水量、降水时间以及气候因素均是净化效果的主要影响因素。

如果从流域角度进行BMP设计规划，除了对以上单项措施进行研究评价外，还需结合流域其他相关数据建立BMP应用模型。针对区域内非点源目标污染物的模拟预测模型主要有：农业方面应用较多的SWAT（Soil and Water Assessment Tool）[6]模型，城市径流控制应用较多的SWMM（Storm Water Management Model）[7]模型等。此外，由美国环境保护署（U. S. Environmental Protection Agency，EPA）联合Tetra Tech公司开发的

SUSTAIN 系统(System for Urban Stormwater Treatment and Analysis Integration)[8]无论是从中小流域还是大流域应用角度都表现出了较好的优化效果。

1.2.2 低影响开发(LID)

由于 BMP 措施主要是针对排放末端的处理方法,应用并不广泛。究其原因,主要是针对不同地区和流域,水文与气候条件差别较大,设计规格和土壤水力设计的差别影响了 BMP 的推广。而低影响开发(Low Impact Development, LID)这一概念主要在美国北部及新西兰采用。与 BMP 不同,LID 是从微观尺度出发,在位于或者靠近径流源头的地方采用规模较小的分散式雨水处理设施,如生物滞留池、绿色屋顶和洼地等。因此,这种理念实施起来成本更低、分布更灵活、更适合高密度城市区域。1977 年,Barlow 等[9]首次在有关土地利用的规划报告中采用了 LID 这一理念,希望能通过自然措施使雨洪管理的代价最小化。但 LID 这一概念的真正提出是在 1990 年,美国马里兰州的 Prince George's County 采用 LID 这一理念,减少非渗透路面开发,保留自然区域。美国政府要求新开发建设项目必须修建雨洪管理设施以实现"径流零增长"(zero runoff)的目的,即开发后的地表径流量不超过开发前的地表径流量,保持径流峰值出现的时间基本不变,如图 1-1 所示。美国马里兰州采用低影响开发技术的相关应用研究结果显示,采用 LID 之后增加了一定面积的建筑用地,但减少了场地清理修复费用,节约成本 27 万美元[10]。M. M. L. Khin 等[11]基于 WorldView-2 卫星图像建立了低影响城市排水系统模型。为鼓励人们采用新的雨水处理方式,美国采取了一系列辅助的经济手段,如总税收、发行义务债券、联邦和州给予补贴、联邦贷款等。但考虑到 LID 这种方式所面向的主要是小暴雨事件径流的就地消解,对于大暴雨事件,LID 对径流的消解作用有限。

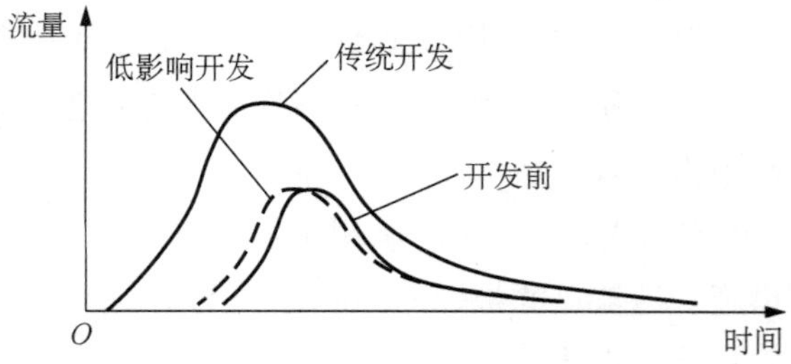

图 1-1 LID 水文特征曲线[12]

结合本书第 1.2.1 节来说,美国现代雨洪管理经历了三十多年发展之后,可以将其发展历程总结为如图 1-2 所示。从美国现代雨洪管理的发展历程和趋势,可以看到雨洪管理的重点从大流域管理逐渐向小流域管理转变,从末端管理逐渐向源头控制转变,从流域控制向地点控制转变,从水量控制逐渐向水质管理转变。

1.2.3 可持续排水系统(SuDS)

20 世纪 90 年代,基于美国 BMP 措施,英国开始推进一系列雨洪管理政策。1997 年,苏格兰的 Jim Conlin 等[14]首次提出了可持续排水系统(Sustainable Urban Drainage System, SuDS)来描述暴雨径流管理措施。1998 年,B. D'Arcy 等[15]首次提出了综合考虑传统模式中相互独立的"可持续排水三角"(水质、水量、环境舒适性/便利性),定义了可持续排水系统的

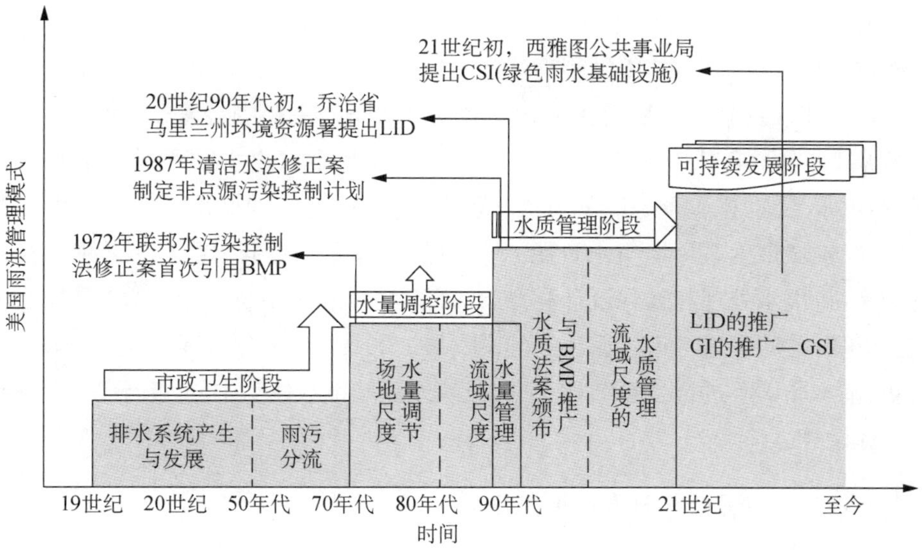

图 1-2　美国雨洪管理发展历程[13]

概念。随后，英国建筑业研究和信息协会(Construction Industry Research and Information Association, CIRIA)[16]制定了一系列可持续排水系统手册。2007 年，《可持续排水系统手册》(*The SuDS Manual*)颁布，成为当时英国最权威的 SuDS 应用手册。

SuDS 包括一系列排水技术手段，从源头、传输过程和末端处理这三个阶段进行分级削减和控制，每个环节都对应不同的控制措施和设计方法，最终完成预防措施、源头控制、场地控制和区域控制四个目标，形成暴雨径流管理链。考虑上述四个目标，SuDS 的排水技术手段可以分为以下四种：

(1) 过滤式沉淀槽和洼沟：实现从降雨源头(屋顶、停车场等)处置雨水径流。

(2) 过滤式排水沟和透水铺装路面：通过顺应地表的自然排水路面，增加透水路面面积，减缓雨水聚集速度，使得更多雨水下渗，避免径流的形成，即在雨水运输过程中实现径流控制。

(3) 渗入装置：采用一系列装置(如渗沟、渗井)争取更多的雨水下渗。

(4) 水洼或池塘：实现雨水汇集控制，从而方便进行集中处理。

1.2.4　水敏感城市设计(WSUD)

20 世纪 90 年代，澳大利亚开始采用水敏感城市设计(Water Sensitive Urban Design, WSUD)这一理念。1994 年，C. Whelan[17]在西澳洲政府(Western Australian Government)的相关报告中提出 WSUD 的基本原则：

(1) 管理水量平衡(考虑地下水、河流、洪水灾害以及水路侵蚀)。

(2) 保护并尽可能提高水质(包括处理沉积污染、保护河岸植被、减少污染)。

(3) 鼓励节约用水(尽量减少饮用水供应，通过雨水收集和废水回收的再利用来减少灌溉用水)。

(4) 保护水环境和景观设计。

显然,在 WSUD 理念中,雨洪管理是其中一个子系统,旨在控制洪水径流、提高水质、收集雨水用于非饮用渠道。尽管在 WSUD 的应用初期,主要围绕着暴雨径流管理,但在 2006 年左右,多名学者开始关注 WSUD 这一理念在整个城市水循环系统中的生态整合框架,包括供水系统、排水系统以及雨洪管理系统,目的是实现城市建设与城市水循环的协同发展,保护城市生态环境与水资源[18]。与前几种理念不同,WSUD 更注重整合资源和学科交叉,将雨水处理和景观设计相结合,以雨洪管理子系统为中心,联合其他子系统形成"工具包",共同促进城市水循环的健康发展。2016 年,王晓锋等[19]对 WSUD 这一理念的内涵、基本原则等进行了总结,以长江三峡库区城市水体为中心,基于 WSUD 理论进行了创新性设计。

1.2.5 低影响城市设计与开发(LIUDD)

基于低影响开发(LID)理念与澳大利亚的水敏感城市设计(WSUD)理念,新西兰提出了低影响城市设计与开发(LIUDD),其关键点在于避免水质和流域受到污染而不是水流状态管理[20],不仅针对城区的流域和径流进行管理优化,而且针对城市更广泛的低影响开发模式提出相关理念。LIUDD 的理念可以用式(1-1)表示。

$$\mathrm{LIUDD} = \mathrm{LID} + \mathrm{CSD} + \mathrm{ICM}(+\mathrm{SB}) \tag{1-1}$$

式中 LID——低影响开发;

CSD——小区域管理;

ICM——综合流域管理;

SB——可持续建筑,式(1-1)中(+SB)表示此项仅在必要时予以考虑。

1991 年,新西兰通过了《资源管理法》(*Resource Management Act*)并将其作为自然资源方面的责任和义务。LIUDD 这一概念的提出,不仅采用了低影响开发(LID)这一理念,还将城市设计(UD)融入其中,从综合规划的角度提出了人类城市的发展和建设活动不能损害自然环境和资源的理念、方法和措施。LIUDD 体系的主要原则可以分为三个阶段,逐步细化,形成整体框架,如图 1-3 所示。

LIUDD 的研究内容主要涉及以下几个方面。

(1) 在流域尺度而非单独应用某种技术进行雨洪管理。2008 年,Allison H Roy 等[22]通过比较澳大利亚和美国的案例,从分析并解决可持续城市发展的 7 个主要障碍着手,建议从流域角度广泛实施雨洪管理措施以保护河流生态系统及人类健康安全。2009 年,Robert M Roseen 等[23]研究了美国北部地区在寒冷冬季条件下采用低影响开发(LID)的性能变化,尤其是过滤介质的冰冻以及冬眠的生物功能,结果发现 LID 措施几乎不受寒冷季节的影响,而单独采用的小系统受气候变化影响较大。

(2) 水文/水质模型:2010 年,Chandana Damodaram 等[24]提出一种建模方法,即将 LID 实践纳入现有的水文计算模型中,以得克萨斯州大学流域为例,计算发现 LID 措施可

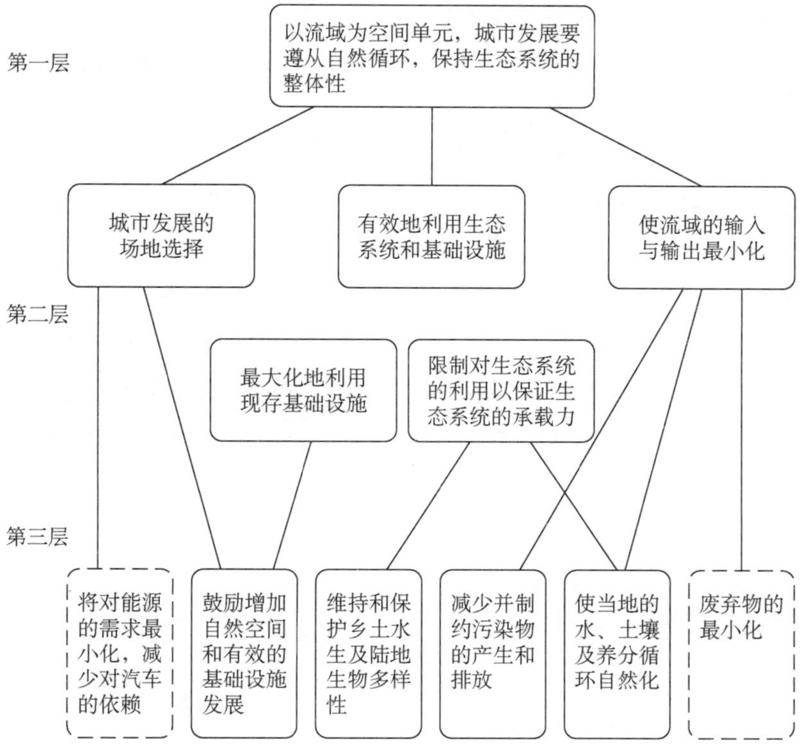

图 1-3　LIUDD 的理论框架[17-21]

以对洪水小事件有明显的控制效应，而对洪水事件的控制效果则需要与 BMP 措施协同合作。2012 年，Laurent M Ahiablame 等[25]在针对 LID 的一篇文献综述中汇总了暴雨洪水管理(SWMM)模型、城市暴雨处理及分析集成系统(SUSTAIN)模型、长期水文影响评价(L-THIA-LID)模型并给出了研究趋势建议；同年，Joong Gwang Lee 等[26]以堪萨斯州一个实例说明了 SUSTAIN 模型的应用及未来的发展方向；同年，Jia Haifeng 等[27]以北京奥运村为实例，将 SWMM 模型与 BMPDSS 模型耦合应用实现雨水管理。

(3) 水质净化：2009 年，Erik S Bedan 等[28]进行了传统住宅建设和 LID 实施后的水质对比，发现实施 LID 措施后，暴雨径流增加了 42%，而洪峰流量没有发生变化，硝酸盐、氨氮、锌、铅含量均减少，而总磷(TP)和总悬浮固体(TSS)有所增加。2011 年，Robert A Brown 等[29]从 LID 措施(生物滞留池)的不同深度和设计结构入手，研究了不同的施工和设计对径流量和水质的影响。

1.2.6　海绵城市(Sponge City)

我国关于海绵城市的研究起步相对较晚，雨洪管理的概念和技术仍在探索推广中。2012 年，在“低碳城市与区域发展科技论坛”上，首次提出了“海绵城市”的概念。2013 年，习近平总书记在中央城镇化工作会议上强调：“要建设自然积存、自然渗透、自然净化的海绵城市。”2014 年，住房和城乡建设部正式发布了《海绵城市建设技术指南——低影响开发雨水系统构建(试行)》,明确提出“督促各地加快雨污分流改造,提高城市排水防涝水平,大力推行低影响开发建设模式,加快研究建设海绵型城市的政策措施”。2015 年,国务院办公厅印发《关于推进海绵城市建设的指导意见》,明确提出海绵城市建设总体要求:通过海绵城市建设,最大限度地减少城市开发建设对生态环境的影响,将 70%的降雨就地消纳和利用。到 2020 年,城市建成区 20%以上的面积达到目标要求;到 2030 年,城市建成区 80%以上的面积达到目标要求。国内学者也针对海绵城市进行了多项研究,实现从快排、及时就近排出、快速排干的工程排水时代跨入“渗、滞、蓄、净、用、排”六位一体的综合排水、生态排水的历史性、战略性的转变[30-32]。海绵城市与低影响开发息息相关,低影响开发技术按主要功能一般可分为渗透、储存、调节、转输、截污净化等几类。通过各类技术的组合应用,可实现径流总量控制、径流峰值控制、径流污染控制、雨水资源化利用等目标。

1.3 透水铺装概述

1.3.1 透水铺装发展历程

随着城市建设的逐步展开和城市扩张蔓延,城市道路、停车场、房屋屋顶、公园广场等各类道路铺装占比越来越大,但传统城市开发主要采用灰色基础设施,过分强调路面的防水防渗性能,铺筑不透水路面(密级配沥青混凝土、水泥混凝土等),此种铺筑方式具有成熟的施工工艺和研究体系,但给城市生态环境、人居环境、气候变化带来了一系列负面影响。

透水铺装是指采用多孔结构形成骨架,在满足雨水下渗功能的同时,能够满足路用铺筑强度和耐久性要求的地面铺装技术,主要形式有透水沥青混凝土铺装、透水水泥混凝土铺装及透水性地砖等。透水铺装可以有效地减少洪峰流量、防治城市内涝现象、净化雨水径流污染,已被广泛应用于公园、停车场、人行道、广场、轻载道路等区域。透水铺装作为海绵城市的重要组成部分,同时又是重要的基础设施、主要的排水载体,成为“海绵城市”的一种重要的源控制技术。但国内在海绵城市透水铺装的设计和建设方面尚处于起步阶段,在海绵城市透水铺装规划体系、结构设计与材料的选择和环保监测及评价方法等方面还缺少研究,更缺少统一的定义与评价标准。

透水性路面最早可以追溯到 1944 年,美国加州高速公路厅在小路铺筑中采用了这种方式。1852 年,由于缺少细集料,英国在施工中采用了不含细集料的透水混凝土。根据美国国家沥青路面协会(National Asphalt Pavement Association, NAPA),美国于 1960 年前后提出透水沥青路面来促进过滤,减少暴雨事件中排水系统的负荷,补充地下水。1970 年,美国环境保护署(EPA)进行了一系列研究,关键点在于研究不同形式的透水路面的成本和效益。1977 年,马萨诸塞州康科德在瓦尔登湖国家保护区的停车场中采用了透水沥青路面,如图 1-4 所示。

1970 年,美国开始在暴雨频发的佛罗里达州推广使用透水性混凝土路面(无细料混凝土),主要应用在居住小区的入口道路和停车道、广场、公共入口、商业中心停车场和停

图 1-4　1977 年的透水沥青路面

图片来源：A. Richard Miller，http://millermicro.com/porpave.html。

车车位、自行车道、运动场、大学操场、人行道以及分离式道路的停车道，大多数只适合于中级和轻级的交通道路。1974 年，美国联邦公路管理局（FHWA）发布了开级配磨耗层（Open Graded Friction Course，OGFC）混合料设计方法。1979 年，佛罗里达州的萨拉索塔教堂停车场采用了无细料混凝土，由Ⅰ型普通水泥、中粒径（6～12.5 mm）碎石和加气剂按比例拌和而成。1990 年，佛罗里达州的水资源管理单位提出暴雨径流复原计划（Stormwater Rehabilitation Project），在 Bath Club Concourse 推行使用透水性混凝土路面来增加暴雨径流入渗量。由于环保的要求，爱荷华州也开始尝试使用透水性沥青路面，透水面层的沥青用量一般为 5%～6%。在设计该结构时，需要提供稳定的工作平台用于面层的施工，所以在设计时建议透水基层与面层之间设置调平层，土基与透水基层之间设无纺土工织物。

在美国亚利桑那州，透水性路面得到了广泛的应用，该州的典型路面结构形式为 15 cm厚面层（开级配沥青混合料）＋15 cm 厚基层（开级配沥青处治，相当于开级配的沥青稳定碎石）＋20 cm 厚底基层（开级配碎石层），并且根据降雨量的大小来考虑在路面内部是否设置排水管道。在美国的菲尼克斯和波特兰，透水性沥青路面已经应用于城市道路。在美国轻交通道路（速度低于 55 km/h）和停车场应用透水性路面铺筑技术已相当成熟，拥有 30 多年的使用经验。

法国进行的关于透水混凝土的研究主要为路边排水和硬路肩的试验，主要在des. Pouts et Chaussee 实验室完成，透水混凝土主要由普通矿渣水泥或火山灰水泥、5～20 mm轧制碎石、少量砂以及饮用水拌制而成。路肩铺筑完成后，在表面铺罩沥青混合料。

日本从 1973 年开始研究透水铺装，主要目的是为了解决因抽取地下水而引起的地基下沉问题；1982 年开始，基于“雨水渗透计划”，人行道透水性铺装技术在全国范围推广；1996 年开始研究透水性沥青铺装，于 2000 年铺筑试验路，并且应用在车行道上；2005 年开始研究车道透水性技术标准。日本在透水沥青混凝土的材料发展、规范标准制定、现场施工等方面，积累了丰富的经验。

我国关于透水铺装的起步时间较晚。20 世纪 70 年代，北京园林局研制开发了透水、透气性能的砌块，用于铺装皇家园林的广场和道路以抢救古树。20 世纪 90 年代，关于透水路面的研究开始展开。中国建筑材料科学研究院在原国家建筑材料工业局的资助下，于 1993 开始进行透水混凝土与透水性混凝土路面砖的研究。目前，北京、上海、山东、山西等地已有了试验路推广应用。《绿色建筑评价标准》(GB/T 50378—2014)中第 4.1.13 中建议硬质铺装地面中透水铺装面积的比例应高于 50%。2001 年，上海浦东路桥建设股份有限公司采用日本排水沥青路面中高黏度改性沥青的理念，铺筑了 1.4 km 的排水性沥青路面，揭开了高黏度改性沥青作为结合料的沥青路面技术在全国应用的序幕。2003 年，陕西西安—咸阳迎宾大道上引进日本排水路面技术，性能良好。2005 年，我国首次出台关于透水砖的行业标准——《透水砖》(JC/T 945—2005)，对透水砖的各方面性能给出了规范。

1.3.2 透水铺装概述

透水铺装路面可以根据面层材料、水流路径的不同进行分类。

按照透水铺装面层材料的不同，可以分为：透水沥青混凝土、透水水泥混凝土、透水铺砖和透水新材料等，如图 1-5 所示。

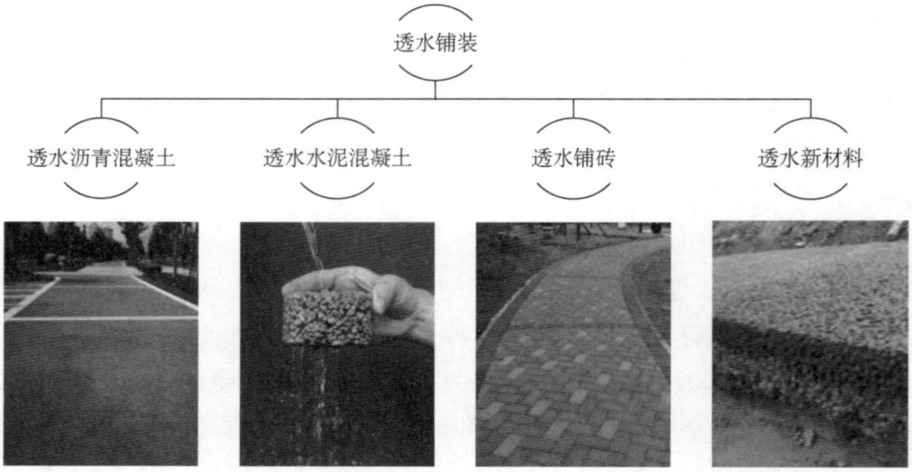

图 1-5　透水铺装技术分类

(1) 透水沥青混凝土路面：指路面结构层采用较大孔隙率(孔隙率＞15%)的沥青混合料铺筑，允许路表的雨水进入路面结构的一类沥青路面的总称。设计时将透水性良好、孔隙率较大的材料应用于面层、基层，一般采用高黏沥青，在保证一定的路用强度和耐久性的前提下，使雨水能够顺利进入路面结构的内部，如图 1-6 所示。对透水沥青路面而言，沥青种类、集料类型、最大粒径、级配、油石比、添加剂、成型方式等均会对其透水性能和路用性能产生一定的影响，为了探究其影响规律，提升其路用性能，尤其是抗飞散性和加速老化性能，就需要进一步研究(详见本书第 3 章)。

(2) 透水水泥混凝土路面：采用水泥、水、透水混凝土增强剂(胶结材料)掺配高质量的单一粒径或间断级配集料所组成的，具有一定孔隙率的骨架-空隙结构混合材料。透水

图 1-6　透水沥青混凝土路面及混合料试件

水泥混凝土路面的铺筑必须有与之相配套的路基，以保证透过路面的雨水能够顺利补充地下水资源或能被回收再利用，如图 1-7 所示。针对透水水泥混凝土路面，集料类型、粒径、级配、水泥、添加剂、拌和方法、成型方式等均会影响其路用性能，因而探究其影响规律，并提出提升透水性能及其主要路用性能的方法是研究的关键，具体内容详见本书第 4 章。

图 1-7　透水水泥混凝土路面及混合料试件

(3) 透水铺砖：起源于荷兰，又称为荷兰砖。按照透水性不同，又分为两类：①砖体本身不透水，而是在砖与砖之间预留一定的缝隙，让雨水从砖缝隙中渗入地下；②砖体本身是透水砖或微透水砖，即目前市场中广泛应用的一种砖体布满透水孔洞的新型砖，其砖体渗水性很好，并且砖体的抗压及抗折性能较强。由于这种砖的价格相对比较便宜，性能优良，在现代城镇化建设及相关道路铺设中得到广泛应用，如图 1-8 所示。针对透水砖，应

图 1-8　透水铺砖路面

分别对透水连锁混凝土路面的自身材料组成及其嵌缝材料进行研究，重点研究如何能提升透水混凝土连锁砖的抗压强度、抗折强度和边角处抵抗挤压破坏的性能，具体内容详见本书第 5 章。

(4) 透水新材料：采用聚氨酯或环氧树脂等高分子胶结料代替传统的沥青及水泥，掺配具有一定级配的碎石或细砂，通过碾压成型，形成具有一定力学强度和透水性能的透水新材料，如图 1-9 所示。

图 1-9　透水新材料

透水铺装按照透水铺装的水流路径可以分为：排水型路面、半透水型路面和全透水型路面。三种路面结构形式如图 1-10 所示，详细结构将在本书第 6 章中进行说明。

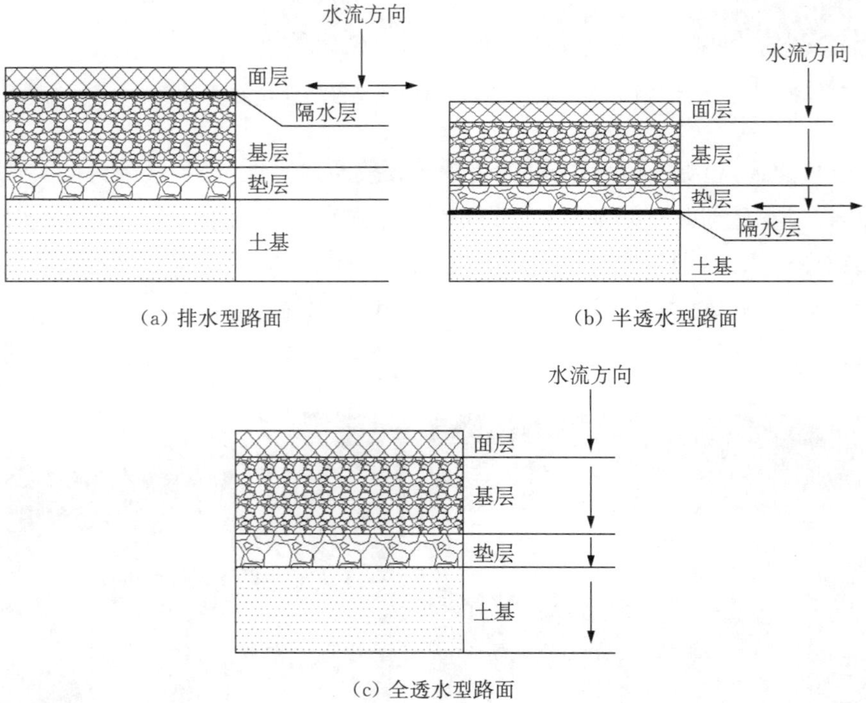

图 1-10　透水铺装按水流路径分类

与传统路面铺装相比，海绵城市透水铺装的多孔隙结构赋予其优良的生态功能性，包括透水、降温、降噪、水净化及水回收再利用等，具体生态功能将在本书第 2 章中详细阐述。

参考文献

[1] 王浩，王建华. 中国水资源与可持续发展[J]. 中国科学院院刊，2012，27(3)：352-358.

[2] 王浩，游进军. 中国水资源配置 30 年[J]. 水利学报，2016，47(3)：265-271.

[3] 李兰，李锋. "海绵城市"建设的关键科学问题与思考[J]. 生态学报，2018，38(7)：1-7.

[4] HURSH C R. The eastern forester and his watersheds[J]. Journal of Forestry，1946，44(12)：1037-1040.

[5] ICE G. History of innovative best management practice development and its role in addressing water quality limited waterbodies[J]. Journal of Environmental Engineering，2004，130(6)：684-689.

[6] HIMANSHU S K，PANDEY A，PATIL A. Hydrologic evaluation of TMPA-3B42V7 precipitation dataset over an agricultural watershed using the SWAT Model[J]. Journal of Hydrologic Engineering，2017，23(4).

[7] DELLEUR J W，BAFFAUT C. A front end expert system for the calibration of SWMM runoff block[C]//Proceedings of the Critical Water Issues and Computer Applications，2015.

[8] LOVE B C，MEDIN D L，GURECKIS T M. SUSTAIN：a network model of category learning[J]. Psychological Review，2004，111(2)：309-332.

[9] BURRILL G，NOLFI J，RAUFMAN D，et al. Energy utilization in Vermont agriculture. Part II. Final report[R]. [s.l.]：[s.n.]1976.

[10] CLAR M. Pembroke woods：lessons learned in the design and construction of an LID subdivision [C]//Proceedings of the Watershed Management Conference，2005.

[11] KHIN M M L，SHAKER A，JOKSIMOVIC D，et al. The use of WorldView-2 satellite imagery to model urban drainage system with low impact development (LID) techniques[J]. Geocarto International，2016，31(1)：92-108.

[12] 仇保兴. 海绵城市(LID)的内涵、途径与展望[J]. 城乡建设，2015(2)：8-15.

[13] 车伍，闫攀，赵杨. 国际现代雨洪管理体系的发展及剖析[J]. 中国给水排水，2014，30(18)：45-51.

[14] CONLIN J，WRIGHT P，FELDINGER K，et al. Flooding issues advisory committee avoidance sub-committee[R]. [s.l.]：[s.n.].

[15] D'ARCY B，ROESNER L A. Scottish experiences with stormwater management in new developments[C]//Proceedings of the Sustaining Urban Water Resources in the 21st Century，2010.

[16] MARTIN P，TURNER B，WADDINGTON K，et al. Sustainable urban drainage systems：design guidelines for Scotland and Northern Ireland[M]. London：CIRIA，2000.

[17] WHELANS C，MAUNSELL H G，THOMPSON P. Planning and management guidelines for water sensitive urban(residential) design[R]. Department of Planning and Urban Development of

Western Australia, Perth, Australia, 1994.

[18] WONG T H F. An overview of water sensitive urban design practices in australia[J]. Water Practice & Technology, 2005,1(1): 1-8.

[19] 王晓锋,刘红,袁兴中,等.基于水敏性城市设计的城市水环境污染控制体系研究[J].生态学报,2016,36(1):30-43.

[20] MUHLFELD C C, D'ANGELO V S, KALINOWSKI S T, et al. A fine-scale assessment of using barriers to conserve native stream salmonids: a case study in Akokala Creek, Glacier National Park, USA[J]. Open Fish Science Journal, 2012,5(1): 9-20.

[21] ROON M R V, GREENAWAY A, DIXON J E, et al. Low Impact Urban Design and Development: scope, founding principles and collaborative learning[M]//Ana(Editor); Fletcher, Tim(Editor). 7th International Conference on Urban Drainage Modelling and the 4th International Conference on Water Sensitive Urban Design, Monash University, 2006.

[22] ROY A H, WENGER S J, FLETCHER T D, et al. Impediments and solutions to sustainable, watershed-scale urban stormwater management: lessons from Australia and the United States[J]. Environmental Management, 2008,42(2): 344-359.

[23] ROSEEN R M, HOULE J J, BALLESTERO T P, et al, Water quality and flow performance based assessments of stormwater control strategies during cold weather months[M]//Proceedings of the Water Environment Federation, 2008: 562-564.

[24] DAMODARAM C, GIACOMONI M H, PRAKASH K C, et al. Simulation of combined best management practices and low impact development for sustainable stormwater management[J]. Journal of the American Water Resources Association, 2010,46(5): 907-918.

[25] AHIABLAME L M, ENGEL B, CHAUBEY I. Effectiveness of low impact development practices: literature review and suggestions for future research[J]. Water Air and Soil Pollution, 2012,223(7): 4253-4273.

[26] LEE J G, SELVAKUMAR A, ALVI K, et al. A watershed-scale design optimization model for stormwater best management practices[J]. Environmental Modelling & Software, 2012,37(37): 6-18.

[27] JIA H F, LU Y W, YU S, et al. Planning of LID-BMPs for urban runoff control: The case of Beijing Olympic Village[J]. Separation & Purification Technology, 2012,84(2): 112-119.

[28] BEDAN E S, CLAUSEN J C. Stormwater runoff quality and quantity from traditional and low impact development watersheds[J]. Journal of the American Water Resources Association, 2009,45(4): 998-1008.

[29] BROWN R A, HUNT W F. Impacts of media depth on effluent water quality and hydrologic performance of undersized bioretention cells[J]. Journal of Irrigation & Drainage Engineering, 2011,137(3): 132-143.

[30] 俞孔坚,李迪华,袁弘,等."海绵城市"理论与实践[J].城市规划,2015,39(6):26-36.

[31] 苏义敬,王思思,车伍,等.基于"海绵城市"理念的下沉式绿地优化设计[J].南方建筑,2014(3):39-43.

[32] 车伍,赵杨,李俊奇,等.海绵城市建设指南解读之基本概念与综合目标[J].中国给水排水,2015(8):

1-5.

[33] LI H, HARVEY J, KENDALL A. Field measurement of albedo for different land cover materials and effects on thermal performance[J]. Building and Environment, 2013,59: 536-546.

[34] 沈凡,彭馨彦,丁庆军.节能环保型排水抗滑降噪路面的研究与应用[C]//第三届全国特种混凝土技术及首届全国沥青混凝土技术学术交流会,2012.

[35] KAYHANIAN M, VICHARE A, GREEN P, et al.Water quality evaluation of leachate produced from pavement specimens under controlled laboratory condition[J]. Road Materials and Pavement Design, 2010,11(1): 9-28.

[36] KAYHANIAN M, VICHARE A, GREEN P G, et al. Leachability of dissolved chromium in asphalt and concrete surfacing materials[J]. Journal of Environmental Management, 2009,90(11): 3574-3580.

[37] KAYHANIAN M, FRUCHTMAN B D, GULLIVER J S, et al. Review of highway runoff characteristics: Comparative analysis and universal implications[J]. Water Research, 2012,46(20): 6609-6624.

[38] LI H, HARVEY J T, HOLLAND T J, et al. The use of reflective and permeable pavements as a potential practice for heat island mitigation and stormwater management[J]. Environmental Research Letters, 2013,8(1): 3865-3879.

[39] BEAN E Z, HUNT W F, BIDELSPACH D A. Field survey of permeable pavement surface infiltration rates[J]. Journal of Irrigation & Drainage Engineering, 2007,133(3): 249-255.

[40] BEAN E Z, HUNT W F, BIDELSPACH D A. Evaluation of four permeable pavement sites in eastern north carolina for runoff reduction and water quality impacts[J]. Journal of Irrigation & Drainage Engineering, 2007,133(6): 583-592.

[41] BARRETT M E, SHAW C B. Benefits of porous asphalt overlay on storm water quality[J]. Transportation Research Record, 2007(2025): 127-134.

[42] BARRETT M E, KEARFOTT P, MALINA J F. Stormwater quality benefits of a porous friction course and its effect on pollutant removal by roadside shoulders[J]. Water Environment Research, 2006,78(11): 2177-2185.

第 2 章　透水铺装生态功能

丰富的孔隙结构赋予了透水铺装许多良好的生态性能，包括透水功能、透气功能、降温功能、降噪功能、径流污水净化功能。这些生态性能可以很好地解决目前城市快速发展所面临的问题，缓解城市内涝，削弱城市热岛效应，削减道路噪声污染，减轻道路径流雨水污染等。

目前，我国城市路面中，不透水路面占了极大的比例，而大量的不透水路面覆盖城市空间会对城市自然环境带来严重危害。

(1) 传统的不透水路面通常与排水管道相连接，从而令径流雨水无法通过路面继而被土壤吸收，因而无法及时补充地下水，导致地下水位持续降低，进而影响地下水系所在自然生态循环的平衡，由此可能引发地表沉降、道路承载力低等问题。

(2) 传统的不透水路面阻隔了土壤与大气的水热循环，改变了下垫面的热力属性(反射率小，热量传导较快)。不透水路面吸热快而比热容小，在相同的太阳辐射条件下，它们比自然下垫面(绿地、水面等)升温快，吸收热量多，蒸发耗热少，散失热量较慢，因而其表面温度明显高于自然下垫面，从而造成城市热岛效应。城市热岛是以市中心为热岛中心，有一股较强的暖气流在此上升，而郊外上空为相对冷的空气下沉，这样便形成了城郊环流，空气中的各种污染物在这种局地环流的作用下，聚集在城市上空。如果没有很强的冷空气，城市空气污染将加重，人类生存的环境将被破坏，最终导致人类发生各种疾病，甚至造成死亡。

(3) 传统的不透水路面无法吸收道路噪声。常见的道路噪声包括车辆行驶过程中的引擎噪声、排气噪声、轮胎摩擦噪声等。噪声会使驾驶员感到疲劳、思维紊乱和注意力分散，从而引发交通安全问题。交通噪声污染是城市环境污染中遭到投诉比例最高的污染源，它严重影响了城市居民的生活。

(4) 传统的不透水路面使雨水无法自然地被土壤吸收只能以地表径流的形式汇入排水系统。在降雨量较大时，市政排水系统可能会出现雨水溢出等问题，这使得未经收集的雨水在路面形成地表径流[1]。地表径流冲刷并携带了车辆泄漏到路表的燃油以及路边未及时处理的生活垃圾，这就很有可能导致附近受体水域的二次污染，并对动物和人类的健康造成严重危害。

透水铺装可以有效缓解以上不透水铺装对城市造成的危害，从根本上解决这些问题。其强调建筑材料的生态化、与环境的协调化，这是我国新型城镇化低影响开发建设战略中关系绿色国民经济和社会发展、生态文明建设迫切需要的重要方面。

2.1　透水功能

透水铺装，顾名思义，其结构具有良好的透水性能。透水铺装材料通常是由粗集料（或含一定量的细集料）、胶结材料和改性剂等组成，多采用单粒级或间断粒级粗集料作为骨架，胶结材料（如水泥净浆或加入少量细集料的砂浆薄层或沥青等）包裹在粗集料的表面，各集料颗粒通过硬化的胶结材料形成多孔的堆积结构。因此，透水铺装材料内部存在大量的连通孔隙，丰富的连通孔隙为雨水的自然渗透和径流污染物的拦截吸附提供了条件基础。

2.1.1　透水功能原理

雨水在透水铺装下渗的过程中主要有两种力综合作用于其上：一种为基质力，即透水铺装结构固体颗粒对水的吸附作用；另一种是重力，即地球对水的竖直向下的吸附作用。

雨水在透水铺装中的下渗过程可以分为两个阶段。第一个阶段为湿润阶段，透水铺装中的固体颗粒会对雨水进行吸附，形成吸附水、薄膜水、毛细管水等。在这个阶段起主导作用的是基质力，重力起次要作用。第二个阶段为传递阶段，固相介质中的丰富孔隙为雨水提供了自由流动的空间，雨水不断进入并持续填充在大孔隙中。当水量超过吸附作用和毛细作用所能吸持的限度后，后续的雨水在大孔隙中迅速集结，雨滴已经无法再去填充固相颗粒周围的大孔隙，在重力的驱动下，汇集成的水滴不断向下运动到达下层固相颗粒表面，形成大孔隙流。在这个阶段中，重力起主导作用，而基质力不再起主要作用。

吸湿过程与传递过程交替进行，湿润锋被不断向下推进，这便形成了下渗过程。通过分析下渗过程，能够看出透水铺装材料中的水分形态和一般土壤中的水分形态是一致的，即由吸附水、薄膜水、重力水和毛细管水组成。不同之处在于透水铺装介质中绝大多数是大孔隙，而小孔隙很少，所以与土壤介质相比，毛细作用表现不明显，重力作用占主导，成为下渗过程的主要驱动力。

透水铺装材料水下渗量等于基质入渗量和大孔隙入渗量之和。基质入渗量可以看作介质达到田间持水量（在地下水较深或排水良好的土地上充分降水后，可以使水分充分下渗，并防止其蒸发。经过一定时间，土壤剖面所能维持的较稳定的土壤水含量）。观察其入渗过程，考虑入渗过程中介质层之间的关系，对每一层介质而言，在含水量达到最大持水量之前，水分不会向下层传递，在达到最大持水量之后，在重力势影响下，水分会迅速向下传递到下层介质并形成大孔隙流。大孔隙入渗相当于水力学中管流的过程，水滴沿介质表面曲折管道流动，这种流态贯穿整个入渗过程，当地表产生积水时，说明表层孔隙被水完全填充，相应的大孔隙流成为满管流。在透水铺装结构中，由于材料类型、结构层次和孔隙大小的不同，雨水在整个透水路面中的入渗过程就会存在差异。另外，基底土壤的渗透能力要比其上透水铺装结构层小很多，透水铺装结构层的入渗以重力流为主导，基底土壤中的入渗则是基质力与重力的综合作用。考虑到降雨强度大小对入渗过程的影响，通常包含以下三种情况。

(1) 降雨强度小于基底土壤导水率。雨水在透水铺装结构层中完成吸湿与传递过程，该过程一直向下传递并延续至基底土壤内。

(2) 降雨强度大于基层土壤导水率，小于透水铺装结构层导水率。雨水在透水铺装结构层内的入渗过程与第一种情况一致，当湿润锋面到达基底土壤表面，因基层土壤导水率比透水铺装结构层小，并且小于降雨强度，所以在基底土壤表层会产生积水，雨水在基底土层的入渗按照有土壤表层积水的情况向下入渗，在该降雨强度范围内随降雨时间的增长，基底土层土壤表面积水逐渐增加，最终向上穿过透水铺装结构内部，到达透水铺装结构表面，形成地表积水，并沿地表坡度形成地表径流。

(3) 降雨强度大于透水铺装结构层导水率。与透水铺装结构层导水率相等的那部分雨水入渗过程与第二种情况相同。另有一部分多余的雨水在透水铺装结构层表面汇集成积水形成地表径流[2]。

2.1.2 透水系数实验方法

透水系数是表征透水铺装其透水性能的重要参数。多孔隙水泥混凝土内部的连通孔隙是透水铺装具备透水能力的基础，而透水系数可以体现出径流雨水通过多孔隙水泥混凝土内部结构孔隙的难易程度[3]。

由于路面碾压时集料的定向排列，使得透水系数具有各向异性。这些造成了描述多孔隙沥青混合料内流体流动行为的困难。目前，由于寻求简化，许多学者仍采用常规方法，大量透水设备也是以达西定律为理论基础的。通常室内测定透水系数的方法有两种，分别是定水头与变水头，二者都是以达西定律为基本原理。

1. 透水系数的室内测试方法

1) 定水头测试方法

在定水头测试方法中，将试样放置在透水仪中(图2-1)，向试样施加一个恒定的水头降，测量所产生的渗透量，由式(2-1)计算得到透水系数。定水头透水系数测试方法适用于透水量较大，透水能力较强的材料。

$$K=\frac{Q\cdot L}{A\cdot H\cdot T} \tag{2-1}$$

式中 K——透水系数，cm/s；

Q——T 时间内的透水量，mL；

L——试件高度，cm；

A——试件透水截面的表面积，cm^2；

H——水头差，cm；

图 2-1 定水头透水系数测试仪

T——测定时间，s。

2）变水头测定方法

在变水头测定方法中，当水从立管流过多空隙沥青混合料试样时，水头是时间的函数。依据式（2-2）可以计算得到透水系数。由于水力梯度的变化范围很大，所以变水头测试只适用于透水能力较小的材料。目前，室内透水系数测定实验多采用常水头实验方法。

$$K=\frac{a\cdot L}{A\cdot(t_2-t_1)}\ln\frac{H_1}{H_2} \tag{2-2}$$

式中　K——透水系数，cm/s；

L——试件高度，cm；

A——试件透水截面的表面积，cm^2；

a——立管透水截面的表面积，cm^2；

H_1，H_2——水头高度，cm；

t_1，t_2——测定时间，s。

2. 透水系数室外测试法

对透水铺装路面进行现场透水性测量具有十分重要的意义，它是质量控制的有力手段，也是性能评价的根本依据，更是追踪性能衰变，寻求养护时机的关键指标。由于目前国际上没有统一的测试方法，在这里介绍几种常用的室外透水系数测试方法供读者参考。

NCAT 渗透仪（图 2-2）是由美国国家沥青技术中心（National Center for Asphalt Technology，NCAT）在 20 世纪 90 年代末开发的。它被广泛用于评估透水沥青路面和不透水路面上的开级配沥青薄层。使用方法为：用水填充第 4 层或第 3 层，第 2 层或第 1 层的圆筒，并测量每个渗透层水头降低对应高度所需的时间[4]，再根据式（2-3）进行计算：

$$K=\frac{a\cdot L}{A\cdot t}\ln\frac{H_1}{H_2} \tag{2-3}$$

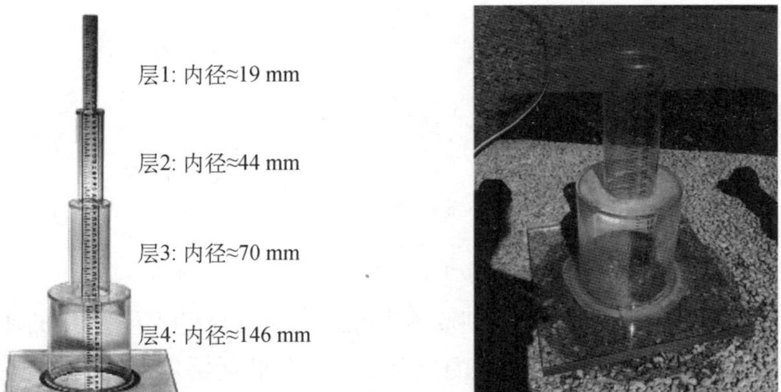

(a) 测试仪构造说明图　　(b) 测试仪实物

图 2-2　NCAT 透水系数测试仪[5]

式中 K ——透水系数，cm/s；

L——试件高度，cm；

A——路面透水横截面面积，cm^2；

a——入口立管横截面积，cm^2；

H_1，H_2——水头高度，cm；

t——测定时间，s。

ASTM C107 透水系数测试方法(图 2-3)于 2009 年 8 月获得批准，并于 2009 年 9 月发布。该测试采用常水头原理。与 NCAT 渗透仪不同，进行 ASTM C107 透水系数测试所需的设备目前尚未商业化。单环渗透试验使用管径 30 cm 的钢、铝或 PVC 等圆筒材料。使用方法如下：首先，在单环渗透仪外部与路面接触处用油性土密封，以防止漏水。在由桶底起算 1 cm 及 1.5 cm 处分别标记。然后，将 3.6 kg 水以一定速率倒入环内，并维持水头高在 1～1.5 cm 之间。从水倒入试件起开始计时，测试 30 s 内水可否完全渗入试件内。如果 30 s 内水完全渗入试件内，则采用 18 kg 的水量进行试验；否则采用 3.6 kg 的水量进行试验。记录使用水的质量 M 和所经过的时间 t，并利用式(2-4)计算渗水系数[5, 6]：

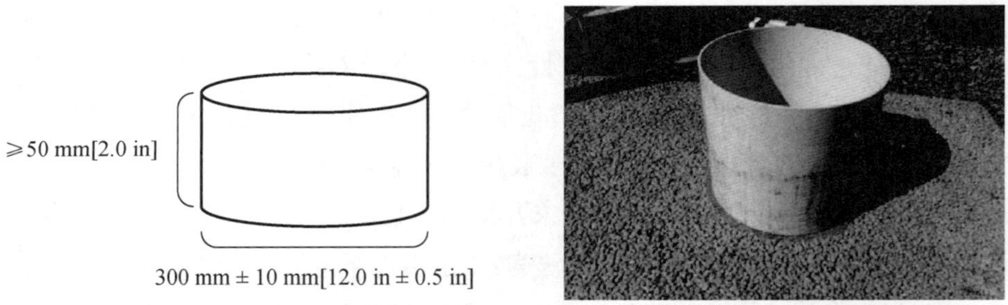

(a) 测试仪构造说明图　　(b) 测试仪实物

图 2-3　ASTM C107 透水系数测试仪[4]

$$K = \frac{IM}{D^2 t} \tag{2-4}$$

式中 K——透水系数，cm/s；

M——使用水的质量，kg；

I——常数 4 586 666 000；

D——环内径，mm；

t——测定时间，s。

瑞士 Yverdon 采用的透水仪测量现场透水性。根据仪器基座下(固定的环形断面)具有恒定流动的水循环，间接确定试样内水的流动。装置与磨耗层之间的界面采用合成沥青玛蹄脂制成的封缝料封闭，装置用 70～80 kg 的重物(也就是一名操作者)压住。实验的第一步，变化水压力，从而消除基座中的气泡。第二步，10 s 内稳住 170 mm 的水高，用带刻度的容器测量水流。测试重复两次，取两个值的算术平均，每次测试时间大约 1 min[2]。

2.2　透气降温性能

近几十年来，随着全球城市化进程的加快，大量的不透水路面对下垫面的影响逐渐改变了城市的微气候结构。由此造成了城市中的居住环境呈现出逐渐恶化的趋势，许多城市的“热岛效应”越来越显著。国内外大量研究结果表明，城市无论规模大小，纬度高低，都存在城市热岛效应。一般百万人口的大城市，城区平均气温比郊区高 0.5～1.0 ℃[4]。其中，有些城市夏天某段时间内的热岛强度十分令人吃惊，例如德国柏林热岛强度值是 13 ℃，加拿大温哥华是 11 ℃，美国亚特兰大是 12 ℃，中国北京是 9 ℃，中国广州是 7.2 ℃，中国上海是 6.9 ℃[8, 9]。如此高的“热岛强度”所带来的不仅是夏天的酷热难耐，还有一些气象灾害，如旱灾、雪灾、暖冬等，无论对于工业生产或者居民日常的生活都会产生很大的负面影响[9]。广州地处珠江三角洲地区，一直是我国经济发展的前沿城市，但其从 20 世纪开始就有了城市热岛现象，并在近年来有明显增长的趋势。而透水铺装依靠自身丰富的孔隙结构可以有效地缓解热岛效应，从而使城市发展更具可持续性。

2.2.1　透气降温原理

透水铺装的透气降温作用与多孔介质对流换热作用相仿。对流换热作用是指流体与另一物体表面相接触时，二者间的换热过程，它是流体的对流与导热联合作用的结果。透水铺装的一个基本特点是具有固体骨架且比表面积较大，所以具有良好的蓄热和换热性能[10]。透水铺装是由多孔固体骨架和孔隙间的流体相组成的多相共存空间，这些结构的孔隙通道都具有弯曲性、无定向性和随机性特点，这使得多孔结构中的流动过程非常复杂。多孔介质内流体的流动存在着弥散效应，其作用与湍流中的涡流相似，流体分子在多孔介质中不停地发生混合分离，流体分子流速的大小和方向也在不停地改变，能使流体分子团产生径向混掺，使径向温度分布均匀平坦化，从而显著增强透水铺装的降温性能[10]。

对于普通沥青混合料路面而言，在与大气接触的界面上存在对流换热作用，而在混合料内部，由于是密级配，可以认为几乎是密闭不透风的，则不存在对流换热作用。在高温季节的高温时间段里，路面温度明显大于大气温度，此时只能在路表与大气进行对流换热作用，热量传递效率很低。对于开级配的排水性路面而言，由于大孔隙透水性沥青混合料里存在大量贯通的孔隙，在路与大气接触的界面上以及排水性混合料内部都存在对流换热作用。在高温季节的高温时间段里，路面温度明显高于大气温度，此时整个排水性混合料层都可以与大气进行对流换热作用，热量传递效率很高。要研究排水路面与大气的对流换热作用，可以通过研究大气、排水路面孔隙里面的气体以及排水混合料固体部分三者之间的热量传递关系。当路面温度明显高于大气温度时，排水路面孔隙里面的气体作为媒介，其温度会介于大气温度和固体部分温度之间，固体部分的热量便通过孔隙里面的气体传给大气，从而降低固体部分的温度。

排水性路面与大气的对流换热作用按产生的方式不同分为自然风的对流换热作用、

车辆通行时产生的风的对流换热作用、自然对流的对流换热作用。

(1) 自然风的对流换热作用是由于水平气压梯度力而产生的自然风吹过排水性路面时产生对流换热作用,属于强制对流。

(2) 车辆通行时产生的风的对流换热作用是当汽车行驶时,尤其是在高速公路上快速行驶时产生速度很快的风,风能够进入排水性路面内部从而实现对流换热,属于强制对流,这部分对流只会发生在轮迹带附近,有利于降低轮迹带附近的路面温度。

(3) 自然对流的对流换热作用往往自然发生,它是由温度不均匀引起的,即排水性沥青混合料孔隙里空气的温度和路面外部空气的温度不同而产生空气自然对流[8]。

2.2.2 蒸发降温原理

蒸发是液体在任何温度下都能发生,并且只在液体表面发生的汽化现象。在干燥过程中,蒸发是个很重要的因素。蒸发是因为孔介质中的水发生了相变,由液态变成了气态,然后以蒸汽扩散的方式沿着多孔介质的内部孔道排出。整个干燥过程其实就是一个多孔介质中内部水分相及空气相的动态迁移过程,即多孔介质中的液相通过蒸发变为蒸汽,然后蒸汽以扩散的方式沿着多孔介质的内部孔道排出多孔介质。在整个干燥过程中,多孔介质中与外部环境相通的尺寸最大的孔隙优先被空气所占据而成为不含有液相的孔隙,然后空气从表面向多孔介质内部延伸,直到多孔介质内部所有液体被排到介质外部,则干燥过程结束。整个干燥过程可以这样来描述:多孔介质从完全是湿区,到湿区被空气所割裂、包围,然后出现干区,随后干区向介质内部延伸,直至整个多孔介质完全干燥。随着液态水和气态水的有效迁移,实现透水铺装路面结构的整体降温目的[9]。

2.2.3 影响因素

处于自然状态下的路面,其温度场受到诸多条件的影响,其中主要包括太阳辐射、路面热容量、传导系数、气温、风速、纬度、空气湿度等。而就透水铺装本身而言,其影响因素包括表面反射率、材料比热容、孔隙率和厚度。

1. 表面反射率

热辐射是一种电磁波,它由辐射体发出,以直线形式传播,并在遇到物质时又部分转化为热量辐射至物体表面,热量一部分渗透到物质的内部,其余则通过物质表面的反射或散射被射回空间,这被称为反射能力。进入物体内部的辐射,一部分在物体内渗透,称为透射能力;另一部分则通过介质中所具有的物质而转变为另一形式的能量,这种转化能量称为吸收能力。

路面温度变化的热量来源是太阳辐射,当路面吸收的热量多于散发的热量时,路面就会增热升温;反之,路面就会冷却降温。对于不同的路面结构,反射率不同,吸收热量也不同,在相同的太阳辐射条件下,路面温度会有很大差异。透水混凝土和沥青路面颜色相近,反射率却只有 0.05~0.1,较水泥混凝土略深,其反射率也较低。此外,透水混凝土表面粗糙,在相同路面面积下,接受太阳辐射面积较大,升温阶段,单位时间吸收的太阳辐射较多,温度上升快。混凝土路面反射太阳辐射多，吸收较少，升温缓于沥青路面和透水混凝土路面。中午12时之后，太阳辐射变化较小，透水混凝土路面和沥青路面温度上升后，吸热和散热逐渐平衡，保持高温状态；而混凝土路面温度较低，吸热大于散热，仍能继续吸热升温。

2. 材料比热容

透水混凝土主要由碎石或破碎的卵石堆积而成，外表附着一层较薄的胶凝材料，而普通混凝土的孔隙由水泥砂浆填充。碎石或卵石集料，比热容约 0.75 kJ/(kg · K)，而水泥砂浆的比热容通常为 0.84 kJ/(kg · K)。测定场地的透水混凝土孔隙率在 20%左右，在相同的太阳辐射条件下，单位面积路面的质量小、比热容也小，温度变化快。普通混凝土和透水混凝土达到相同的温度值时，透水混凝土所吸收存储的热量较少，太阳辐射减小后，该部分热量又可以快速散发，而普通混凝土吸收热量多，降温速度较慢，直至下午 4 时左右，太阳辐射显著降低后，混凝土温度才逐渐下降，但一直高出透水混凝土和沥青路面 3.5 K。

3. 孔隙率与厚度

透水混凝土由于内部骨架构造特殊，存在一系列与外部空气相连通的孔隙，路面与路基之间形成良好的热传导通道，利于路面内部热量散发。中午 12 时之后，整个透水混凝土面层温度上升，地下储存的水以水蒸气形式经过透水路面进入空气，空气湿度增加可促进空气流动，带走空气中的热量，空气温度明显降低，舒适度得到提高；降雨时或太阳辐射强度减弱时，连续孔隙形成的热传导通道成了路面温度快速下降的决定性因素。透水混凝土路面结构对路面温度的自我调节能力较强，不易形成路面极端高温，从而可缓解城市热岛效应的形成。由于比热容较小且透水铺装内部孔隙越多，降温效果也就越好[10]。

2.3　降噪性能

所谓噪声，从物理学观点来讲，就是各种不同频率和声强的声音无规律的杂乱组合；从生理学观点来看就是干扰人们休息、学习和工作的声音。道路交通噪声一般指机动车辆在交通干线上运行时所发出的超过国家标准，即白天 70 dB(A)，晚间 55 dB(A)的声音。已有资料表明，我国城市的环境噪声主要来自交通噪声，它不仅影响人们的工作、学习和生活，而且对人体健康产生多方面的危害。

(1) 噪声能引起人们的精神、情绪、心理及身体等诸多方面的变化，导致职业性的紧张、烦恼。实验表明，40～50 dB(A)的噪声就开始对人的睡眠产生影响。在非睡眠状态下，70 dB(A)以上的噪声就会对听力有损害，80～85 dB(A)的噪声会造成听力的轻度损伤，长时间接触 85 dB(A)以上的噪声会造成少量噪声性耳聋。

(2) 噪声作用于中枢神经系统，使交感神经紧张，使人心跳加快，心律不齐，血压升高等。越来越多的研究结果表明，65～75 dB(A)的噪声对心脏病和高血压有影响。心血管疾病是目前死亡率较高的疾病之一，而噪声又是引发和加重心血管疾病的重要原因之一，尤其对年老体弱者更是如此。

(3) 噪声能影响驾驶者的心理变化，使驾驶者疲劳、思维紊乱、注意力难以集中，容易引发交通事故[11]。

透水铺装不但能有效地排除路面积水，提高路面的行车舒适性和安全性，而且具有吸收噪声、消除轮胎泵浦效应和降低路面噪声的功能，是解决道路噪声污染的重要途径。

2.3.1 降噪原理

当声波入射到吸声材料时，材料内孔隙中的空气和细小纤维受声波激励产生振动从而散射声波。由于摩擦和黏滞阻力的作用，声能转变为热能后被吸收和耗散掉[12]。因此，吸声材料大多是松软多孔，表面孔与孔之间相互贯通，并深入到材料内层。通常，入射声波被反射得越少，表明材料吸声能力越强。在实际应用中，多孔透水型降噪路面材料的吸声性能还与孔隙率、空气流阻等因素有关。吸声材料的吸声效应如图 2-4 所示。

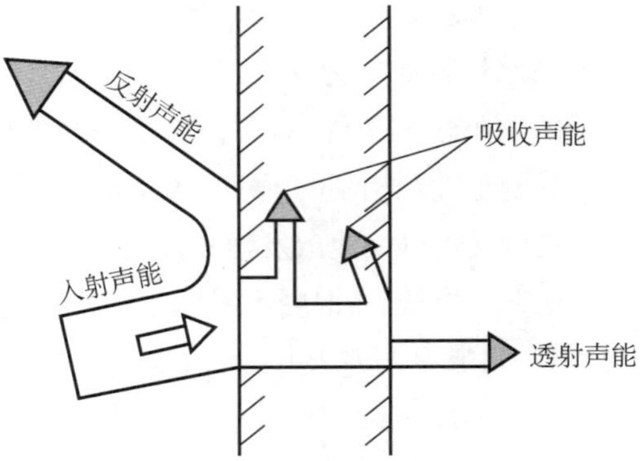

图 2-4　吸声材料的吸声效应

透水铺装内部具有大量的小孔，这些小孔相互连通并直接通向材料表面。当声波入射到这种开孔材料表面时，一部分声波会透入材料内部，另一部分声波在材料表面反射。透入材料内部的声波在缝隙和小孔中传播时，空气运动会产生黏滞和摩擦作用，同时小孔中的空气受压缩时温度升高，空气稀疏时温度会降低。由于材料具有热传导效应，所以产生的热量被材料吸收，使声能逐渐转变成热能被消耗掉，并且这种能量的转变是不可逆的，因此产生了吸声作用[14]。但是，并非所有的多孔材料都具有良好的吸声性能，只有当气孔为彼此连通的开口气孔，且气孔深度能深入到材料内部或贯穿材料时，才能有效地吸收声能。如果材料内部仅存在彼此间不相连通的孤立闭气孔，当声波入射到材料表面时，就很难进入材料内部，只能引起材料整体振动，却不能对声波产生有效的吸收。

透水铺装有着很好的吸声能力，究其原因主要是具有大的孔隙结构，特别是连通孔隙率。透水铺装吸声系数均值随着连通孔隙率的增加而增加。孔隙率增大，能够使更多的声波进入孔隙中，并进入材料的内部，在传播的过程中引发振动、黏滞和摩擦作用，产生热量，从而吸收大量的声能，达到降噪的目的。材料的透气性可以用“流阻”这一物理参数来定义。空气流阻反映了空气通过多孔材料时的阻力大小。当稳定气流通过多孔材料时，材料两面的静压差和气流线速度之比，定义为材料的流阻（或比流阻），单位为 Pa・s/m。单位材料厚度的流阻称为流阻率（或比流阻率），单位为 Pa・s/m^2。当材料厚度不大时，流阻越大，穿过材料的空气量越小，吸声性能会随之降低；但流阻太小时，声波在多孔材料内部传播，因气孔内空气运动的摩擦力、黏滞力而有所损耗，吸声性能也会随之下降。因此，多孔材料存在一个最佳流阻值，只有使材料处于该值时，才会具有最佳的吸声性能。同时，当材料流阻较低时，其低频吸声系数很低，但到了某一中高频率后，材料的吸声系数陡然上升；高流阻材料与低流阻材料相比，高频吸声系数明显下降，低中频吸声系数有所提高。也就是说，低流阻材料对中高频声波吸声效果较好，高流阻材料对低中频声波吸声效果较好。改变沥青混凝土的粒径和厚度，就能改变材料的流阻值，从而影响材料的吸声性能[14]。

2.3.2 影响因素

1. 集料粒径

透水铺装粒径相比于大粒径，孔径变细，材料的透气性变差，即材料的流阻值提高。从试验结果来看，采用小粒径集料制备透水铺装，其吸声性能有所提高，说明透水铺装的最佳流阻值偏大；采用小粒径透水铺装的路面流阻低，更接近最佳流阻值。因此，采用小粒径集料制备透水铺装，能够提高吸声性能。同时，由于流阻的提高，小粒径透水铺装的峰值频率点向低频移动。当多孔材料具有相同的孔隙率时，小粒径的沥青混凝土材料的吸声性能相比于大粒径的沥青混凝土材料有所下降；当多孔材料具有相同的连通孔隙率时，小粒径的沥青混凝土材料的吸声性能优于大粒径的沥青混凝土材料。由于多孔材料中的闭孔对吸声性能的作用很低，而孔隙率是由闭孔孔隙率和连通孔隙率组成的，说明提高多孔材料的连通孔隙率后其降噪性能明显优于采用小粒径制备的多孔材料。

2. 路面厚度

增加路面材料的厚度就会提高材料的流阻值。当稳定的空气流通过时，厚度的增加使材料两面的静压差增大，气流的线速度降低。对于透水型沥青混凝土，厚度越薄，其吸声系数峰值频率点明显向高频移动。由于沥青混凝土的流阻值较低，当吸声系数峰值频率点向高频移动时，能使其高频吸声能力得到提高。

2.3.3 测试方法

透水铺装的降噪性能一般用吸声率来表征。吸声率为吸声材料所吸收的声能和入射声能之比。本节介绍驻波管法测量吸声率。

当平面波在管中前进并受到端部壁面反射时，会产生一反射的平面波，其方向与入射波相反。此时在管中会形成驻波，驻波有固定的波节和波腹。波节处的声压为极小值，波腹处的声压为极大值。当反射壁面为刚性壁面时，波节处和波腹处的声压差值最大。反射壁面吸收声能的能力愈大，则反射波的声能愈小，形成的声压差值也就愈小。驻波管测试法示意图，如图2-5所示。

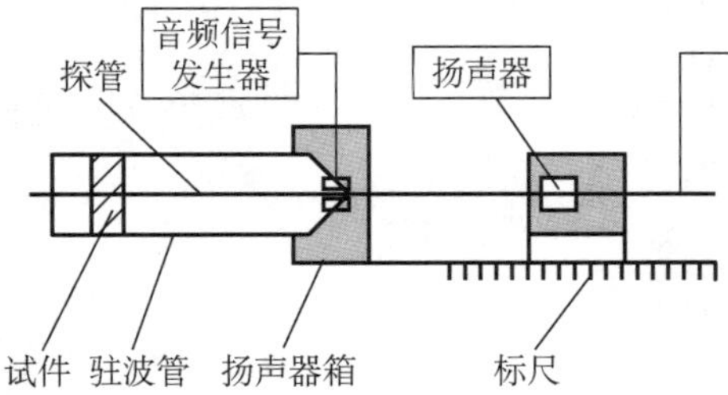

图2-5　驻波管测试法[14]

用驻波管法测定吸声材料的法向吸声系数，设备简单且费用低廉。根据法向吸声系数又可以推算出均匀无规则入射条件下的吸声系数。驻波管法多用于测量多孔材料、多孔板或穿孔薄片结构的吸声特性。

平面波在材料表面被反射回来，于是在管中建立起驻波声场，从材料表面算起，管中出现声压极大与极小的交替分布。利用可移动的探管传输器接收，在测试仪表上再读出声压极大与极小的声级差，便可以确定法向入射吸声系数 α_p。

虽然音频振荡器输给扬声器的是单频信号，但扬声器辐射处的声波并不一定是纯音，所以在接收端必须进行滤波，这样才能滤去不必要的高次谐波分量。由于要满足在管中传播的声波为平面波以及其他测试条件，常有低、中和高频三种尺寸的驻波管，以适用于不同的频率范围。

如前所述，当平面波从试件表面反射回来时，在管中便形成驻波。入射平面波可视为一列沿正向进入参考平面的入射波，记其声压为 P_i，于是 P_i 可以写成

$$P_i = P_0 \exp[i(\omega t + kx)] \tag{2-5}$$

式中，k 是平面波的波数。

$$k = \omega / C_0 = 2\pi / \lambda$$

式中　C_0—— 空气中的声速，m/s；

λ—— 波长，m；

ω—— 圆频率，rad/s。

设材料的反射系数为 R，则反射波声压 P_r 为

$$P_r = RP_0 \exp[i(\omega t - kx)] \tag{2-6}$$

引入相位角 θ：

$$\theta = kx = \frac{2\pi}{\lambda} x \tag{2-7}$$

式(2-7)表明，当探管端部由材料表面逐步离开时，θ 由零变为正值，并且与 x 成正比，每移过一个波长的距离，θ 就增加 2π。将式(2-7)代入式(2-5)和式(2-6)并略去时间因子 $\exp(i\omega t)$ 项，则管内任意一点处的总声压为

$$P = P_i + P_r = p_0[\exp(i\theta) + R\exp(-i\theta)] \tag{2-8}$$

反射系数 $R = |R| \exp(i\delta)$ 一般是复数，$|R|$ 是反射系数的模，它通常小于1，δ 是反射系数的相位角。从式(2-8)知，当

$$\theta = n\pi + \frac{\delta}{2} \quad (n = 0,\ 1,\ 2,\ \cdots) \tag{2-9}$$

声压出现极大值，即

$$|P_{max}| = P_0(1+|R|) \tag{2-10}$$

而当

$$\theta = \left(n+\frac{1}{2}\right)\pi + \frac{\delta}{2} \quad (n=0,\ 1,\ 2,\ \cdots) \tag{2-11}$$

声压出现极小值，即

$$|P_{min}| = P_0(1-|R|) \tag{2-12}$$

法向入射吸声系数定义为

$$\alpha_p = 1-|r|^2 \tag{2-13}$$

若定义驻波比为 S：

$$S = |P_{min}/P_{max}| \tag{2-14}$$

则

$$S = \frac{1-|R|}{1+|R|} = \frac{1-\sqrt{1-\alpha_p}}{1+\sqrt{1+\alpha_p}} \tag{2-15}$$

最后得到

$$\alpha_p = \frac{4S}{(1+S)^2} \tag{2-16}$$

由式(2-15)得知，只要测得驻波比 S，就可以求出法向入射吸声系数 α_p。如果驻波比 S 以分贝[dB(A)]为单位，即实际测量的是声压极大值和极小值的声压级差 L，于是 $L=-20\lg S$，这时：

$$\alpha_p = \frac{4\times 10^{L/20}}{(1+10^{L/20})^2} \tag{2-17}$$

式(2-16)和式(2-17)中 S，L 和 α_p 三个参数等价，测定其中一个，就可以求出其他两个。

2.4　污水净化性能

传统的不透水路面中排水通道通常与暴雨雨水收集系统相连，雨水径流不能被附近的土壤所吸收，因此未经土壤天然过滤的降水会污染邻近的水源及河流，并且提高河水温度。在降雨量较大时，暴雨雨水收集系统可能会出现雨水溢出等问题，这使得未经收集的雨水在路面形成地表径流，地表径流冲刷并携带了车辆泄漏到路表的燃油以及路边未及时处理的生活垃圾，这很有可能导致附近受体水域的二次污染，对于动物和人类的健康生活造成严重危害。此外，传统城市排水系统存在污水处理系统过度集中、污水收集系统建设相对滞后的缺陷，从而导致污水处理的经济性低，污水普遍未经处理就直接排入城市受纳水体，对环境和经济造成影响。然而，典型的暴雨处理方案，如生物滞留池、蓄水池等，很容易受到空间受限区域的制约（比如已建城市区域）。因此，道路表面水污染的净化技术需要有创新的方案。

目前，国外道路表面的水污染净化技术主要采用海绵城市透水路面铺装和透水路肩。透水路面铺装和透水路肩可以汇集和贮存径流，减少地表径流和城市内涝，并可以通过多孔结构的过滤渗透作用降低雨水中的污染物，补给地下水的供应，这是一种可以通过路面铺装结构有效降低水污染的方法。海绵城市透水铺装结构对于水污染净化效益的提升与其对雨洪的降低作用密切相关。

车辆在道路表面行驶的过程中由于橡胶轮胎的磨耗以及漏油等会产生一定的污染物，如果路表产生地表径流，这些污染物和路边未及时处理的生活垃圾会被径流冲走，带入附近的汇流湖泊和河流，导致水体的污染和威胁水生物的生存。使用透水铺装结构改变雨水渗流模式并通过优化透水铺装结构对污染物过滤净化，进而提高水质，降低对水环境的影响。

2.4.1 面源径流主要污染物

城市交通的日益繁重和大量不透水铺装路面的开发造成城市面源径流雨水中含有大量的污染物，这些污染物经过路面横坡和雨水管道排泄到河流江海中，部分下渗到地下水中，给这些水源带来二次污染，也给水环境带来极大伤害。

悬浮物指悬浮在水中的固体物质，包括不溶于水中的无机物、有机物以及泥沙、黏土、微生物等。水中悬浮物含量是衡量水污染程度的指标之一。悬浮物是造成水浑浊的主要原因，水体中的有机悬浮物沉积后易厌氧发酵，使水质恶化。

有机污染物导致水体污染是指耗氧有机污染物引起水体溶解氧含量大幅度下降的现象。水中有机污染物大多数能被微生物分解利用，而在这个分解利用的过程中需要消耗大量的水中溶解氧，所以称其为耗氧有机污染物。耗氧有机污染物会导致水中溶解氧的大幅度降低，这是水体遭受有机污染物污染的最显著特征。同时，有机污染物会使溶解氧浓度降低甚至会造成缺氧状态，从而危害水生生物，出现大面积死亡。当溶解氧耗尽时，有机物会转入厌氧分解过程，产生甲烷硫化氢、氨等还原性物质的同时还会散发出恶臭，使水质变坏。所以，有机物水污染的防治具有重要的现实意义。

氮污染物主要来自生物体的代谢和腐败以及工业废水、生活污水的排放、氮肥的流失等。污水中的氮有 4 种形态，即有机氮、氨氮、亚硝酸氮（少量）和硝酸盐氮（硝化过程的最终产物），典型污水中总氮含量为 40～50 mg/L。水体中有过量氮会造成富营养化，使水质恶化，影响水生生物的生长与繁殖。最严重的影响当属富养水（所含氮养分过多）造成的“死亡水域”。氮流入到河流湖泊中后，为水域中藻类植物提供了丰富的营养，导致其快速生长，从而消耗了水中大部分的氧气，任何水生动物则都会因缺氧而无法生存，以至于该水域成为“死水”。在墨西哥海湾密西西比河的入海口处就有一片面积达 8 000 mi^2（约 20 480 km^2）

的“死亡水域”。据统计，全世界约有400处这样的区域，总面积高达24.5万km^2。

磷污染物来自磷化工在加工生产中都要产生大量的含有磷、氟、硫、氯、砷、碱、铀等有毒有害物质的废水。黄磷生产中会产生黄磷污水，在黄磷污水中通常含有浓度在50～390 mg/L的黄磷，黄磷是一种剧毒物质，进入人体后会对肝脏等器官产生极大危害。长期饮用含磷的水可使人的骨质疏松，发生下颌骨坏死等病变。黄磷污水中还含有浓度在68～270 mg/L的氟化物，经过处理后浓度可降至15～40 mg/L，但仍高于国家有关规定的10 mg/L的排放标准。

2.4.2　净水机理

透水铺装可以凭借其结构特征与良好的生物亲和性实现低影响开发、低成本净水的效果，以其协调环境、治理污染的特性，集成各种净水材料实现节能、降耗、治理污染为一体的新型污水处理系统。透水水泥混凝土净水机理主要分为以下三种方式。

(1) 物理与物化净化：通过透水水泥混凝土结构利用较大的比表面积的过滤、沉淀、吸附、截留作用去除污水中的污染物。

(2) 化学净化：通过透水水泥混凝土释放出来的一些化学成分(铝离子、镁离子)，使污水中的污染物发生混凝沉淀得以去除。

(3) 生物净化：依靠混凝土孔隙中生长的生物膜或生物群落去除污染物。

2.4.3　影响因素

1. 粒径

透水铺装对地表径流污水中的悬浮物有十分明显的净化效果，在粒径为10 mm以下可以具备至少50%的悬浮物去除能力。随着透水铺装粒径的不断增大，孔隙率逐渐增大，悬浮物的过滤效果逐渐减弱，原因是孔隙率越小，水样流经试件的速度越慢，与试件接触的面积也就越多，接触时间更长，从而可以更好地发挥透水铺装的吸附、截留功能。

2. 厚度

随着路面厚度的增加，对地表径流污水中的悬浮物的净化效果会有一定比例的提高，但是提高的幅度较小。探究原因，径流污水水样在流经透水铺装时通过其孔隙的物理过滤作用对悬浮物进行净化，随着厚度的增加，水流流过的路径增长，所以厚度越厚对悬浮物的净化效果越好。但是悬浮物浓度没有随路面厚度的比例变化而变化，推测是由于重力作用水流在试件内流动的速度逐渐增大，从而水流与透水铺装的接触时间没有很大变化，因而导致了不同路面厚度间净化效果差异较小的现象。

参考文献

[1] 丁跃元，侯立柱，张书函.基于透水砖铺装系统的城市雨水利用[J].北京水务，2006(6)：1-4.
[2] 韩理亚.城市道路透水铺装透水功能设计计算与应用研究[D].青岛：青岛理工大学，2014.

[3] BALADÈS J D, LEGRET M, MADIEC H. Permeable pavements: pollution management tools[J]. Water Science & Technology, 1995, 32(1):49-56.

[4] COOLEY L A. Permeability of superpave mixtures: evaluation of field permeameters[R]. NCAT Report No.99-1,1999.

[5] LI H, KAYHANIAN M, HARVEY J T. Comparative field permeability measurement of permeable pavements using astm c1701 and ncat permeameter methods [J]. Journal of Environmental Management, 2013, 118(2):144-152.

[6] 张逆.透水路面渗水系数测试方法比较研究[J].公路交通技术,2016, 32(1):6-9.

[7] OKE T R. Boundary layer climates[J]. Earth Science Reviews, 1987, 27(3):265-265.

[8] 窦建奇.关于城市"热岛效应"的思考[J].武汉城市建设学院学报,2001,18(3-4):76-78.

[9] 刘晓晖.透水砖地面对居住小区热环境影响的研究[D].广州:华南理工大学,2012.

[10] 霍亮.透水性混凝土路面材料的制备及性能研究[D].南京:东南大学,2004.

[11] 杨勃.具有多孔介质壁面的流道中流动与热质传递的数值模拟[D].大连:大连理工大学,2005.

[12] 夏晖,张肖宁.排水性沥青路面的透风散热性能研究[J].科学技术与工程,2010,10(21):5330-5333,5339.

[13] 胡江,姚勇,何燕玲,等.透水混凝土整体路面减缓热岛效应试验研究[J].绿色建筑,2017,9(1):69-72.

[14] 张新.大孔隙透水沥青路面对城市热岛效应的影响分析[D].北京:北京交通大学,2007.

[15] 杨扬,刘海苹,徐建成.OGFC型降噪路面在我国的发展趋势[J].森林工程,2007(4):35-37.

[16] PAN Q, YUAN X, ZENG D. Discussing the technology of relaxing the traffic noise of low-noise asphalt pavement[J]. Noise and Vibration Control, 2007(2):62-65.

[17] WEI J, KONG Y. Research on the reduced noise mechanism of low-noise asphalt pavement[J]. Journal of Heilongjiang Institute of Technology: Natural Science Edition, 2004, 18(3):11-13,19.

[18] 丁庆军,沈凡,刘新权,等.透水型沥青路面材料的降噪性能[J].长安大学学报(自然科学版),2010,30(2):24-28.

第 3 章　透水沥青混凝土铺装技术

3.1　透水沥青路面简介

3.1.1　透水沥青路面

透水沥青路面(Porous Asphalt Pavement, PA)由透水沥青面层、开级配碎石整平层和蓄水层组成。透水沥青铺装具有雨水过滤、渗透和存储的作用,同时也能单独作为一个结构性铺面。蓄水层的深度根据结构载荷、理论储存量和冻胀深度要求来设定。透水沥青路面通常设置在未压实的路基上以促进雨水渗透,若有需要也可以设置排水管和衬砌。透水沥青路面的面层为多孔隙沥青混合料包括热拌和温拌两种,通过显著降低细集料掺量而得到开级配或间断级配混合料,允许雨水通过连通孔隙排出,透水沥青路面面层的孔隙率可达 18%～25%。多孔隙沥青混合料中粗集料形成骨架嵌挤结构,提供主要承载力。多孔隙沥青混合料与传统的沥青玛蹄脂碎石混合料(Stone Matrix Asphalt, SMA)相比具有相对更多的粗集料,相对更少的细集料和矿粉,较大的孔隙率(≥18%)。虽然较大的孔隙结构赋予其优良的生态性功能(如透水、降噪、降温、水净化等),但也导致其抗飞散、抗车辙、抗老化等路用性能的下降。典型的透水沥青路面结构如图 3-1 所示,它主要铺设在开级配整平层或沥青处治透水基层之上,而不是传统的密级配基层之上。干净的碎石构成了集料基层的主要部分。透水沥青路面必须采取适当的碾压方式,避免将集料压碎引起路用性能和透水性能的下降,集料基层也要求一定的压实度,在为面层提供支撑的同时又能保证足够的透水性能[1-5]。

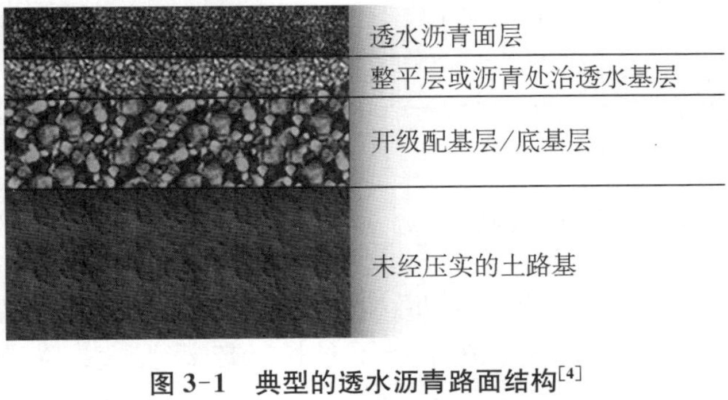

图 3-1　典型的透水沥青路面结构[4]

由于多孔隙沥青混合料基本上是普通的温拌沥青混合料或热拌沥青混合料,具有较少细料，使得其在外观上类似于一般的沥青路面，但是质地却更为粗糙，图 3-2 为透水沥青路面，可通过使用添加剂(如纤维、抗剥离剂等)和更高性能等级的黏合剂来提高透水沥青路面的耐久性[5,6]。

图 3-2　透水沥青路面[4]

3.1.2　多孔隙透水沥青磨耗层

透水沥青路面的另一种使用方法是在传统不透水沥青的顶部铺设透水层(图 3-3)，称为多孔隙透水沥青磨耗层(Permeable Friction Course，PFC)面层。自 20 世纪 70 年代以来，多孔隙沥青磨耗层[也称为开级配沥青磨耗层(Open Grade Friction Course，OGFC)]已经被广泛应用于欧洲、美国和日本的高速公路，以提供更安静和安全的服务。多孔隙透水沥青磨耗层具有更好的抗滑性能，且在降水过程中引起的飞溅和水雾更少，同时还可以降低噪声[7]。

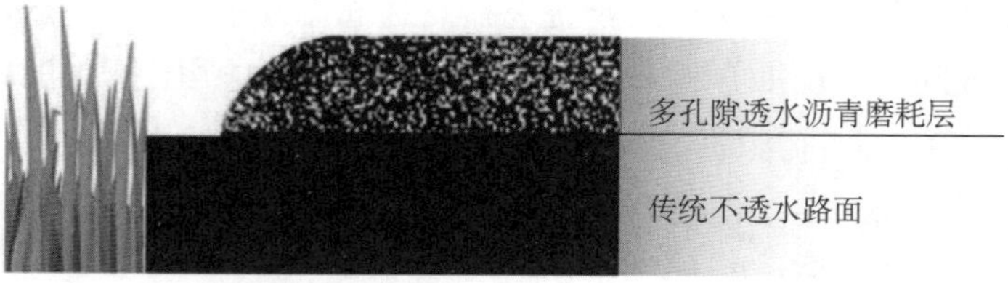

图 3-3　在一般不透水磨耗层上铺设透水磨耗层[4]

雨水径流通过多孔隙透水沥青磨耗层面层中的孔隙，渗透到传统不渗透沥青层表面。然后，雨水沿着横坡从周边排出，由此提高了路面的防滑性，如图 3-4 所示。不透水道路与此相反会造成更大的滑水风险，随之增加的飞溅和水雾降低了司机在恶劣天气下驾驶时的能见度。

图 3-4　透水沥青路面与普通沥青路面对比[4]

3.2　国内外透水沥青路面研究现状

3.2.1　国内透水沥青路面研究现状

透水沥青路面技术源于 OGFC，起初 OGFC 在国外主要被用于透水抗滑及降噪。随着道路技术及环保观念的发展，OGFC 的多孔结构所带来的透水、降噪、抗滑、水净化、降温等生态功能逐渐被挖掘并得到进一步开发。OGFC 的结构厚度和公称粒径逐渐增大，集料级配逐渐增粗，OGFC 从最初的超薄磨耗功能层逐渐发展为具有优良生态功能的结构层，并被广泛应用于各国道路建设中[8-11]。

20世纪80年代，我国在上海、河北、黑龙江、广东等省市修建了一些小规模试验路段，但是由于当时材料技术落后，加之重载交通、高温气候等原因，结构耐久性和功能耐久性均表现很差，试验路未获成功。90年代，在北京、广州等城市的市政道路上铺设过一些透水沥青路面试验路，随后在京沪高速公路、济青高速公路上也铺设了试验路段。由于受当时国内改性沥青技术限制，导致试验路段在铺设初期即出现松散、剥落等诸多病害。随着高黏度改性沥青的技术发展，及其在透水性沥青混合料中的应用，透水沥青路面的路用性能得到了一定的改善，同时也促进了透水沥青路面在我国的推广和应用。我国首次大规模应用透水沥青路面是在西安咸阳国际机场专用高速公路。当时由于采用了日本的高性能沥青改性剂以及优良的材料，这条高速公路上的各项检测指标均符合规范要求。这次透水性沥青混合料的成功应用，使我们积累了大量的经验，对于我国之后透水沥青路面的研究、应用和推广有着重要的意义[12]。

2005年，江苏省在盐通高速公路工程中铺筑了17 km的透水沥青路面，交通部公路院自主研发出高黏度改性剂及其对应的高黏度改性沥青。2008年，在宁杭高速公路上铺筑了全长21 km的透水沥青路面，铺装面积约31万 m^2。2013—2014年，在四川遂资高速公路(遂宁—资阳)上修筑了我国第一条双层透水降噪路面的试验段，长度为1.1 km，其区别于普通透水沥青路面的是透水面层分为公称粒径较小的上面层与公称粒径较大的下面层，双层透水沥青路面结构可以有效地缓解孔隙堵塞的问题。同时，其使用功能对比单层透水沥青路面能有效降低噪声2～3 dB(A)，透水能力提高30%。并且该路段首次应用了交通部公路院研发的大孔隙透水沥青路面的专用透水标线材料和技术，成功解决了透水路面孔隙被普通路面标线材料堵塞，造成透水困难及材料浪费等问题[13]。

总体来说，我国对透水沥青路面的研究尚处于起步阶段，相关技术还不够成熟，应用过程中还会出现一些问题：

(1) 透水沥青路面在实际施工过程中对材料、施工机械、施工工艺等方面要求较高，而我国可借鉴的实际施工经验很少，施工质量稍有缺陷就有可能会引起路面整体使用性能的下降。

(2) 在北方冬季存在冻融循环的气候条件下，当水分不能及时排尽时，就有可能冻结在结构层内，对混合料造成严重破坏，也易引发松散、剥落、路面裂缝等病害。

(3) 对于透水沥青路面的结构设计没有明确的设计方法和规范要求，在改建的道路上铺筑透水沥青路面时需要对原路面结构如何处置，对此也没有指导方针，而且在我国目前典型的半刚性基层上应用透水沥青路面可能会存在反射裂缝的问题。

(4) 在交通荷载的反复作用下，表面透水层会出现被压密的情况，由此孔隙率也会逐渐减小。

(5) 尘土等颗粒状污染物也容易堵塞孔隙，造成路面透水功能下降甚至消失。

(6) 我国对透水沥青路面的养护维修方面有所欠缺。

3.2.2 国外透水沥青路面研究现状

美国和西欧等发达国家在二十世纪六七十年代开始研究透水沥青路面，到 2017 年，排水沥青路面在国外的应用已历时超过 50 年。各国透水沥青路面名称见表 3-1[5, 14]。

表 3-1　　国外透水沥青路面名称

中文名	英文名	国家
开级配沥青磨耗层	Open Graded Friction Course, OGFC	美国
多孔隙透水沥青磨耗层	Permeable Friction Course, PFC	美国(得克萨斯州)
透水沥青	Porous Asphalt, PA	欧洲大部分国家
排水沥青	Drainage Asphalt, DA	意大利
开级配沥青	Open Graded Asphalt, OGA	加拿大、澳大利亚、南非
开级配透水沥青	Open Graded Porous Asphalt, OGPA	新西兰
开孔沥青	Open Pore Asphalt, OPA	德国
大孔隙沥青混凝土	Zeer Open Asphalt Beton, ZOAB	荷兰

1. 美国

有文字记载的符合透水路面技术特征的路面产生于 1930 年美国的俄勒冈州，它是在场拌封层(plant mix seal coat)的基础上发展起来的。20 世纪 50 年代开始，使用开级配抗滑磨耗层(OGFC)主要是为了提高抗滑能力，厚度、孔隙率相对较小且允许发生堵塞。该技术是从碎石封层发展起来，为了改善封层技术的缺陷，一般其孔隙率约达 15%。1974 年，美国联邦公路管理局(Federal Highway Administration, FHWA)颁布了一套 OGFC 混合料设计方法。低噪声多孔路面为了增强降噪效率，往往设计公称粒径较小的多孔沥青混凝土材料，同时使用橡胶沥青。1982 年，美国全国范围内铺筑的透水沥青路面达15 000 km，铺设厚度大多为 19 mm，孔隙率为 12%～15%，允许孔隙堵塞，多用在交通量较大的洲际公路。FHWA 于 1990 年 12 月制定了 OGFC 混合料设计方法[5]。

相较于欧洲和日本，尽管美国是透水沥青路面应用最早的国家，但是长期以来仅仅是将透水沥青路面作为高速公路或洲际公路的磨耗层，即 OGFC 开级配抗滑磨耗层，厚度只有 2 cm，沥青结合料大多不改性，孔隙率为 15%～17%。1998 年，美国国家沥青技术中心(National Center for Asphalt Technology, NCAT)对各州 OGFC 使用情况进行了调查，结果是：90%的州使用过 OGFC，其中 50%仍在采用，另外的 50%因其性能较差，放弃使用。

美国佐治亚州运输部(Georgia Department of Transportation, GDOT)在使用 OGFC 的过程中，出现了析漏、过早氧化、松散、剥落等病害，以至于在 1982 年停止使用 OGFC。20 世纪 90 年代，美国开始逐步向欧洲学习。2000 年，NCAT 发布了新一代

OGFC设计方法，美国的OGFC开始出现级配变粗、设计孔隙率变大达18%的情况，且普遍使用改性沥青、纤维、高沥青用量，压实厚度提高到4～5 cm，其技术特征向欧洲透水沥青路面靠拢。1992年，美国佐治亚州开发了一种新型OGFC，公称最大粒径为12.5 mm，使用了聚合物改性沥青，掺加了纤维和消石灰，这种混合料从1993年开始被广泛用于全州。同时，GDOT开始评估和引进欧洲的大孔隙排水沥青混合料(PEM)，PEM具有更大的透水率、更粗的级配和更大的摊铺厚度(32 mm)，见表3-2。GDOT 9110项目证实了改进后的OGFC，采用较粗的级配提高了排水功能和抗车辙能力。使用SB和SBS聚合物改性沥青，改性沥青的膜的厚度通常比普通沥青厚30%～40%，从而减少沥青老化和剥落，并且添加的矿物纤维占总体沥青混合料的0.4%。采用析漏试验控制沥青用量，NCAT认为最大的容许析漏率是0.3%，试验表明，只有含有纤维和聚合物的改性OGFC混合料才符合要求[15]。

表3-2　　GDOT所用OGFC级配范围

筛孔尺寸/mm	原OGFC级配/%	GDOT新型OGFC	
		1992年开发的OGFC级配/%	引进的PEM级配/%
19		100	100
12.5	100	85～100	90～100
9.5	85～100	55～75	35～60
4.75	20～40	15～25	10～25
2.36	5～10	5～10	5～10
0.075	2～4	2～4	1～4
沥青用量/%	6.0～7.25		5.5～7.0

2. 日本

1980年前后，日本组团赴德国考察，开始引进欧洲的排水沥青路面技术，1987年东京都环道7号公路率先铺筑排水沥青路面。1990年起，排水沥青路面成为最标准的路面之一，并在日本各级道路广泛使用。但是欧洲的技术并不适合高温、多湿的日本气候和交通条件，施工后不久便出现孔隙堵塞及重载交通引起的集料飞散，车辙变形问题也相当严重。1996年11月，日本发布了《排水铺装技术指针(案)》作为排水沥青混合料的设计施工指南。同年，日本道路公团做出所有的高速公路必须采用排水路面铺装的决定。截至2002年3月，日本40%的公路铺面转变为排水沥青路面。日本的排水沥青混合料与欧洲透水沥青路面相似，采用最大公称粒径为13.2 mm和19.0 mm两种，目标孔隙率达到20%，铺筑厚度4～5 cm。实践工程基本全是高黏改性沥青，60 ℃沥青的绝对黏度要求大于20 000 Pa·s，目的是在长时间与水接触作用下，改善和提高沥青的抗剥落性能和黏附性能。日本对排水沥青路面的修筑技术研究主要集中在20世纪90年代，通过调查发现，高速公路铺装排水沥青路面后，雨天事故减少 80%，交通噪声降低 3～5 dB(A)，使得雨天行车速度大为提高，因其显著的安全性使得排水沥青路面在日本高速公路被强制使用[16]。

日本提出的配合比设计步骤如下：

（1）确定目标孔隙率；

（2）材料选择与初始级配的确定；

（3）初始沥青用量计算；

（4）满足目标孔隙率级配的确定；

（5）确认混合料孔隙率，确定最佳沥青用量；

（6）混合料性能检验。

3. 荷兰

荷兰在 1979 年开始了排水沥青路面的研究，目的是评价这些“新路面”的有效性，以及优化混合料。从 1990 年到 2010 年间，荷兰所有的高速公路网都采用了这些磨耗层。针对孔隙阻塞问题，荷兰最早研究了新型双层式排水沥青路面。上层采用最大粒径4 mm 或 8 mm，下层采用最大粒径 11 mm 或 16 mm，总铺筑厚度达 70 mm。两层材料压实后的孔隙率均超过 20%。双层排水沥青路面在降噪和防止堵塞方面均有较好效果。上层用小粒径排水沥青混合料，不但可以保证路面平整，减小滚动噪声，而且能使较大的灰尘物质无法进入路面；下层颗粒较大，连通孔隙也较大，从而保证进入的灰尘与水分可以被迅速排走。根据荷兰的经验，认为双层式排水路面通过每年 1～2 次的高压水冲洗，可以解决城市道路路面中孔隙的堵塞问题[17]。

3.2.3 小结

目前，在美国、日本、荷兰等国家，透水路面被广泛应用于新建、扩建、改建的公路工程，室外工程，市政工程，广场、园林工程，停车场以及人行道，并开始尝试应用于港口和机场等重载路面。

在我国，透水铺装技术仍处于起步阶段，相关规范和标准并不完善，养护技术也不健全，且我国超载、重载现象非常严重，因此透水铺装技术在我国大多应用于小区、广场、园林工程、停车场以及人行道等轻载路面。

目前，国内外常见的改善方法包括：①使用性能更为优良的高黏改性沥青，但这会导致较高的成本、拌和压实温度上升带来的能源浪费、和易性变差及运输距离的缩短等负面问题；②使用力学性能（压碎值、磨光值等）和外观性能（棱角性、球形度、细观纹理等）更为优良的粗集料，这会导致集料成本上升，难以就地取材。

诸多因素阻碍了透水沥青路面在海绵城市建设中的推广和应用，因此有必要进一步研究多孔隙透水沥青混合料的优化设计方法，并尝试将固体废弃物应用于透水沥青路面中，如此不仅可以实现固体废弃物的资源化再利用，而且可以改善透水沥青混合料的路用性能。

3.3 透水沥青路面材料级配设计

3.3.1 现有的级配设计方法

连续级配构成的理论依据是最大密实度曲线，著名的连续矿料级配的构成方法有美国的n法、苏联的k法和我国林秀贤提出的i法。常用的级配理论主要有最大密实度曲线理论、粒子干涉理论和分形理论。最大密实度曲线是由富勒(W. B. Fuller)通过试验提出的一种理想曲线，该理论认为“矿料的颗粒级配曲线越接近抛物线，其密度越大”($n=0.5$)，主要描述了连续级配的粒径分布。粒子干涉理论则可用于计算连续级配、间断级配和折断级配。分形理论是近年来随着材料学的发展，将分形几何理论应用于路面材料集料级配研究而出现的一种新方法，目前相关研究很少。富勒的最大密实度曲线理论是从集料以何种比例组合能达到最大密实度的角度出发来确定级配中各种粒径的分布。根据最大密度级配曲线组成的传统密级配，因为各级数量比较接近，同级颗粒不能相互接触，粗集料含量少，不能形成骨架结构，所以高温稳定性能较差，在现有的重交通荷载作用下容易产生车辙。同时，传统密级配细集料用量多，导致表面构造深度小，抗滑性能差，且混合料对沥青含量变化极其敏感。泰波(A. N. Talbot)提出的由富勒公式改进的n法只强调级配达到最大密实度，没有考虑骨架结构的形成与否，由此设计的级配也就难以形成骨架密实结构，不能适应现代交通对集料级配的要求。林秀贤的i法、苏联的k法，以及后来在上述计算方法上衍生出来的变k法适用于各级粒径以1/2递减的情况。陈栓发等[8-25]的变i法是在林秀贤的i法的基础上演变而来的级配算法，粗集料级配与细集料级配分取不同的i值。

1. n法

n法即所谓的泰波法，根据最大密实度原则提出如下的矿料级配构成公式：

$$P_i = 100\left(\frac{d_i}{D}\right)^n \tag{3-1}$$

式中　P_i——孔径为d_i(mm)的筛孔的通过百分率，%；

d_i——拟计算的粒径，mm；

D——混合料中的最大粒径，mm。

当$n=0.5$时，式(3-1)即为富勒曲线，即混合料最大密实度曲线。通常情况下$n=0.3\sim0.7$；日本推荐$n=0.35\sim0.45$；美国以$n=0.45$作为标准级配。n越大则级配越粗。

2. k法

k法即苏联提出的控制筛余量递减系数的方法，其基本公式为：

$$P_x = 100\left(1-\frac{k^x-1}{k^y-1}\right) \tag{3-2}$$

$$y=3.32\lg(D/0.004) \tag{3-3}$$

$$x=3.32\lg(D/d) \tag{3-4}$$

式中 P_x——矿料在第 x 级筛孔的通过百分率，%；

k——颗粒分级质量递减系数；

d——拟计算的某级矿料粒径，mm；

D——混合料中的最大粒径，mm；

x——矿料分档数目；

y——总级数。

同济大学的研究表明：$k=0.7\sim0.8$ 较为合理。在我国南方 $k=0.7$ 较适宜；北方 $k=0.75$ 较适宜；当 $k>0.8$，则容易产生车辙。k 越大则级配越细。

3. i 法

同济大学林秀贤于 20 世纪 70 年代提出的级配构成方法，以通过百分率的递减系数 i 为参数，基本公式为：

$$P_x=100\times i^x \tag{3-5}$$

$$x=3.32\lg(D/d) \tag{3-6}$$

式中 P_x——当粒径以 1/2 递减时，矿料在第 x 级筛孔的通过百分率，%；

i——通过百分率的递减系数；

x——矿料粒径的级数；

d——拟计算的某级矿料粒径，mm；

D——混合料的最大粒径，mm。

研究表明：$i=0.7\sim0.8$ 较为合理。$i>0.8$，细料偏多；$i<0.7$，容易透水；$i=0.75$ 为最佳。i 越大，级配越细。

4. Superpave 设计方法

仍以连续型的最大密实度曲线为基础构建（$n=0.45$），同时为了保证混合料具有良好的高温稳定性，通过级配曲线的 7 个控制点和 1 个级配禁区来进行级配控制。此方法为改进型连续级配，但因其限制区的合理性受到争议而逐渐被取消。

这种连续级配的设计方法，虽然能使混合料密实不透水，但是未考虑粗集料的骨架嵌挤结构，混合料的高温抗车辙性能不足，且表面构造深度、抗滑性能较差。为了改善连续级配混合料的高温稳定性和抗滑性能不足的问题，提出了两种不同的技术思路：①仍采用连续级配设计方法，增加粗集料含量，降低矿粉含量，形成半开级配或者开级配；②采用间断级配的设计思想，在 2.36～4.75 mm 位置设置间断点，增加碎石含量的同时，提高矿粉含量，形成典型的密实间断级配混合料（Stone Mastic Asphalt，SMA）。

以上四种级配设计方法均属于连续密级配设计范畴，并不适用于骨架嵌挤孔隙结构的透水沥青混合料级配设计。

5. 贝雷设计法

贝雷设计法最初由伊利诺伊交通局的Robert Bailley提出，其初衷是设计出抗车辙性能高、抗老化性能好的沥青混合料。Bill Varik在此基础上，提出了针对密级配沥青混合料设计的系统方法，包括SMA沥青混合料，它是一种级配优化方法，并不包含最佳沥青含量的确定。贝雷法以嵌挤程度作为设计参数，配合粗集料骨架嵌挤结构，从而保证提供足够的抗车辙能力。较大的矿料间隙率(Voids in Mineral Aggregate, VMA)可以容纳更多的沥青，形成较厚的沥青膜，提高混合料的耐久性。

1) 粗、细集料的分界点确定

与传统方法相比，贝雷法中对粗、细集料的分界筛孔的定义是不同的(沥青混合料2.36 mm、水泥混凝土4.75 mm)，它是由混合料的公称最大粒径决定的，也被称为第一控制筛孔，选择0.22倍的公称最大粒径临近筛孔尺寸作为粗、细集料的分界点。其中，因子0.22根据如下方法确定：当集料颗粒全为圆形嵌挤接触，达到嵌挤状态的第一控制筛孔尺寸与公称最大粒径之比为0.15；当集料颗粒嵌挤接触形式为“2圆1平”时，这个比值为0.2；“1圆2平”时，这个比值为0.24；“3平”时，这个比值为0.29。考虑到实际混合料中的集料并非全为圆形和方形，因此取0.22作为比例因子。并且已有研究表明，比例因子在0.18～0.28这个范围内，对级配影响不大。

2) 控制筛孔及推荐参数范围

CA(粗集料比例)反映粗集料不同粒径部分的组成情况：

$$CA=\frac{\text{半筛孔通过率}-\text{第一控制筛孔通过率}}{100-\text{半筛孔通过率}} \tag{3-7}$$

FAC(细集料中的粗砂部分)反映细集料中的粗砂部分比例：

$$FAC=\frac{\text{第二控制筛孔通过率}}{\text{第一控制筛孔通过率}} \tag{3-8}$$

FAF(细集料中的细砂部分)反映细集料中细砂部分比例：

$$FAF=\frac{\text{第三控制筛孔通过率}}{\text{第二控制筛孔通过率}} \tag{3-9}$$

目前，已有研究给出了沥青混凝土混合料(Asphalt Concrete, AC)和沥青玛蹄脂混合料SMA中贝雷法设计参数的推荐范围，见表3-3—表3-5。但是，目前缺少多孔隙沥青混合料的贝雷法设计参数推荐范围。

3) 贝雷法设计具体步骤

(1) 选择一个合适的粗集料合成密度；

(2) 计算该选择密度下的粗集料孔隙率；

(3) 确定填充粗集料孔隙的细集料数量；

(4) 采用每种集料的密度，决定总质量并计算出每档集料的通过率；

(5) 根据细集料中所含的粗集料数量及粗集料中所含的细集料数量计算误差，调整级配；

表 3-3　　标准筛孔及控制筛孔选择

标准筛孔/mm	半筛孔/mm	标准筛孔×0.22/mm	第一控制筛孔/mm	第二控制筛孔/mm	第三控制筛孔/mm
37.5	19.0	8.25	9.5	2.36	0.6
25	12.5	5.5	4.75	1.18	0.3
19	9.5	4.18	4.75	1.18	0.3
12.5	4.75(6.25)	2.75	2.36	0.6	0.15
9.5	4.75	2.09	2.36	0.6	0.15
4.75	2.36	1.05	1.18	0.3	0.075

表 3-4　　AC 贝雷法设计参数推荐范围

指标	最大公称粒径/mm					
	37.5	25.0	19.0	12.5	9.5	4.75
CA	0.80～0.95	0.70～0.85	0.60～0.75	0.50～0.65	0.40～0.55	0.30～0.45
FAC	0.35～0.50	0.35～0.50	0.35～0.50	0.35～0.50	0.35～0.50	0.35～0.50
FAF	0.35～0.50	0.35～0.50	0.35～0.50	0.35～0.50	0.35～0.50	0.35～0.50

表 3-5　　SMA 贝雷法设计参数推荐范围

指标	最大公称粒径/mm		
	19.0	12.5	9.5
CA	0.35～0.50	0.25～0.40	0.15～0.30
FAC	0.60～0.85	0.60～0.85	0.60～0.85
FAF	0.65～0.90	0.60～0.85	0.60～0.85

(6) 如果采用矿粉和回收矿粉，调整细集料用量；

(7) 确定级配曲线；

(8) 合成级配曲线分析评价。

6. CAVF 设计方法

粗集料孔隙填充(Course Aggregate Void Filling method, CAVF)法是我国张肖宁等提出的。这个方法从原理上讲是合适的，即用大于 4.75 mm 的粗集料的紧装密度和表观密度(或称视密度)计算粗集料间的孔隙率，该孔隙率减去压实成型后沥青混凝土中所要求的孔隙后，剩余的孔隙刚好被细集料、填料和沥青的体积填充。其问题在于：①没有明确用什么方法确定粗集料的紧装密度，是用干捣实法或振实法，还是用马歇尔击实法尚不明确。因此,不同试验人员、不同试验方法得到的结果会有明显的差异。②表观密度是指不包含开口孔隙单位体积石料的重量,而粗集料之间根本无法达到以表观密度进行接触的状态,因此CAVF法中使用表观密度是否合适,是一个值得考虑的问题。从原理上讲,应采用集料的毛体积密度。此外,CAVF法只能根据已有原材料来检验矿料级配是否符合骨架密实结构和据此确定粗集料、细集料和填料各自所占的质量百分比,没有提供符合骨架密实结构的粗集料和细集料各自应有的矿料级配组成计算方法,也没有考虑实际沥青混凝土中,集料要吸收部分沥青的情况。

CAVF法是基于2个基本假定:①假定细集料的颗粒不对粗集料的嵌挤结构形成干涉;②细集料与沥青混合的胶浆也不对粗集料的嵌挤结构形成干涉。根据实际使用的沥青混合料最大粒径情况和施工需要,可以预先选择连续的1~3档粗集料作为主骨架。采用间断级配是为了避免细集料干涉主骨料的骨架结构,造成主骨料孔隙增大。

$$P_{ca}+P_{fa}+P_{fi}=100\% \tag{3-10}$$

$$VCA_{DRC}=1-\frac{GCA_{DRC}}{G_{a.ca}} \tag{3-11}$$

$$\frac{P_{ca}}{GCA_{DRC}}\times(VCA_{DRC}-V_a)=\frac{P_{fa}}{G_{a.fa}}+\frac{P_{fi}}{G_{a.fi}}+\frac{P_b}{G_b} \tag{3-12}$$

式中 P_{ca}——矿料级配组成中粗集料的含量百分率,%;

P_{fa}——矿料级配组成中细集料的含量百分率,%;

P_{fi}——填料的含量百分率,%;

VCA_{DRC}——粗集料干捣实骨架间隙率,%;

GCA_{DRC}——粗集料干捣实密度,g/cm^3;

$G_{a.ca}$——粗集料的毛体积密度,g/cm^3;

V_a——沥青混凝土中的孔隙率;

P_b——油石比,%;

$G_{a.fa}$——细集料的毛体积密度,g/cm^3;

$G_{a.fi}$——填料的视密度,g/cm^3;

G_b——沥青的密度,g/cm^3。

通常,材料密度和VCA_{DRC}可以通过试验测定得到,可以在P_{ca},P_{fa},P_{fi},P_b和V_a等5个变量中预先确定3个变量的设计值,再利用式(3-10)和式(3-11)计算得到其余2个变量的设计结果。为了方便计算,一般将粗、细集料质量百分率P_{ca},P_{fa}作为未知变量进行设计。

7. *改进的CAVF设计方法*

沙庆林院士经过多年研究提出了SAC矿料级配设计与检验方法,该方法和张肖宁等提出的CAVF法从原理上讲是一致的,即粒径大于4.75 mm的粗集料形成的干捣实状态下的间隙率刚好由细集料体积、填料体积、沥青体积和压实成型后所要求的剩余孔隙率填满。但SAC矿料级配设计与检验方法明确了先前CAVF法中存在的几个问题：

（1）明确了粗集料骨架孔隙率用干捣实法确定。

（2）明确了粗集料之间以毛体积密度进行接触的状态，即用毛体积密度计算粗集料干捣实密度。

（3）不仅明确了矿料级配的检验方法，同时提供了任意结构（紧密骨架密实结构、一般骨架密实结构、悬浮密实结构）的粗集料、细集料的矿料级配组成的计算方法，消除了级配设计中对任意筛孔通过量的人为取值的随机性，为矿料级配设计中每一筛孔的具体取值提供了理论依据。

SAC（多碎石沥青混凝土）矿料级配分三部分：粗集料、细集料和填料，粗细集料的分界线统一定为4.75 mm，即4.75 mm以上集料为承重的主体。对于粗集料间断级配沥青混凝土，描述粗集料级配曲线的幂函数应该具有较大的幂值，而用于填充孔隙的细集料，则要求它较为密实，所以描述细集料级配曲线的幂函数应该具有较小的幂值，两段曲线连接在一起组成一根完整的间断级配曲线。计算时只要设定出3个或4个控制筛孔（公称最大粒径、4.75 mm、4.75～0.075 mm之间的某个筛孔和0.075 mm）的通过量。具体计算过程同式(3-10)—式(3-12)。

8. 变 i 法

陈栓发等[21]改变 i 的取值，采用加州承载比(California Bearing Ratio，CBR)作为评价指标，确定粗集料骨架结构中各档粗集料的最佳比例。研究表明合适的间断级配填充比连续级配逐级填充得到的孔隙率更小。细集料对骨架结构的填充和连接效果体现在自身的级配组成上，当细集料越密实，黏聚力也越大，其填充和连接效果就越好，即以较大密实度为标准。

9. "三个控制点、双曲线"模型

将级配曲线分为粗集料级配曲线和细集料级配曲线，通过分别调整粗集料和细集料的相对含量，控制混合料的骨架嵌挤状态和密实性，从而形成具有一定间断程度的级配曲线。三个控制点分别为：公称最大粒径、4.75 mm和0.075 mm。4.75 mm通过率是间断级配的关键，控制着整个级配的骨架程度和密实程度，一般设定为40%～28%。为了便于实际工程的使用，选择了代表偏粗、居中和偏细的三种级配状态曲线，分别为指数函数模型曲线、幂函数模型曲线和对数函数模型曲线。

$$\text{幂函数模型：} y = a \cdot x^b \tag{3-13}$$

$$\text{指数函数模型：} y = a \cdot e^{bx} \tag{3-14}$$

$$\text{对数函数模型：} y = a \cdot \ln(x) + b \tag{3-15}$$

式中 y——各粒径的通过率，%；

a，b——回归系数；

x——各粒径的筛孔，mm。

设计步骤：①确定公称最大粒径的通过率，一般为95%；②确定间断点4.75 mm的通过率，一般设定为30%，此时混合料的矿料级配往往处于较为理想的骨架密实状态。“三个控制点、双曲线”模型的缺点在于，三个关键控制筛孔的通过率是由经验确定的。

3.3.2　透水沥青混合料级配设计方法

将贝雷设计法与粗集料骨架强度指标相结合，确定多孔隙透水沥青混合料中贝雷法设计参数的推荐范围。

（1）粗集料骨架体积设计方法

参考已有的SMA贝雷法粗集料推荐参数CA的取值范围，见表3-5。借鉴贝雷法级配设计思想，进行粗集料骨架体积设计。

（2）粗集料骨架强度设计方法

借鉴土基CBR评价粗集料骨架强度，CBR通常作为材料承载能力的指标，以材料抵抗局部荷载压入变形的能力来标注，并用高质量标准碎石的承载能力为标准。采用CBR试验方法来评价不同粗集料级配的粗集料骨架强度，采用直径150 mm×高100 mm的金属试筒，垫高的垫块，将集料分三次装入试筒并机械振实（避免人工捣实带来的主观误差），然后测定贯入量为5 mm时的单位压力值。用以评价不同级配粗集料骨架的强度，确定具有高承载力的粗集料骨架级配。

（3）细集料级配确定方法

在SMA中细集料主要起填充作用，细集料级配的选择以密实填充为原则。而在多孔隙沥青混合料中，细集料较少，且为了获得更多的连通孔隙通道，细集料应以获得较大的间隙率为原则。因此，本研究采用细集料松装间隙率和振动间隙率评价不同细集料级配的结构特性，确定具有高间隙率的细集料骨架级配。

（4）粗、细集料体积比确定方法

根据粗、细集料体积比对混合料路用性能的影响，确定其最佳体积比。

（5）推荐适用于多孔隙沥青混合料的贝雷法设计参数范围。

3.3.3　小结

关于混合料的级配设计，最早出现的是连续密实级配设计方法，连续级配构成的理论依据是最大密实度曲线，著名的连续矿料级配的构成方法有：美国的n法、苏联的k法和我国林秀贤提出的i法。常用的级配理论主要有最大密度曲线理论、粒子干涉理论和分形理论。在近年来的级配设计的发展中出现了众多级配设计方法，诸如Superpave设计方法、CAVF方法、改进的CAVF方法、变i法、“三个控制点、双曲线”模型等，但是此类设计方法绝大多数都是以连续密级配作为基础，然而多孔隙沥青混合料的骨架嵌挤孔隙结构与骨架悬浮结构和骨架填充密实结构具有根本区别，因此采用由密级配发展而来的级配设计方法值得商榷。

因此，参考已有的贝雷法SMA粗集料推荐参数CA的取值范围，见表3-5。借鉴贝雷法级配设计思想，进行粗集料骨架体积设计。并且利用 CBR 试验方法来评价不同粗集料级配的粗集料骨架强度，采用直径 150 mm×高 100 mm 的金属试筒，将集料分三次装入试筒并机械振实（避免人工捣实带来的主观误差），然后测定贯入量为 5 mm 时的单位压力值。用以评价不同级配粗集料骨架的强度，确定具有高承载力的粗集料骨架级配。将粗集料骨架强度设计与体积设计相结合，综合确定粗集料骨架结构的级配组成。以细集料的松装间隙率作为细集料级配的控制指标。

3.4 透水沥青路面材料沥青选择

表 3-6 列出了适用于透水沥青路面的高黏改性沥青指标，同时也列出了一种国产高黏改性沥青的检验结果。

表 3-6 高黏改性沥青技术指标

<table>
<tr><th colspan="2">试验项目</th><th>单位</th><th>指标范围</th><th>实验结果</th></tr>
<tr><td colspan="2">针入度@25 ℃，100 g，5 s</td><td>0.1 mm</td><td>20～40</td><td>38</td></tr>
<tr><td colspan="2">针入度指数</td><td>—</td><td>≥0.0</td><td>+0.17</td></tr>
<tr><td colspan="2">延度@5 ℃，5 cm/min，cm</td><td>cm</td><td>≥20</td><td>22</td></tr>
<tr><td colspan="2">软化点，$T_{R\&B}$</td><td>℃</td><td>≥82</td><td>93.5</td></tr>
<tr><td colspan="2">闪点</td><td>℃</td><td>≥230</td><td>326</td></tr>
<tr><td colspan="2">溶解度</td><td>%</td><td>≥99</td><td>99.8</td></tr>
<tr><td colspan="2">贮存稳定性@163 ℃，48 h，软化点差</td><td>℃</td><td>≤2.5</td><td>2.0</td></tr>
<tr><td colspan="2">弹性恢复@25 ℃</td><td>%</td><td>≥95</td><td>95.1</td></tr>
<tr><td rowspan="3">RTFOT 残留（163 ℃，85 min）</td><td>质量变化</td><td>%</td><td>±1.0</td><td>+0.01</td></tr>
<tr><td>延度@5 ℃，5 cm/min</td><td>cm</td><td>≥15</td><td>16</td></tr>
<tr><td>针入度比</td><td>%</td><td>≥70</td><td>73.7</td></tr>
<tr><td colspan="2">动力黏度 @60 ℃</td><td>Pa·s</td><td>≥20 000</td><td>709 875</td></tr>
<tr><td colspan="2">SHRP PG</td><td>—</td><td>PG 76-22</td><td>PG 76-22</td></tr>
</table>

3.5 透水沥青路面材料粉胶比优选

在排水沥青路面中，沥青混合料粗集料多细集料少，属于典型的骨架孔隙结构，作为其胶结物质的沥青胶浆对混合料自身的稳定性具有重要的作用。沥青胶浆由沥青和填料组成，在沥青用量一定的情况下，适当增大粉胶比能够提高沥青胶浆的黏度，提高其高温抗车辙能力。但是，如果粉胶比过小，则自由沥青过多，在高温环境下容易泛油；如果粉胶比过大，则会降低混合料的黏结程度，从而降低其抗车辙能力。

有关研究表明，实际沥青混合料粉胶比建议在0.6～1.2范围内较合适（不包括SMA的沥青胶浆），但是本研究针对多孔隙沥青混合料，预测最佳粉胶比在0.9附近，所以分别采用粉胶比为0.3，0.6，0.9三个水平进行试验，考虑到研究的三种填料的密度都较为接近，因而均采用质量比。

3.5.1　沥青胶浆制备方法

赤泥及矿粉改性沥青胶浆制备流程：①加热高黏沥青至185 ℃，本研究所用原样沥青为高黏沥青，故在胶浆制备和试验过程中需要保证较高温度，设定为185 ℃；②矿粉和赤泥在180 ℃的烘箱中加热保温（60±5）min，保证填料干燥的同时与沥青的加热温度接近；③将填料分成三份，等量添加至沥青中，第一次添加填料之后，拿玻璃棒充分搅拌，然后开启沥青剪切机，将仪器的剪切速率设定为4 000 r/min，剪切5 min后，加入第二份填料，继续剪切5 min后加入第三份填料，之后再剪切5 min，使沥青胶浆混合均匀；④制备好的沥青胶浆应当立即进行相关性能测试，储存后重新使用沥青胶浆之前，需要用小型搅拌机以500 r/min的搅拌速率搅拌5 min，保证胶浆最大限度地混合均匀。胶浆制备好后应在7 d内完成所有试验测试，储存时间超过7 d则需重新制备胶浆。

之所以分开加入等量填料的原因在于：①防止由于一次性添加填料过多，在剪切时填料飞出，影响掺量粉胶比的准确性；②防止填料颗粒结团，虽然使用高速剪切机进行剪切，但是在粉胶比较大的情况下仍然容易使填料颗粒结团黏附在容器底和容器壁上。

3.5.2　沥青胶浆性能试验

沥青胶浆性能测试的指标、方法及设备见表3-7。

表3-7　胶浆性能测试指标、方法和设备

性能指标	评价指标	标准/方法	设备
布氏黏度	布氏黏度	ASTM① D4402	布氏黏度计（Brookfield Viscometer）
高温性能	高温车辙因子：$G^*/\sin\delta$；3.2 kPa作用下的弹性恢复率：J_{nr}@3.2 kPa	AASHTO② TP 5/AASHTO TP 70-10	动态剪切流变仪（Dynamic Shear Rheometer）
低温性能	劲度模量S、变形恢复率m	AASHTO M320	弯曲梁流变仪（Bending Beam Rheometer）
黏附/水稳性能	黏结强度	AASHTO TP-91	拉拔试验装置（Pull-off Equipment）
疲劳性能	疲劳因子：$G^*\cdot\sin\delta$	AASHTO TP 5	动态剪切流变仪（Dynamic Shear Rheometer）

注：① ASTM：美国材料与试验协会（American Society for Testing Materials）。
② AASHTO：美国国家高速公路和交通运输协会（American Association of State Highway and Transportation Officials）。

1. 布氏旋转黏度试验

布氏黏度计是依靠旋转运动来产生简单剪切，用来快速确定材料的黏弹性等各方面的流变性质的一种测试仪器。布氏黏度计由内筒和外筒构成，通常固定外筒并以一定的角速度旋转内筒，通过沥青黏性的带动，使得外筒受到一定的剪切应力，最后由数据采集系统输出数据结果。高黏度沥青胶浆是一种复杂的混合料，在温度较低时属于典型的非牛顿流体，而随着温度的升高，胶浆由非牛顿流体逐渐向牛顿流体过渡，通过测量不同温度下的胶浆黏度，研究胶浆的流变性质。布氏黏度计是国际上使用广泛的测量沥青黏度的仪器，多用于测量沥青及沥青胶浆的高温黏度。

沥青布氏旋转黏度：按照 ASTM D4402 规范进行布氏旋转黏度试验，分别测试沥青在 135 ℃和 175 ℃及沥青胶浆在 135 ℃，175 ℃和 185 ℃时的布氏黏度，测试结果如图 3-5 所示。

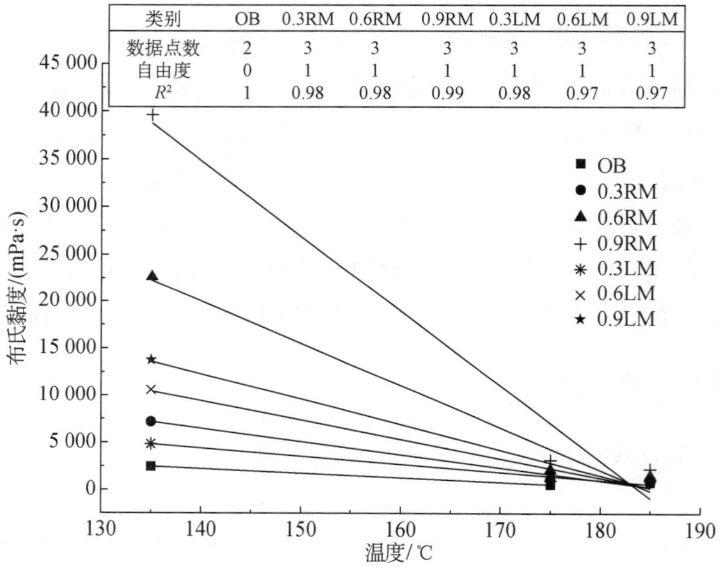

注：图中 OB 代表原样高黏沥青，0.3RM 代表粉胶比为 0.3 的赤泥改性沥青胶浆，0.3LM 代表粉胶比为 0.3 的石灰岩矿粉改性沥青胶浆，以此类推。

图 3-5 布氏旋转黏度试验数据对比图

由沥青布氏旋转黏度试验结果可以得到以下结论：

(1) 分别对三个测量温度 135 ℃，175 ℃和 185 ℃所得布氏黏度数据进行线性拟合，原样高黏沥青、矿粉改性沥青胶浆和赤泥改性沥青胶浆的布氏黏温曲线均呈现很好的线性关系。

(2) 从黏温图中可以看出，随着温度的上升，矿粉改性沥青胶浆和赤泥改性沥青胶浆的黏度出现不同程度的下降。

(3) 随着矿粉和赤泥掺量的增大，沥青胶浆的黏度也随之增大。

(4) 同一温度和同等掺量条件下，赤泥改性沥青胶浆的布氏黏度均高于矿粉改性沥青胶浆，说明赤泥改性沥青胶浆的高温黏附性能优于矿粉改性沥青胶浆。

2. 弯曲梁蠕变试验

美国公路战略研究计划(Strategic Highway Research Program, SHRP)研究开发了弯曲梁流变仪(Bending Beam Rheometer, BBR)，应用工程上梁理论来测量沥青及沥青胶浆小梁试件在蠕变荷载作用下的劲度，试验规程见 AASHTO M320。

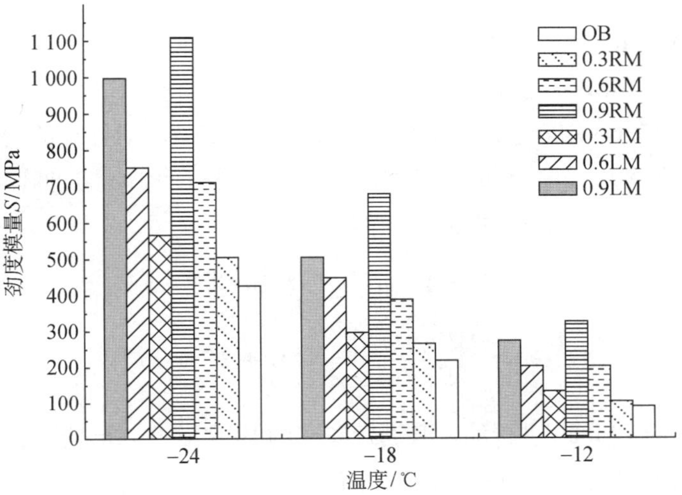

(a) 劲度模量与温度的关系

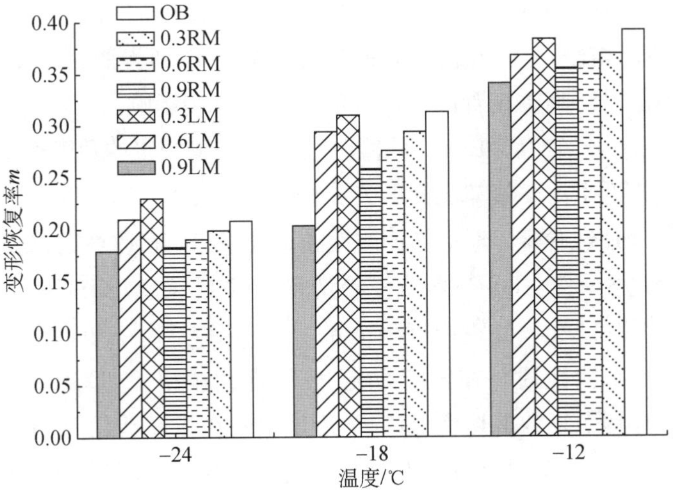

(b) 变形恢复率与温度的关系

图 3-6　BBR 试验数据对比图

弯曲梁蠕变试验的数据获得是通过数据采集设备每隔 0.5 s 或更少的时间自动采集一次试验数据，采集的数据包括加载时间(s)、荷载大小(mN)、变形挠度(mm)以及温度(℃)。之后，附带的电脑软件就自动按照式(3-16)计算加载时间为 8.0 s，15.0 s，

30.0 s，60.0 s，120.0 s 和 240.0 s 时的劲度模量。

$$S_m(t)=\frac{PL^3}{4bh^3W(t)} \tag{3-16}$$

式中 $W(t)$——梁随时间变化的跨中挠度，mm；

P——施加在梁上的集中荷载，N；

L——梁的跨距，mm；

b——梁宽，mm；

h——梁厚，mm。

将在 8.0 s，15.0 s，30.0 s，60.0 s，120.0 s 及 240.0 s 时计算的劲度模量的对数与时间对数进行二次多项式回归，即按照式(3-17)模型进行回归，通过回归确定模型的系数之后，按照式(3-18)求解拟合劲度曲线的斜率 m 值。

$$\lg S_e(t)=A+B[\lg(t)]+C[\lg(t)]^2 \tag{3-17}$$

$$m(t)=\left|\frac{d\lg S(t)}{d\lg(t)}\right|=|[B+2C\lg(t)]| \tag{3-18}$$

按照 AASHTO M320 进行沥青和沥青胶浆的 BBR 试验，其试验结果如图 3-7 所示。

由沥青 BBR 试验结果可以得到以下结论：

(1) 随着温度的降低，高黏沥青、赤泥改性沥青胶浆和矿粉改性沥青胶浆的劲度模量 S 呈现增大的趋势。变形恢复率 m 值与劲度模量具有相反的规律，表明高黏沥青、赤泥改性沥青胶浆、矿粉改性沥青胶浆的低温抗裂性能随着温度的降低而降低。

(2) 与高黏沥青相比，赤泥改性沥青胶浆和矿粉改性沥青胶浆的 S 值增大，且 m 值减小，说明赤泥和矿粉对高黏沥青的低温性能产生了不利影响。

(3) 当温度分别为－12 ℃和－18 ℃时，赤泥改性沥青胶浆的劲度模量 S 低于矿粉改性沥青胶浆，而变形恢复斜率 m 值却也低于矿粉改性沥青胶浆。当温度为－24 ℃时又呈现了相反的规律，说明 BBR 试验难以对比赤泥改性沥青胶浆和矿粉改性沥青胶浆的低温性能。

3. *动态剪切流变试验(DSR)和多重应力蠕变恢复试验(MSCR)*

动态剪切流变仪(Dynamic Shear Rheometer，DSR)是用来测定高温和中等温度下的沥青胶浆的黏性和弹性性质。在设定的温度和荷载频率下，DSR 测量复数剪切模量(G^*)和相位角(δ)，其中复数剪切模量(G^*)用来表示在重复剪切时沥青胶浆抵抗变形的能力，有 $G^*=\tau_{max}/\gamma_{max}$，作用应力和由此而产生的应变滞后用相位角($\delta$)表示。

分别按照 AASHTO TP 5 和 AASHTO TP-70 规范，在 82 ℃时进行沥青和沥青胶浆的 DSR 和 MSCR(Multiple Stress Creep and Recovery)试验，所得数据为抗车辙因子 $G^*/\sin\delta$(高温车辙因子)和 $J_{nr_{3.2}}$(3.2 kPa 作用力下的弹性恢复率)如图 3-7 和图 3-8 所示。

由沥青 DSR 和 MSCR 试验结果可以得到以下结论：

(1) 随着粉胶比的增大，沥青胶浆的抗车辙因子 $G^*/\sin\delta$ 逐渐增大，说明填料的加入提高了沥青的抗车辙能力。但是抗车辙因子增大的程度和粉胶比的关系并非简单的线

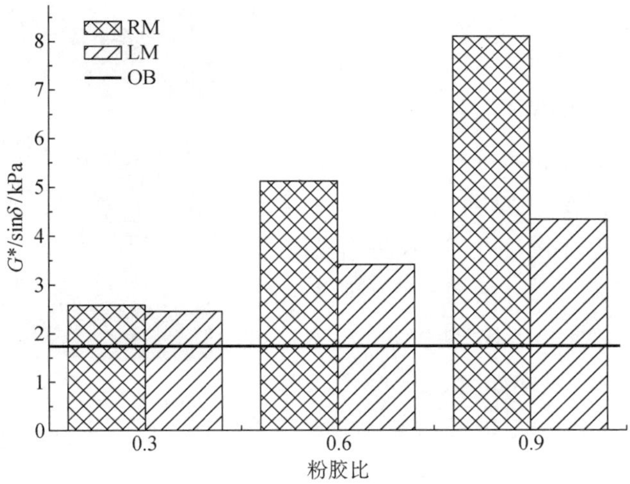

图 3-7　$G^*/\sin\delta$ 数据对比图

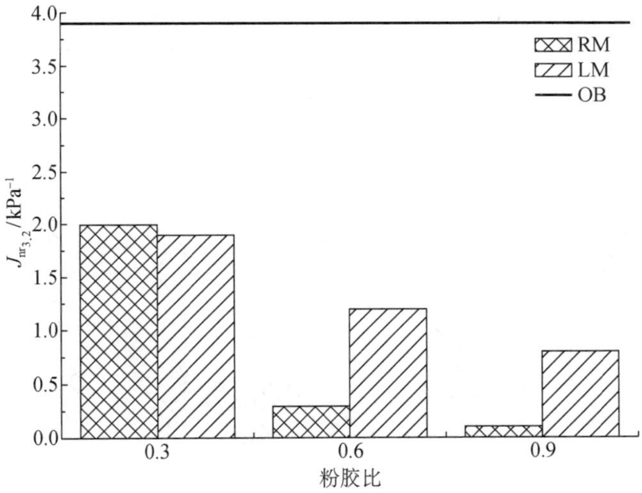

图 3-8　沥青及沥青胶浆的 MSCR 试验数据对比图

性关系。

(2) 当粉胶比为 0.3 的时候，矿粉改性沥青胶浆和赤泥改性沥青胶浆抗车辙因子相近。但是随着粉胶比的增加，赤泥改性沥青胶浆的抗车辙因子明显大于矿粉改性沥青胶浆的抗车辙因子，说明赤泥改性沥青胶浆的高温抗车辙性能显著优于矿粉改性沥青胶浆。

(3) 赤泥和矿粉的掺入均提高了高黏沥青的 $J_{nr_{3.2}}$，增强了高黏沥青的弹性恢复性能，但是随着矿粉掺量的增加，矿粉改性沥青胶浆的 $J_{nr_{3.2}}$ 几乎无变化，而随着赤泥掺量的增加，赤泥改性沥青胶浆的 $J_{nr_{3.2}}$ 迅速上升，且均高于同等粉胶比的矿粉改性沥青胶浆，说明赤泥改性沥青胶浆的弹性恢复能力显著优于矿粉改性沥青胶浆。

4. 拉拔试验(BBS)

拉拔试验是通过在外界对黏附有沥青的拔头施加拉拔力，测量最终发生破坏时的拉应力强度来定量地表征沥青胶浆的黏附性能，具体的试验规程参照 AASHTO TP-91。试验过程中需要用到玄武岩石板、废弃压石板以及特制拔头。

试验准备工作包括：将玄武岩石板和拔头加热到 185 ℃，接着依次放置硅胶圈，加热后的沥青以及拔头，然后取废弃石板加压 1 h，将石板置于 40 ℃的水浴箱中保温 96 h，放置 20 ℃常温保温 1 h后利用 Positest AT-A 测试装置拉拔，测得破坏时的拉拔强度。最终试样如图 3-9 所示。

图 3-9 拉拔试验装置(拔头、硅胶圈和玄武岩石板)

按照 AASHTO TP-91 进行沥青和沥青胶浆的沥青拉拔试验(Binder Bond Strength，BBS)，其试验结果如图 3-10 所示。

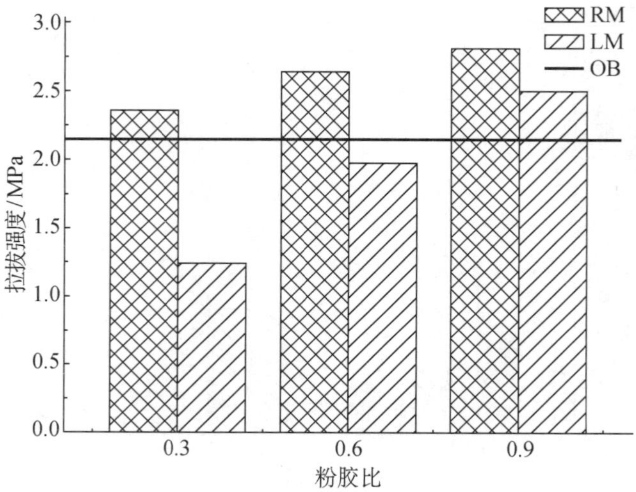

图 3-10 BBS 试验数据对比图

由沥青拉拔试验(BBS)结果可以得到以下结论：

(1) 掺入矿粉之后，沥青胶浆的拉拔强度降低，说明由于添加了填料，虽然增加了沥青的黏度，但是改变了沥青与集料之间的界面接触情况，部分矿粉颗粒在沥青-集料界面形成缺陷，导致应力集中，从而降低了矿粉改性沥青的黏附性，而随着粉胶比的提高，矿粉改性沥青的黏度迅速上升，黏度上升带来黏附性增强的正影响超过了颗粒在界面形成缺陷带来的黏附性降低的负影响。

(2) 当掺入赤泥填料后，沥青胶浆的拉拔强度获得提高，并且随着粉胶比的增大，拉拔强度进一步增大。

(3) 在同等粉胶比情况下，赤泥改性沥青胶浆的拉拔破坏力明显高于矿粉改性沥青胶浆。

3.5.3　多孔隙沥青混合料性能试验

1. OGFC-13 沥青混合料肯塔堡飞散试验

参照《公路沥青路面施工技术规范》(JTG F40—2004)中 OGFC-13 级配，进行混合料设计，控制沥青膜厚为 13 μm。按照《公路工程沥青及沥青混合料试验规程》(JTG E20—2011)中沥青混合料肯塔堡飞散试验(T 0733—2011)分别进行粉胶比为 0.3，0.6 和 0.9 的赤泥改性沥青混合料和矿粉改性沥青混合料试验，试验结果如图 3-11 所示。

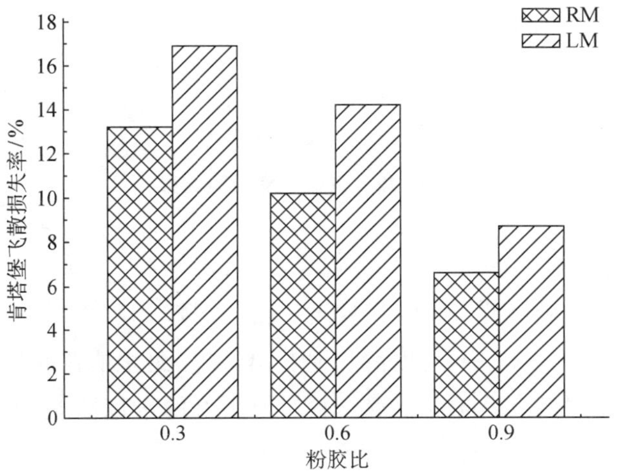

图 3-11　肯塔堡飞散试验数据对比图

由 OGFC-13 沥青混合料肯塔堡飞散试验结果可以得到以下结论：

(1) 随着粉胶比的增加，掺入矿粉的多孔隙沥青混合料的抗飞散性能逐渐增大，表现为飞散率降低。

(2) 在同等粉胶比的情况下，赤泥改性沥青混合料的抗飞散性能优于矿粉改性沥青混合料的抗飞散性能，这与拉拔试验所得试验规律一致。

2. 汉堡车辙试验

汉堡车辙试验(Hamburg Wheel-Track Device，HWTD)按照 AASHTO T 324-14 检测多孔隙沥青混合料的抗车辙性能和水稳性能。综合考虑多孔隙沥青混合料的抗飞散性能、透水性能和经济效益，选择粉胶比 0.9 作为本研究的最优粉胶比，然后在 60 ℃水浴中进行高温水浴汉堡车辙试验，研究粉胶比为 0.9 时，多孔隙沥青混合料的水稳性和抗车辙性。混合料的孔隙率控制在 18.0%。每个样本加载 10 000 次循环或直到 20 mm 车辙深度。此外，进一步研究了在标准、浸水和老化条件下，粉胶比为 0.9 时多孔隙沥青混合料的抗飞散性能。从图 3-12 可以看出，经过 10 000 次循环后，以赤泥为填料的多孔隙沥青混合料比以石灰岩矿粉为填料的多孔隙沥青混合料具有更好的抗车辙和水稳性能。

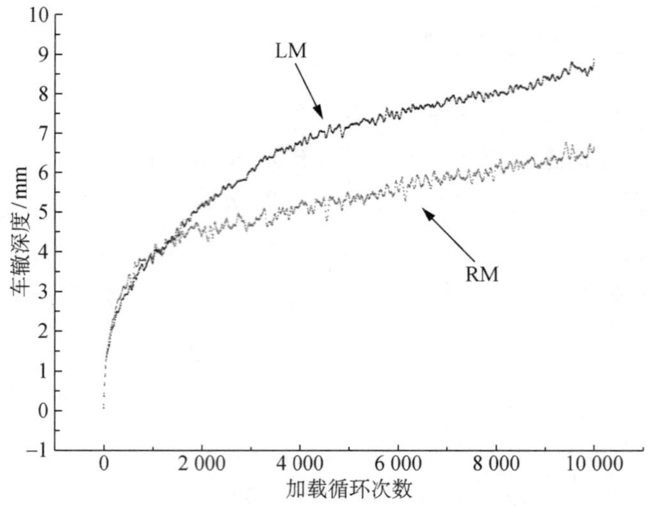

图 3-12　汉堡车辙试验结果

3. 三种肯塔堡飞散试验

三种肯塔堡飞散试验(标准、水浸和老化)按照 ASTM D 7064-08 检测多孔隙沥青混合料的抗飞散性。在图 3-13 中,可以清楚地看出,以赤泥为填料的多孔隙沥青混合料比以石灰岩矿粉作为填料的多孔隙沥青混合料具有更好的水稳性能、抗飞散性能和耐老化性。此外,还有一个很有意思的发现,即在老化过程后,多孔隙沥青混合料的抗飞散性明显改善而不是降低,这在其他研究中也可得到证实。这可能是由于两个原因:首先,黏合剂在老化过程中变得更硬和更脆。据推测,这种硬化比黏合剂脆性增加的影响大得多;其次,经过几十年的发展,聚合物改性沥青的抗老化性明显提高。在一些情况下,如果没有足够高的温度和足够长的时间,老化过程会导致由该沥青制备的聚合物改性沥青和沥青混合料的性能提高。表 3-8 为透水沥青混合料的推荐技术指标要求。

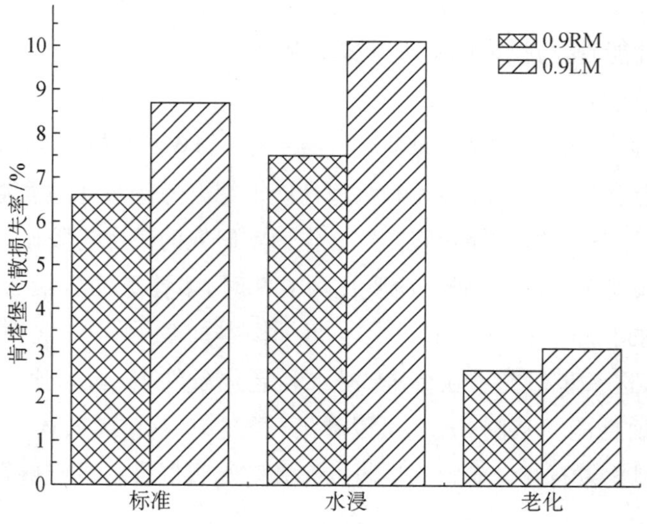

图 3-13　三种条件下的肯塔堡飞散试验数据对比图(粉胶比为 0.9)

表 3-8　　透水沥青混合料技术要求

技术指标		单位	技术要求	试验方法
配合比设计指标	马歇尔试件击实次数	次	两面各 50	T 0702
	马歇尔试件尺寸	mm	Φ101.6×63.5	T 0702
	孔隙率	%	18～25	T 0708
	马歇尔稳定度	kN	≥14	T 0709
	流值	mm	≥5.0	T 0709
配合比验证指标	沥青膜厚度	μm	≥13	—
	谢伦堡沥青析漏量	%	≤0.8	T 0732
	未老化的肯塔堡飞散损失	%	≤20	T 0733
	老化后的肯塔堡飞散损失	%	≤30	ASTM D7064-04
	动稳定度(60 ℃)	次/mm	≥4 000	T 0719
	残留稳定度	%	≥85	T 0709
	冻融劈裂强度比	—	≥85	T 0729

4. 不同粉胶比透水沥青混合料孔隙率及透水性能研究

多孔隙沥青混合料的抗飞散性能随着粉胶比的增大而增强。由图 3-14 可知，随着粉胶比的增大，多孔隙沥青混合料的总孔隙率变化较小，但是透水性能显著下降，说明粉胶比对孔隙率的连通性有显著的影响，因此对于多孔隙沥青混合料存在于 SMA 与 AC 不同的填料掺量推荐范围。由图 3-14 可知赤泥相比于矿粉，可以赋予多孔隙沥青混合料更为优良的高温性能和水稳性能。众所周知，多孔隙沥青混合料的优异的环保性能是基于其较大的孔隙率。本书研究了多孔隙沥青混合料的孔隙率和透水性能之间的关系。图3-14表明粉胶比的变化(0.3～0.9)对混合料孔隙率的影响较小，这是由于整个多孔隙沥青混

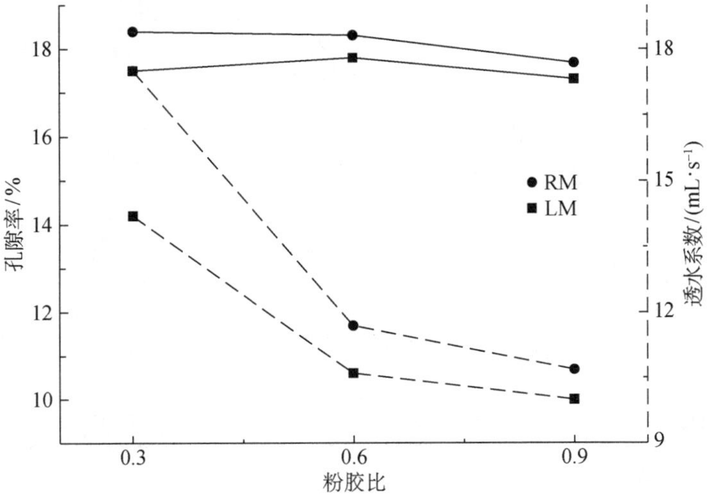

图 3-14　不同粉胶比透水沥青混合料孔隙率及透水性能试验结果

合料中沥青胶浆的体积比很小。但随着粉胶比的增大,混合料的透水性能显著下降,这主要是因为沥青胶浆堵塞了多孔隙沥青混合料中的连通孔隙。也就是说,虽然粉胶比对整体孔隙率的影响不大,但对多孔隙沥青混合料的连通孔隙率和渗透系数起着重要的作用。此外,在本书中最大粉胶比是 0.9,如果考察粉胶比为 1.2 的多孔隙沥青混合料的性能,渗透系数将会更小,沥青含量将会非常高。这将对多孔隙沥青混合料的环保性能和经济效益产生不利影响,因此推荐透水沥青混合料中粉胶比为 0.9。

3.6 透水沥青路面整体设计

本节主要针对透水沥青路面的整体设计进行详细展开,对于一般的透水铺装整体设计请参见本书第 6 章。

大多数透水沥青路面适用于轻交通区域,且不需要对结构进行大规模的设计修改。在重载情况下,需考虑道路系统的结构要求并对预期的荷载进行适当的设计修改。在多数情况下,径流量和土壤渗透率将决定基层/底层的厚度,而交通荷载将决定透水沥青表面和沥青处置透水基层(Asphalt Treated Permeable Base, ATPB)的厚度。绝大多数透水沥青路面系统已经被设计用于偶有卡车(如运货卡车)重载的区域,因此,有限的案例研究为我们提供了将多孔沥青系统设计用于重载交通的经验。在美国俄勒冈州的塞勒姆市,ATPB 能够承受重交通结构,这可能是因为透水基层自身厚度较大并且当其饱和(干燥)时,与传统基层不同,ATPB 具有很高的强度。表 3-9 为 AASHTO 推荐的用于透水沥青的结构层次权重系数,表 3-10 为用于不同交通量荷载的透水沥青路面的推荐最小压实厚度[26-28]。

表 3-9　　AASHTO 推荐的结构层次权重系数

材料	结构层系数
透水沥青	0.4～0.42
沥青处置透水基层	0.30～0.35
开级配集料基层	0.10～0.14

表 3-10　　路面最小压实厚度*

交通荷载	最小压实厚度/mm
停车场(很少或者几乎无重车)	70
居住区街道(偶尔有重车)	100
重车	150

注:* 此路面最小压实厚度针对多孔隙透水沥青和沥青处治透水基层厚度之和的情况。

3.6.1 多孔隙沥青面层材料设计

典型的透水沥青路面特征列于表3-11中。透水沥青层的厚度取决于结构设计要求，在双层结构中，层厚通常为6.4～10 cm(2.5～4 in)，最小为3.8 cm(1.5 in)，其中一层为透水沥青，另一层是沥青处治透水基层。较大的交通荷载往往需要较大的厚度。新铺设且施工较好的透水沥青的透水系数从430～1 250 cm/h不等。受到实际交通、沉积物量以及养护水平的影响，路面的渗透性可能会随时间逐渐减弱[29]。

虽然透水沥青路面下面的基层通常具有从相邻的不透水区域储存径流雨水的能力，但是应当减少从不透水区域(即传统密实路面)到透水路面的直接地表径流，建议设置最大比例为1.5∶1。大量的雨水径流可能导致孔隙被快速堵塞，从而对透水沥青路面造成破坏。

表3-11　典型透水沥青路面特征

集料	
筛孔尺寸/mm	通过率/%
19(0.75)	100
12.5(0.50)	85～100
9.5(0.375)	55～75
4.75(No.4)	10～25
2.36(No.8)	5～10
0.075(No.200)	2～4
沥青和添加剂	
沥青含量(AASHTO T164)	6～6.5
纤维掺量(占混合料质量)	0.3(纤维素纤维);0.4(矿物纤维)
SBR(橡胶固体含量)占沥青的质量	1.5～3或者是待定
物理性能测试	
孔隙率(ASTM D6752/AASHTO T275)	18.0～22.0
析漏(ASTM D6390)	≤0.3
未老化的肯塔堡飞散试验(ASTM D7064-04)	≤20
老化后的肯塔堡飞散试验(ASTM D7064-04)	≤30
冻融劈裂实验(AASHTO 283)	≥80

3.6.2 沥青处治透水基层

在双层透水沥青路面中，沥青处治透水基层位于透水沥青面层正下方。与开级配碎石相比，可以为面层提供更为稳定的结构支撑。ATPB 通常含有 3%～4%的沥青结合料，提高了路面的结构强度。美国许多州的交通部门都制定了 ATPB在透水沥青路面系统中的应用规格。该基层的厚度通常为 7.6～15.2 cm(3～6 in)，不仅可以提供更稳定的路面平台，也能够获得更为良好的道路表面。

3.6.3 整平层

整平层(通常是 ASTM No. 57 碎石集料)位于透水沥青面层和下面的蓄水基层之间，以便为面层的铺筑提供平整的表面并防止过多的路面细料散落到蓄水基层集料中。一些研究资料表明，由于整平层可能无法提供一个更稳定的路面平台，一些承包商逐渐不再使用整平层。对于单层路面而言，应考虑使用整平层，但如果使用沥青处置透水基层时，就不需要整平层(图 3-15)。如果设计整平层，则需要考虑集料与下层蓄水基层集料之间的嵌锁作用。

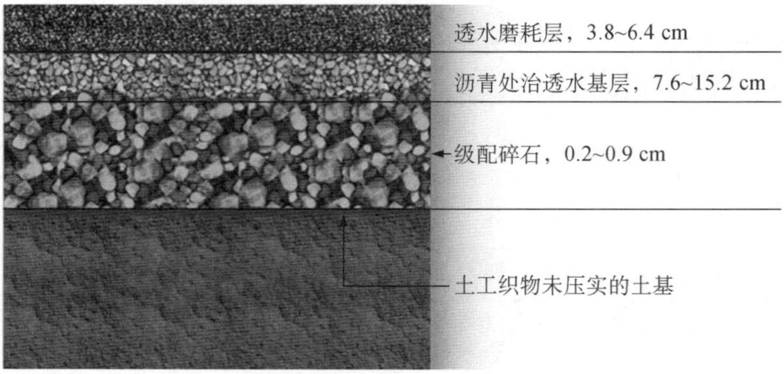

图 3-15 没有整平层的双层透水沥青路面结构[4]

3.6.4 蓄水基层

蓄水基层是由单一粒径(通常是 ASTM No. 2 或 No. 3)组成，具有 30%～40%的孔隙空间。当地集料的性能通常决定了蓄水基层实际的集料等级，要求集料洁净、耐久，具有棱角性。蓄水基层的厚度可根据蓄水量、冻胀深度、结构强度、路床冻胀深度、季节性水位高度和区域等级确定，厚度通常为 0.2～0.9 m。图 3-16 为整平层和蓄水基层之上的透水沥青表面。

图 3-16 整平层和蓄水基层之上的透水沥青表面[4]

3.6.5 过滤层

在一些设计中需要添加过滤层，过滤层由分级较差的砂石组成，能够提高水质带来水净化效益。过滤层设在整平层和蓄水基层之间，厚度为 20～30 cm，为了防止过滤材料(通常为砂)迁移到蓄水基层中，过滤层下还需设置厚度为 8 cm 的整平层(图 3-17)。过滤层不仅可以显著过滤水中的污染物，起到雨水净化的作用，而且可以延长雨水下渗滞后时间，为土壤透水提供足够的时间。

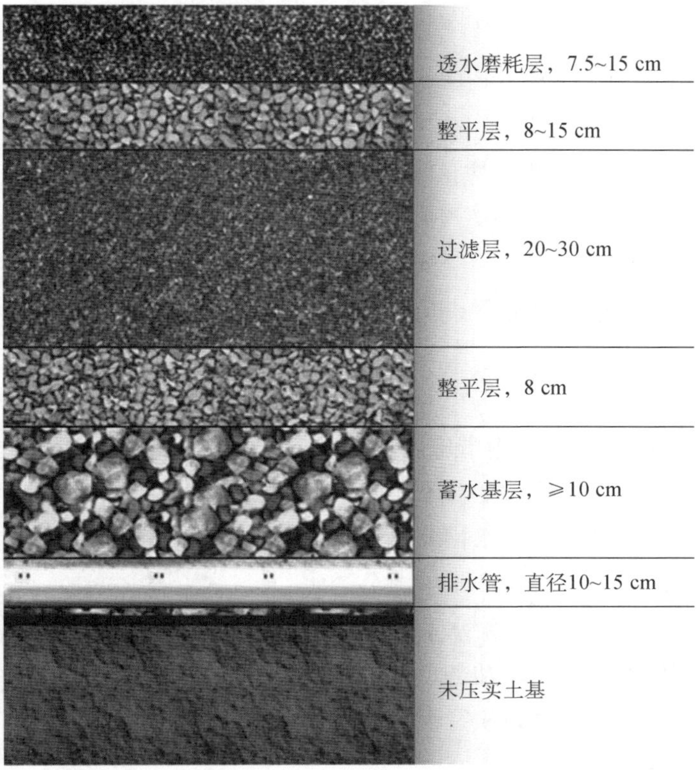

图 3-17　为防止冰冻而设立过滤层和毛细屏障的透水沥青路面结构[4]

仅具有粗集料层的系统具有更强的渗透能力。过滤层越细则污染物去除率越高，这也可以通过提高水流量或提高排水沟的高度来实现。在一些地区，过滤层厚度决定了地下水分离点的高程。

设置过滤层能够使渗透时间延长至 1 000 min 或更长。通过延长雨水在路面系统中的滞留时间可以显著降低雨洪峰值，提高地下水补给量。虽然，在排出雨水之前延长滞留时间能够提高地下水的补给量，但是需要注意不要使用过度紧密的材料，以免导致渗透能力的损失。过滤层材料通常是堆积砾石，也可以是碎石，要求 0.075 mm(200 号)筛的通过率小于 2%。

过滤层不仅具有水净化功能，而且可以为道路整体结构提供一定的承载力。如果过滤层压实过度，内部排水将会受到影响，如果在寒冷气候区域，雨水滞留在路面结构内部将会导致透水铺装的使用寿命严重下降。相反，欠压实的过滤层将影响其承载能力，减小路面强度和耐久性。过滤层的建造和施工是保证路面施工质量的重要所在，质量保证通常由第三方或监理工程师实施。过滤层压实度应该通过 ASTM D698 测量的 90%～95% 标准试样密度并且应通过 D2434 测量的 3～18 m/d 的水力传导率。应定期进行施工质量检查，并将结果报告给监理工程师。

当压实至最小 95%标准密度时，除非另有说明指出，否则过滤材料应具有 3～18 m/d 的渗透系数。需要避免过度压实，以免造成渗透能力的下降。

3.6.6 土工织物

在透水沥青路面系统中使用土工织物的标准与其他的有所不同，有些报道称土工织物有可能被堵塞。通常土工织物应该用于承载能力差，细粉含量高的土壤，并且始终放置在开挖的侧面，以防止细粒的迁移。所有的可渗透路面都可能受土壤迁移和沉积的影响，这时就需要使用土工织物。土工织物应符合 AASHTO M-288 公路应用地质纺织品的规范，其渗透性应超过路基的渗透率至少一个数量级。

3.6.7 透水/溢流备选措施

透水沥青铺装应该设置备用措施，以便当路面被堵塞或条件改变的情况下使水进入蓄水基层。在未固结地段，这种备用排水措施可以直接连接到土基上未压实的 30～60 cm 宽的全透水碎石路肩(图 3-18)。这确保了雨水系统在路面被堵塞的情况下，仍然具有透水功能。这种排水结构的成本较低，并且可以将地表径流直接导向现有的雨水排放系统。

图 3-18 碎石路肩提供一个备用措施引导径流进入蓄水基层[4]

3.7 透水沥青路面工程实践

对于透水沥青路面详细的施工、养护与维修等内容将在本书第 7 章说明，本小节仅阐述透水沥青路面在实际工程应用中需考虑的因素与存在的问题。

3.7.1 现场限制条件和考虑因素

透水沥青路面主要适用于中、低等交通量的停车场、人行道、公园和生态休闲娱乐园区(如篮球场)、低速低交通量的道路(如图 3-19 所示的工程实例)。尽管在高交通量的道路和高速道路中也有成功的应用案例，但是透水沥青路面通常并不应用在这些区域，主要是因为大多数的已建高速只需进行面层重铺，而如果在整个道路深度范围内重新建设透水铺装必定要耗费大量的建设成本，从而降低透水沥青路面的经济效益。考虑雨洪因素时，透水沥青路面的设计建设必须考虑建设地点对透水过程的影响，即使土基是低渗透率的土质，只要排水设施设计合理，即可有效地降低地表径流和水污染。例如，一块具有

0.13 cm/h透水率的土壤在不到一天之内就可以渗透 3.1 cm 的径流。

图 3-19　透水沥青路面实际工程[4]

3.7.2　气候条件

虽然透水沥青路面对于气候条件无特殊要求，然而当透水铺装应用于寒冷季节持续时间较长的地区时，必须考虑气候因素，包括冻结深度、材料的冻胀耐久性、路基的冻胀性和饱和状态下的冻胀耐久性。为了避免土基和基层中水分扩散导致的冻胀现象，必须设置一定的排水设施和毛细水隔离措施(如开级配碎石层)。如果未合理地设置这些设施,可能会导致饱和土基在寒冷季节因冻胀所引起的毛细水上升,最终春季气候回暖时的春融会引起底基层结构承载力的严重破坏。

图 3-20 一半普通沥青铺面 一半透水沥青铺面[4]

透水沥青路面与传统路面相比,具有更强的耐冻胀性能,如图 3-20 所示。在某些易受霜冻影响的土壤中,根据荷载和土壤条件,将最小冻胀深度增加至 35～55 cm 可以满足要求。在极易受霜冻影响的土壤中,基层、底基层或处理过的土壤可以设置到最大霜冻深度内。

此外,由于路面颜色深,孔隙率高,多孔隙沥青路面不易形成黑冰,由此减少了破冰和除冰剂的使用。薄冰层在阳光照射下或由于车辆交通的摩擦热量而融化,融化的冰水进入路面的孔隙中。这样减少了地表积水,不仅避免了再次冻结,而且消除或减少了重复使用除冰剂的需要。新罕布尔大学雨水疏导中心(University of New Hampshire Stormwater Center, UNHSC)发现,透水沥青路面的停车场对冬季融雪盐的需求量减少了 50%～75%。较少的黑冰减少了融雪剂的用量,具体的减少量将因不同的应用场合而异,且受日照、坡度、交通等因素的影响。传统密实路面覆盖有融雪,晚上就可能形成黑冰。然而,如果路面积雪被压实或未及时除冰,透水沥青路面的冰层将更难去除。

在透水沥青路面上或路面附近禁止使用砂土类物质,如用于冬季道路防滑的砂或灰渣。并尽量减少车辆行驶带来的砂石,防止其意外落入透水沥青路面而导致孔隙堵塞。应定期进行除雪,同时也应避免损坏路面。

在气候温和的地区,透水沥青路面孔隙堵塞基本都是由路面层中沥青黏结剂的长期析漏导致的。在较热的条件下,沥青黏结剂会缓慢地析漏,与来自路面磨损的灰尘等沉积物混合,进而堵塞面层孔隙。当温拌沥青混合料或者热拌沥青混合料处于其最高温度时,更容易形成堵塞层。混合料需要严格设计以降低析漏的风险,选择合适的沥青结合料等级,确定混合料的温度以及添加剂的使用等。向多孔隙沥青混合料中添加纤维能有效防止析漏并提高材料强度。在沥青混合料中添加纤维前,必须与生产商进行沟通协调并确定详细的规格。有关析漏的问题还有待进一步的研究。

对于以上透水沥青路面在工程实践中存在的问题,国内外也积极进行了相应探索,本书第 10 章将着重针对当前透水铺装存在的技术瓶颈进行探讨与展望。

参考文献

[1] ZHANG H, LI H, ZHANG Y, et al. Performance enhancement of porous asphalt pavement using red mud as alternative filler[J]. Construction & Building Materials, 2018, 160:707-713.

[2] ALVAREZ A E, MARTIN A E, ESTAKHRI C. A review of mix design and evaluation research for permeable friction course mixtures[J]. Construction & Building Materials, 2011, 25(3):1159-1166.

[3] BARRETT M E, KEARFOTT P, MALINA J F. Stormwater quality benefits of a porous friction course and its effect on pollutant removal by roadside shoulders[J]. Water Environment Research, 2006, 78(11):2177-2185.

[4] Permeable Pavements Task Committee. Permeable pavements[M]. American Society of Civil Engineers, 2015.

[5] MALLICK R B, MOGAWER W S, POULIKAKOS L D, et al. NCHRP Report 640: construction and maintenance practices for permeable friction courses[R]. Worcester Polytechnic Institute, 2009.

[6] SURESHA S N, VARGHESE G, SHANKAR A U R. A comparative study on properties of porous friction course mixes with neat bitumen and modified binders[J]. Construction & Building Materials, 2009, 23(3):1211-1217.

[7] 刘博.高粘改性剂在排水沥青混合料中的应用研究[D].大连:大连理工大学,2016.

[8] 李立寒,王浩仰,耿韩.排水性沥青混合料抗车辙能力及其敏感性分析[J].建筑材料学报,2013(4):603-607.

[9] 郭黎黎.大空隙排水性沥青路面耐久性研究[D].西安:长安大学,2010.

[10] 沈雪香,王金刚,吴少鹏,等.排水性沥青路面的发展与应用[J].国外建材科技,2008(6):78-81.

[11] ESTAKHRI C K, ALVAREZ A E, MARTIN A E. Guidelines and Construction and Maintenance of Porous Friction Courses in Texas[R]. Texas Transportation Institute, Texas A&M University, 2008.

[12] 徐斌.排水性沥青路面理论与实践[M].北京:人民交通出版社,2011.

[13] 钱国超,刘清泉,曹东伟,等.排水性沥青路面技术在盐通高速公路上的应用与创新[J].公路交通科技(应用技术版),2006(10):53-57.

[14] ALVAREZ A E, MARTIN A E, ESTAKHRI C. A review of mix design and evaluation research for permeable friction course mixtures[J]. Construction & Building Materials, 2011, 25(3):1159-1166.

[15] SCHOLZ M, GRABOWIECKI P. Review of permeable pavement systems[J]. Building & Environment, 2007, 42(11):3830-3836.

[16] 中西弘光,池善玉.排水性路面铺装功能持续性的研究[J].广西交通科技,2002,27(4):7-12.

[17] ECK B J, WINSTON R J, HUNT W F, et al. Water quality of drainage from permeable friction course[J]. Journal of Environmental Engineering, 2015, 138(2):174-181.

[18] 许志鸿,陈兴伟,刘红,等.Superpave级配范围[J].交通运输工程学报,2003(03):1-6.

[19] 郝培文,徐金枝,周怀治.应用贝雷法进行级配组成设计的关键技术[J].长安大学学报(自然科学版),2004(6):1-6.

[20] 陈爱文,郝培文.应用贝雷法设计和检验级配[J].中外公路,2004,24(5):101-103.

[21] 陈栓发,郝培文,吴晓琳.骨架密实型沥青混合料路用性能的研究[J].重庆交通学院学报,2000(4):22-25.

[22] 王富玉,沙庆林,张勇,等.VCADRF和VCAAC矿料级配检验方法在SAC13级配设计中的应用

[J].吉林大学学报(工学版),2007,37(3):538-543.
[23] 马骉,王秉纲.基于抗变形能力的级配碎石组成设计方法[J].长安大学学报(自然科学版),2007(5):1-5.
[24] 王立久,刘慧.矿料级配设计理论的研究现状与发展趋势[J].公路,2008(1):170-175.
[25] 刘韬,徐维维.OGFC 级配优化设计方法研究[J].公路交通科技(应用技术版),2017(1):89-90.
[26] DINIZ E V. Porous pavement. Phase 1: Design and operational criteria[R]. Espey-Houston and Associates, Inc., Albuquerque, NM, 1980.
[27] CHAI K C. Drainage design of porous asphalt pavement[D]. Singapore: National University of Singapore, 2004.
[28] CETIN M. Pavement design with porous asphalt[D]. Philadelphia: Temple University, 2013.
[29] FAÍSCA J S, BAENA J, BALTZER S, et al. Control of pavement water and pollution prevention [J]. Geotechnical Geological & Earthquake Engineering, 2009,5:299-356.

第4章　透水水泥混凝土铺装技术

4.1　透水水泥路面简介

4.1.1　概述

随着全世界经济与社会的不断发展，交通网络的不断完善，对道路与环境关系的不断认识，人们开始关注和研究生态路面问题。大面积的土地城镇化已成为不可逆转的趋势，而在城镇化过程中，以往所用的不透水铺装占据了大量绿地、农田等原本具有渗透性功能的区域面积，造成城市逢雨必涝，特别是每年雨季形成的“看海”现象给人们的生产、生活甚至生命安全带来隐患。构建“海绵城市”是解决城市雨洪问题、建设生态文明城市的新举措，而透水铺面的研究和应用则是其中最重要的环节之一。

多孔隙水泥混凝土，即透水水泥混凝土，作为透水铺装的一种，是构建海绵城市这一目标的重要研究对象。多孔隙水泥混凝土主要能够有效地通过其孔隙结构储存或排放路面积水，达到减少地表径流、控制路面积水和吸尘减噪等效果。

4.1.2　国内外透水水泥路面研究现状

欧美及日本等一些发达国家在寻求路面与自然协调、维护生态平衡和可持续发展的思想指导下，开始研发透水水泥混凝土材料，继而发现了其在生态方面的诸多优良特点，并将这类路面材料广泛应用于广场、步行街、停车场、校园、小区道路和道路两侧及中央分隔带等不需要频繁承受重型交通荷载的区域。这一应用增强了城市路面的排水效果，有效地解决了雨洪问题，同时，对调节城市微气候、保持生态平衡也起到了良好的效果。

以美国和日本为代表的国家是世界范围内对透水水泥混凝土材料的研究和应用比较先进的国家。其中，日本在20世纪70年代后期，为了解决“抽取地下水而引起地基沉降”等问题，提出了“雨水的地下还原政策”，开始开发水泥混凝土透水铺装，并研究了透水水泥混凝土透水性能与孔隙率及其强度的关系[1]。为了保证透水水泥混凝土面层的强度和耐久性，1987年日本研究人员申请了透水性路面材料专利，在胶结材料中掺用了高分子树脂和微细集料来制备高性能透水水泥混凝土。

由于高孔隙率会导致材料强度显著降低，因而透水混凝土强度普遍较低，通常不能用于公路路面结构。为了克服这一困难，2009年，黄宝山及布尔德特等[2]研究了可以平衡渗透性与强度性能的聚合物改性透水混凝土（Polymer Modified Porous Concrete,

PMPC)。研究认为,乳胶、天然砂和纤维可被用于提高透水混凝土的强度特性,并初步制定了一系列试验方法。

2010年,为了测试和提高透水水泥混凝土的连通孔隙率,控制总孔隙率,间接保证混凝土的强度,N. Neithalath等[3]使用了卡茨-汤普森型关系预测透水混凝土的渗透性,并提出用电导率来测得混凝土的连通孔隙率。

在透水水泥混凝土的力学性能方面,B. Rehder等[4]通过体态学和形态学的方法,采用断裂参数模型,得到了透水水泥混凝土在三点弯曲条件下的强度。他研究了不同孔隙率、孔隙结构的试件断裂情况,并进行敏感性分析,将材料的断裂、破坏相关参数进行量化,取得了较好成果。

佛罗里达州推出的一个无细集料混凝土项目称为"多孔水泥混凝土",它由单一粒径的粗集料、普通水泥和水制成,无其他添加剂。这种水泥混凝土的拌和分为两个阶段,首先在高速旋转的搅拌机中制备水泥浆,然后在普通搅拌机中将水泥浆和粗集料拌和,混凝土的坍落度几乎为零,用摊铺机摊铺后再碾压,并用薄膜覆盖进行湿养护。

我国虽在透水铺装的研究方面已有少许开创性的研究,但就总体研究趋势来说,我国起步较晚,对透水铺装的应用与推广也处于初级阶段。除了在校园、小区、人行道等轻型交通荷载作用区域,其他区域的透水铺装铺设较少。部分城市虽在一些市政道路和隧道洞口处铺设了透水水泥混凝土路面,但这些工程的实际应用效果要多年后才能充分体现出来。

21世纪初期,我国透水水泥混凝土在原材料选择上,与普通水泥混凝土相差无几,成型方式多采用压实成型,制成的试件强度普遍较低。

2000年,清华大学土木工程系的杨静和蒋国梁在材料方面选择加入硅灰,使制成的试件强度大幅增长,取得了突破性进展。[5]

重庆交通大学在2003年开始研究聚合物骨架孔隙混凝土路面,该路面的结构类型为骨架孔隙结构,是透水水泥混凝土的一种。该研究反复比选集料的粒径,最终确定采用4.75~9.5 mm的集料作为混凝土骨架,采用复合聚合物乳液作为增强剂,改善水泥浆体的力学性能,使其具有更好的实际路用效果。[6]

虽然随着国家对生态发展的强调,国内对于透水水泥混凝土及其他透水铺装的研究与应用也逐渐增多,但仍然缺少系统的方法与具体规程。因此,加快对透水铺装的认识与研究,是我们现阶段的重要任务之一。

4.2 孔隙结构与孔隙率测试方法

与大多数透水铺装材料[7]类似,透水水泥混凝土中存在闭孔隙、半连续孔隙和连续孔隙,或被称为闭口孔隙、开口不连通孔隙和连通孔隙。其中连续孔隙是指相互贯通,且在不为集合水占据的情况下可促使水分流动及时疏干的孔隙。半连续孔隙则指一端闭合,另一端与孔隙或外界相连的孔隙,水分相对停滞,但在疏干时其内部水分可及时排除,属于有效孔隙。闭孔隙是和其他孔隙不连通的、孤立的那部分孔隙，属于无效孔隙。

由于连通孔隙率的测定较为复杂，闭口孔隙率又不能直接测得，因此试验中测试的孔隙率通常指总开口孔隙率。一般情况下，相同成型方式的混凝土的开口孔隙率越大，其连通孔隙率越大，透水性能也越好。

对于透水水泥混凝土孔隙率的测定，同济大学的孙立军认为通常采用浸水法[8]，即水中重法。首先将养护了28 d的透水水泥混凝土试件置于20 ℃的水中，与普通混凝土试件或沥青试件不同，透水水泥混凝土由于其多孔隙的特点，孔隙率一般为10%～25%，较大的孔隙率需要长时间浸泡在水浴中，否则称量水中重时，试件仍处于吸水状态，重量会不断变化。一般根据具体情况，在浸泡24～48 h后测试试件的水中重 m_w，然后将试件放入105 ℃的烘箱中，烘干24 h，取出冷却后，测量其空气中质量 m_a，用游标卡尺测定试件高度后，计算其体积 V。孔隙率 V_a 的具体计算公式如式(4-1)所示：

$$V_a=\left(1-\frac{m_a-m_w}{\rho_w V}\right)\times 100\% \tag{4-1}$$

式中，ρ_w 为水的密度。

4.3 多孔隙水泥混凝土材料及室内成型方法

4.3.1 多孔隙水泥混凝土材料

透水水泥混凝土一般由水泥、水、粗集料、细集料以及外加剂混合而成。水泥通常采用普通硅酸盐水泥，强度等级C42.5。水一般选择自来水或纯净水，在不使用减水剂等影响水泥流动性能的改性剂情况下，一般最佳水灰比为0.29～0.31[1,2]。

多孔隙材料的粗、细集料划分，通常采用日本《排水性能铺装技术指针(案)》的方法。以4.75 mm为划分标准，根据目标孔隙率的要求，调整筛孔通过率。透水水泥混凝土一般采用单一粒径集料制成，目的是保证其大孔隙结构，控制混合料的透水性能，并保证制成的混合料的美观效果。另外，为了保证透水水泥混凝土的强度，一般采用玄武岩、安山岩等强度较高的集料。

外加剂方面，水泥通常采用粉煤灰、超细硅灰、砂等支撑水泥黏结效果与提高和易性的外加剂以及针对水泥强度性能、流变性能、胶凝速率的改性剂，如减水剂、砂浆增强剂等。

4.3.2 室内成型方法

采用搅拌机对透水水泥混凝土制备材料进行拌和时，通常先将粗集料、细集料、水泥和硅灰等粉体外加剂加入搅拌机中，拌和1～2 min。将材料拌匀后，再分2～3次加水，使其充分水化，其中每加一次水，搅拌5～10 s，加完所需水量后，拌和1～2 min，随即进行混合料装填、成型。在拌和过程中，若使用液体类改性剂或外加剂，通常会先将其与水充分搅拌融合后再加入搅拌过后的混合料。

常用的多孔隙水泥混凝土室内成型方法有插捣成型、静压成型、振动成型和振压成型。

插捣成型通常完全由人工操作完成，制成的多孔隙水泥混凝土试件的水泥包裹效果较好，上下较均匀，一般不会因为配合比稍有不当而产生离析现象。但由于压实度不够，密实效果较差，通常强度较低。

静压成型是将混凝土拌合物装入专用静压成型模具中，然后将模具置于压力机下施加压力至试验值并维持 5 s 后卸荷，最后取下试模套具，用铁棒“滚压”成型面直至其平整并用抹刀将成型面抹平。静压成型的多孔隙水泥混凝土试件压密程度较好，但要保证成型效果就需要对所施加的荷载与加载时间严格把控。[9]

振动成型是将混凝土拌合物装入混凝土试模中，放在振动台上振动至所需时间，最后用铁棒“滚压”成型面直至其平整并用抹刀将成型面抹平。振动成型法成型的多孔隙水泥混凝土试件，密实程度好，强度较高，但压实时，施加的力度由于是由人工施加，自由度较大，且对振动时间把控精确度要求较高，时间过短达不到密实效果，时间过长，又容易使水泥与集料分离而下沉，产生离析现象，使混凝土上下不均匀，甚至下部孔隙被水泥堵住。

上置式振压成型法是指将拌和好的混合料装入模具以后，将上置式振动压力机置于模具上方，振压 3～5 s 成型。该方法施加的压力荷载主要由振压机器控制，且振动频率高，速度快，不易产生离析现象。另外，上置式振压法与现场施工的相似程度最大。

对于室内成型透水水泥混凝土而言，在装填前，须在所用模具内壁刷润滑油，以便于试件脱模以及防止模具锈蚀。

另外，采用振动方法成型透水水泥混凝土时，在材料拌和完全后，分三次进行材料装填。每次装填后，须进行人工插捣，以使混凝土密实，从而避免内部孔隙较大，影响混凝土强度。待材料各部分插实密闭后，将装有混合料的模具放在振动台中央进行振捣，并同时进行人工压实，单次振捣时间为 7～8 s。若使用上置式振动机振捣压实，由于振动频率一般较大，且压实力度较大，单次振捣时间为 3～5 s。

图 4-1　混合料装填

振捣完成后，如图 4-1 所示，对试件表面有空缺处用剩余的混合料进行补填处理，并用刮刀等整平工具进行整平压实。

最后用薄膜覆盖混凝土试件，放入恒温恒湿养护室，24 h 后进行脱模。脱模以后，养护至一定龄期，按规范进行各项性能检测实验。

4.4　透水系数测试方法

在透水系数室内测定方法方面，日本混凝土工学协会推荐的大孔混凝土透水性试验方法：采用定水头的方法，在持续加水的情况下，当加入的水量与溢出的水量达到平衡时，用量筒计量通过混凝土的出水量，同时记录出水的时间，通过式(4-2)[10]计算透水系数 K_1：

$$K_1=\frac{QL}{AH_1} \tag{4-2}$$

式中　Q——单位时间内溢出口流出的水量；

L——试件的高度；

H_1——水头差；

A——试件的横截面积。

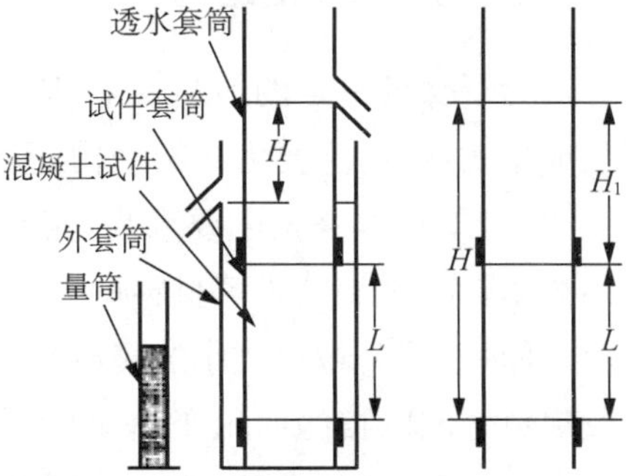

图 4-2　透水系数测定试验装置示意图[10]

该透水系数测定方法考虑了水力梯度的大小，因而被许多国家和地区的研究人员广泛使用，我国也有采用该方法进行测定透水系数的研究者，但该方法实际使用时，条件较为苛刻，不易控制水位使其保持在同一位置，因此也会采用其他试验方法测得透水系数，最后加以修正为该方法中的透水系数值。除此之外，采用出水口高度可变的改进实验装置来保持水位平衡，也是这一问题的改善方法之一。透水系数测定试验装置示意图如图 4-2 所示。

我国的研究者还常采用变水头方法，从一定的水头高度开始，以渗流速度 V 表示透水性混凝土的透水系数。在透水套筒内注入一定高度的水，通过测定试件表面水位下降一定高度所需的时间，根据式(4-3)计算透水系数 K_2：

$$V=K_2=\frac{h}{t} \tag{4-3}$$

式中　h——水位变化高度；

t——水位下降一定高度所需的时间。

但该方法的试验数据精确度不高是一大难题。难点主要在于水位下降一定高度所需时间的测定。由于多孔隙水泥混凝土通常透水速率较快，仅凭人工瞬时观察来测定水位下降高度，并不十分精确。因此，该方法通常不宜作为高精度要求试验，或透水性能差别较小的几个试件的透水性能判别的方法。

透水水泥混凝土的透水系数是表征混凝土的透水性能和使用效果的重要技术参数。对于一定孔隙率的混凝土而言，其透水系数随水位的增加而增加；对于同一水位高度，透水系数通常随着孔隙率的增大而增大。而上述两种方法的主要区别在于方法一中的透水系数考虑了水力梯度的大小，因此当第一种方法难以实现时，也可以考虑通过将方法二测得的透水系数进行水力梯度的修正，近似得到方法一中的透水系数。

由于方形试件在进行透水系数测试时，角落部分难以进行密封，常会出现侧流现象，影响测试结果，因此，透水系数测试试验所用试件通常为圆柱形。根据《透水水泥混凝土路面技术规程》(CJJ/T 135—2009),推荐测试试件样品形状为圆柱形,直径100 mm,高度50 mm。通常在实际试件成型过程中,试件样品可由同直径尺寸试件切割获得。

4.5 透水水泥混凝土性能影响因素

4.5.1 粒径大小的影响

为了保证一定的透水效果,透水水泥混凝土通常选择单一粒径粗集料成型。单一粒径成型的试件,主要为骨架结构,不含或含很少细料,强度来源于接触部位的黏结力与摩擦力,对集料本身强度要求高,其水稳定性和透水性好,无严重冻敏现象。用不同粒径大小的集料与水泥胶浆等材料进行拌和成型试件,主要的区别在于一定体积或质量的集料比表面积不同,粒径较小的集料与水泥胶浆接触面积更大,胶结效果更好。粒径过大会导致集料之间的接触面积变小,即使表面已裹上水泥胶浆也无法很好黏结。此外选择粒径较大的集料,虽然孔隙率较大,通常透水性能较好,但相邻集料间为"石-石"的点接触,接触面积小,即减小了受力时的有效受力面积和传力路径。集料选择过小时,集料表面的水泥胶浆膜过厚,无法形成骨架结构,强度较低,且过于密实会影响透水水泥混凝土的透水性能。因此,通常单一粒径的透水水泥混凝土采用2.36～4.75 mm,4.75～9.5 mm,9.5～13.2 mm,13.2～16 mm大小粒径的且力学性能较好的石料。

在不考虑如水灰比、灰集比等影响的情况下,本书采用粒径在4.75～16 mm之间、三种粒径大小的集料进行了力学性能与透水性能的对比试验。由于大粒径粗集料比表面积较小,因此为了控制水泥胶浆的流动性,采用较小水灰比,数值为0.25,具体配合比如表4-1所列。

表4-1　　粒径尺寸-单位体积配合比

粒径尺寸/mm	水灰比	灰集比	砂率
4.75～9.5	0.25	0.22	0.04
9.5～13.2	0.25	0.22	0.04
13.2～16	0.25	0.22	0.04

4.5.1.1 粒径大小对透水水泥混凝土透水性能的影响

根据前文中的试验方法,测得不同粒径大小的单一粒径透水水泥混凝土试件,孔隙率与透水系数如表4-2和表4-3所列。

表4-2　　粒径尺寸-孔隙率

粒径尺寸/mm	孔隙率
4.75～9.5	0.22
9.5～13.2	0.24
13.2～16	0.26

表 4-3　　粒径尺寸-透水系数

粒径尺寸/mm	透水系数/($mm \cdot s^{-1}$)	平均透水系数/($mm \cdot s^{-1}$)	标准差
4.75～9.5	1.95	1.92	0.13
	1.78		
	2.04		
9.5～13.2	2.99	2.98	0.12
	2.87		
	3.10		
13.2～16	4.97	4.66	0.38
	4.76		
	4.24		

试验数据结果表明，三组试验中，当其他试验变量一定时，粗集料粒径越大，孔隙率越大。粒径越大，集料比表面积越小，相邻集料间接触面积越小，砂浆的黏结程度也越低，会形成较大的孔径。粒径较小的混凝土，内部越密实，越容易形成较多的非连通孔隙，导致透水系数的下降。另外，粒径大小还与混凝土孔径尺寸有关，虽然混凝中各孔径并非同一数值，甚至差异较大，但粒径较小的混凝土，孔径总体尺寸较小，由于水的张力等作用，孔径变小也会引起透水系数的下降。然后，透水系数是反映水流通过混凝土快慢的指标，其大小也与混凝土内部结构有关，例如，同样体积的连通孔隙，若弯折的复杂程度不同，虽然其能同时容纳和通过的水体积相同，但通过的快慢会有所差异。若将混凝土想象成是均匀混凝土层的累积，相同高度的混凝土，粒径较小则相当于具有更多的混凝土层数，而每一层具有各自不同的孔隙结构，即粒径越小的混凝土，内部的孔隙结构越复杂，水流通过的速率越慢，因此透水系数也越小。

4.5.1.2　粒径大小对透水水泥混凝土强度的影响

《透水水泥混凝土路面技术规程》(CJJ/T 135—2009)对透水水泥混凝土的强度要求在于其抗压强度和弯拉强度。由于所用石料粒径较大，小立方体试件成型不便，此处选用直径为 150 mm，高度为 300 mm 的圆柱形试件进行强度测试。

根据《普通混凝土力学性能试验方法标准》(GB/T 50081—2002)附录 B 强度测试方法，测得前文中单一粒径透水混凝土抗压强度与劈裂抗拉强度，结果如表 4-4 和表 4-5 所列。

无论是抗压强度还是劈裂抗拉强度，随着粒径的增大，二者均有减小的趋势。究其原因，首先，上述三组试验均为粗粒径，材料结构为骨架结构，强度主要来源于混合料接触部位的黏结力和摩擦力及集料本身的强度。粒径越小，相邻集料的接触面积越大，混凝土内部集料基础面的最大摩擦力也就越大。其次，在试件体积一定的情况下，粒径越小，则试件内部集料的比表面积越大，集料与水泥胶浆的黏结效果越好，能形成更厚，黏聚性更强的胶浆薄膜。目前普遍认为，混凝土抗压强度与劈裂抗拉强度存在着同增共减的趋势。

表 4-4 粒径尺寸-14 d抗压强度表

粒径尺寸/mm	14 d抗压强度/MPa	平均抗压强度/MPa	标准差
4.75	7.56	7.39	0.39
	6.94		
	7.65		
9.5	5.65	5.49	0.18
	5.30		
	5.51		
13.2	5.16	5.12	0.05
	5.14		
	5.07		

表 4-5 粒径尺寸-劈裂抗拉强度表

粒径尺寸/mm	破坏荷载/kN	劈裂抗拉强度/MPa	平均劈裂抗拉强度/MPa	标准差
4.75	80.1	1.13	1.14	0.01
	81.6	1.15		
	79.8	1.13		
9.5	66.0	0.93	0.91	0.03
	61.6	0.87		
	64.5	0.91		
13.2	56.5	0.80	0.77	0.03
	52.4	0.74		
	54.9	0.78		

除此之外，可以从表中看出，透水混凝土的强度过低是目前主要的问题。何盛东[11]曾根据机制砂的不同替代率研究了较精确的抗压强度与劈裂抗拉强度的关系，认为当砂的含量及其他试验条件一定的情况下，混凝土抗压强度与劈裂抗拉强度呈正相关。因此，上文数据中，劈裂抗拉强度与抗压强度呈相同变化趋势，后续试验中，可主要关注混凝土的抗压强度。事实上，只采用粗集料不采用细集料制成的透水水泥混凝土，由于其孔隙率较大，透水系数远高于规范要求的 0.5 mm/s，所以，可以采用加入细料的方式，减小透水水泥混凝土的孔隙率与透水系数，增加其强度。

4.5.2 灰集比的影响

灰集比是影响透水水泥混凝土性能的主要参数[12]。灰集比不同，意味着单位体积混凝土的水泥用量不同。研究透水水泥混凝土的最佳灰集比范围，不仅仅是为了制备单一粒径透水水泥混凝土时，有更好的水泥用量参考，更是为了在掺入细料，研究透水水泥混凝土级配时，控制水泥掺量。过去的研究中，在研究透水水泥混凝土粒径大小或者级配时，往往只是改变各粒径组分的集料用量，而忽略了水泥用量。事实上，水泥的黏结可以看作是水泥和集料表面的黏结，单位体积混凝土内，当粒径大小发生变化时，其比表面积变化会影响与水泥的黏结效果，最终会导致透水水泥混凝土的强度变化。

为了进一步研究透水水泥混凝土级配，本书按以下配合比研究了粒径在 2.36～4.75 mm，4.75～9.5 mm，9.5～13.2 mm 的透水混凝土在不同灰集比下的抗压强度值。其中细集料，即粒径尺寸为 2.36～4.75 mm 集料使用石灰岩，粗集料使用玄武岩。硅灰、改性剂掺入率为“硅灰、改性剂质量”与“水泥与硅灰质量总和”的比值。改性剂采用江苏苏博特新材料股份有限公司研发的 SBT-PRC(Ⅰ)透水混凝土增强剂。配合比方案见表 4-6。

表 4-6　配合比方案

类别	水灰比	硅灰掺入率	改性剂掺入率
掺量	0.31	0.06	0.02

一般情况下，水泥用量较少，当水泥用量增多时，混凝土强度会先迅速增加，然后趋于稳定，或是在一定范围内波动[13, 14]。但在透水水泥混凝土中，由于透水水泥混凝土试件具有较大的孔隙率，而水泥具有一定的流动性。当水泥用量不断增大时，集料表面未能黏附的水泥胶浆，会随着孔隙向混凝土试件下部沉积，产生离析现象，造成孔隙堵塞，甚至使混凝土不具有透水功能，如图 4-3 所示。

图 4-3　轻微离析现象

本书对各档粒径集料首先研究了不同灰集比的性能变化，根据其 7d 抗压强度大小和离析现象的程度，再确定研究其他灰集比值，最终绘制了图 4-4。其中，以混凝土产生轻微离析现象，即可保留大部分孔隙结构为灰集比最大研究值。

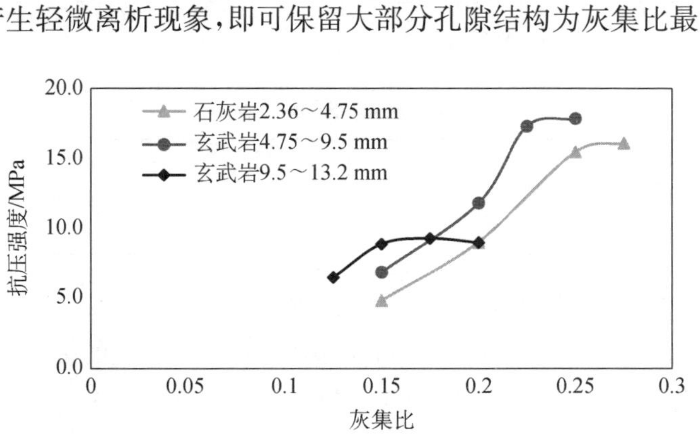

图 4-4　灰集比-抗压强度

表 4-7　　灰集比-7 d 抗压强度

粒径尺寸/mm	灰集比	抗压强度					备注
		试件 1	试件 2	试件 3	平均值	标准差	
9.5～13.2	0.125	6.19	6.95	6.28	6.5	0.42	
	0.15	8.72	8.78	9.17	8.89	0.24	
	0.175	9.74	8.88	9.17	9.26	0.44	
	0.2	8.73	8.79	9.5	9.0	0.43	离析
	0.25	—	—	—	—	—	严重离析
4.75～9.5	0.15	6.24	7.48	6.82	6.8	0.62	
	0.20	12.11	11.59	11.74	11.8	0.27	
	0.225	16.83	17.2	17.96	17.3	0.58	
	0.25	17.32	17.68	18.56	17.9	0.64	离析
2.36～4.75	0.15	5.17	4.53	4.79	4.8	0.32	
	0.20	8.63	9.22	9.32	9.1	0.37	
	0.25	15.57	15.26	15.83	15.6	0.29	
	0.275	16.22	15.86	16.53	16.2	0.34	轻微离析

从图 4-4 中可以看出，灰集比对混凝土强度影响较大。一定范围内，随着灰集比增大，即水泥用量的增多，混凝土的抗压强度先不断增大，最后趋于平缓，可将这一平缓范围视为透水水泥混凝土的最佳灰集比范围，即在此范围内，透水水泥混凝土的抗压强度较大，随灰集比的增大，其抗压强度增长率较小，且产生的离析现象较轻微。不同粒径大小的集料具有不同的最佳灰集比范围，从图 4-4 中也可以看出，粒径越小，该灰集比范围的近似值越大，这正是由于上文中提到，粒径更小的集料，具有更大的比表面积，单位体积混凝土所使用的集料可黏附的水泥也越多，成型的透水混凝土更密实，孔隙率更小。从图 4-4 可以大致确定该灰集比范围如表 4-8 所列。

表 4-8　　最佳灰集比范围概值

粒径尺寸/mm	9.5～13.2	4.75～9.5	2.36～4.75
灰集比范围	0.16～0.19	0.22～0.24	0.25～0.27

一般情况下，使用不同种类集料，混凝土强度会有所不同，但最佳灰集比范围一般只与粒径大小、表面粗糙度有关。使用较好的灰集比，对单一粒径的多孔隙水泥混凝土配合比设计和多孔隙水泥混凝土的级配设计都有较好的运用价值。

4.5.3　级配的影响

通常情况下，透水水泥混凝土大多采用单一粒径的集料成型，其主要目的是保持其大孔隙结构，保证透水水泥混凝土的透水效果。另一方面，水泥混凝土与沥青混合料不同，由于水泥胶浆流动性较大，且常采用振捣压实等方式成型，若在进行透水水泥混凝土配合比设计时使用级配设计，即使是参考透水沥青混合料的级配设计，减少细料用量，仍然会由于细料过多，使得水泥胶浆流动性变大，产生离析现象，导致透水水泥混凝土孔隙堵塞。因此，透水水泥混凝土通常不进行级配设计。但事实上，由于采用单一粒径制成的多孔隙混凝土强度过低，且其透水性能远高于规范要求值，在粗集料中，添加相对较细的集料，从而提高透水混凝土的强度成为一种新的思路。事实上，如果在进行级配设计时，使用的集料粒径跨度较小，即细集料粒径远大于透水水泥混凝土所使用的粗集料形成的孔径时，并不会因为细料的增多，产生离析现象，造成孔隙的堵塞。并且细集料粒径较大，可以保证透水混凝土的透水性能。因此，此处选用 2.36～4.75 mm 细集料，4.75～9.5 mm，9.5～13.2 mm 粗集料进行级配设计。

以往的透水水泥混凝土级配研究中，不同的级配组合，灰集比常采用同一值。事实上，从上文可以得知，级配组合不同，相当于粒径的大小在变化，因此，其最佳灰集比同样也在变化。将级配组合视作各档粒径集料与水泥混合后的组合物，则级配透水水泥混凝土的灰集比为各级配的加权平均值，如式(4-4)所示：

$$\eta = \sum \alpha_i \eta_i \tag{4-4}$$

式中　α_i——各粒径在级配中的比例；

η_i——各档粒径集料对应的灰集比值，该值选取于上文中的各粒径集料对应的最佳灰集比范围。

根据上文中不同粒径、灰集比的透水水泥混凝土的强度与离析程度，选取的灰集比值如表 4-9 所列。

表 4-9　粒径尺寸-选取灰集比

粒径尺寸/mm	9.5～13.2	4.75～9.5	2.36～4.75
选取灰集比	0.17	0.22	0.26

当只有一档细集料时，为避免透水水泥混凝土形成悬浮结构，又要保持其透水系数，细集料的最佳掺量一般低于 30%。因此，本书以粗集料比例进行分组，按 9.5～13.2 mm 与 4.75～9.5 mm 粒径集料质量比 0∶10，2∶8，4∶6，6∶4，8∶2 进行分组，研究细集料的最佳掺量与其最高强度值，试件大小为棱长 100 mm 的正方体。由于比值为 10∶0，即不掺入 4.75～9.5 mm 集料时为间断级配，因此此处未考虑。其中硅灰掺量、水灰比和改性剂掺量与上文相同，具体灰集比如表 4-10 所列。

表 4-10　　级配组别-灰集比

组别	各粒径组分比值			灰集比
	9.5～13.2 mm	4.75～9.5 mm	2.36～4.75 mm	
1	0	1	0	0.22
2	0	0.9	0.1	0.224
3	0	0.8	0.2	0.228
4	0	0.7	0.3	0.232
5	0.2	0.8	0	0.21
6	0.18	0.72	0.1	0.215
7	0.16	0.64	0.2	0.22
8	0.14	0.56	0.3	0.225
9	0.4	0.6	0	0.2
10	0.36	0.54	0.1	0.206
11	0.32	0.48	0.2	0.212
12	0.28	0.42	0.3	0.218
13	0.6	0.4	0	0.19
14	0.54	0.36	0.1	0.197
15	0.48	0.32	0.2	0.204
16	0.42	0.28	0.3	0.211
17	0.8	0.2	0	0.18
18	0.72	0.18	0.1	0.188
19	0.64	0.16	0.2	0.196
20	0.56	0.14	0.3	0.204

根据各组配合比，成型透水水泥混凝土试件后，测得各实验组 28 d 抗压强度如表4-11所列。

表 4-11　　级配-抗压强度

组别	抗压强度/MPa				
	试件 1	试件 2	试件 3	平均值	标准差
1	22.4	21.9	22.0	22.1	0.30
2	25.1	26.2	24.7	25.3	0.61
3	23.1	23.3	23.5	23.3	0.19

（续表）

组别	抗压强度/MPa				
	试件 1	试件 2	试件 3	平均值	标准差
4	21.1	20.9	20.6	20.9	0.27
5	19.0	18.0	19.8	18.9	0.88
6	21.0	20.4	21.5	21.0	0.52
7	22.3	22.4	22.5	22.4	0.13
8	21.5	19.5	21.8	20.9	1.25
9	19.9	19.4	19.5	19.6	0.29
10	21.0	19.4	19.4	19.9	0.93
11	22.1	21.8	22.6	22.2	0.40
12	24.2	25.8	23.7	24.5	1.10
13	14.2	14.9	14.9	14.7	0.43
14	15.6	16.3	16.6	16.1	0.47
15	20.6	22.1	22.5	21.7	1.03
16	25.2	24.1	24.5	24.6	1.11
17	15.2	14.8	15.2	15.1	0.21
18	16.6	17.0	17.6	17.0	0.50
19	19.5	19.9	20.2	19.9	0.33
20	21.1	21.9	21.2	21.4	0.40

图 4-5 为两档粗集料按不同比例(Coarse Aggregate Ratio，CAR)分组后，透水水泥

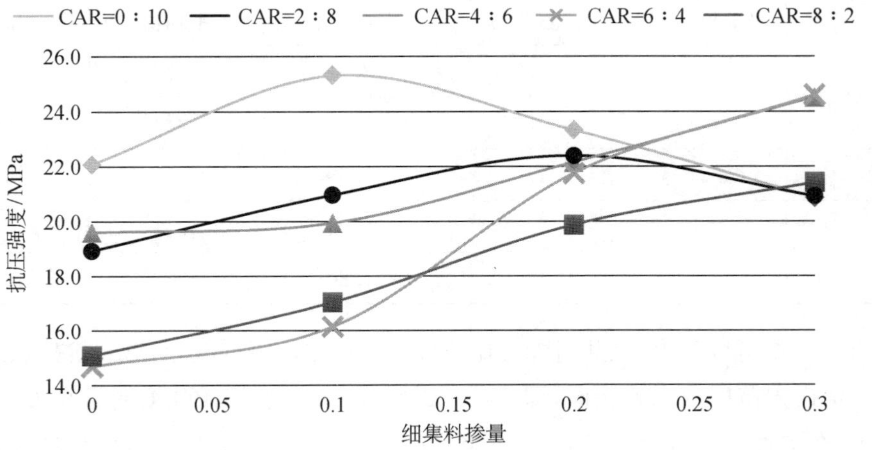

图 4-5　细集料掺量-抗压强度

混凝土随细集料掺量变化的抗压强度变化情况。可以看出，不同粗集料组成，对应的最佳细集料含量均有不同。两档粗集料比例较低时，即粗集料中，较细的粗集料含量较多时，最佳细集料含量也较低。反之，粗集料中，较粗的粗集料含量较多，曲线几乎一直处于上升阶段。这主要是由于，虽然规范中对粗、细集料的划分是以标准筛孔 4.75 mm 进行划分的，但在实际混凝土成型过程中，集料的粗细有相对性，细的集料过多，易导致混凝土形成悬浮结构，从而降低混凝土强度。

从图 4-6 中可知，粗集料比例为 0：10，4：6 和 6：4 时，其抗压强度明显高于另外两个实验组，且这三组间，最大抗压强度相差较小。

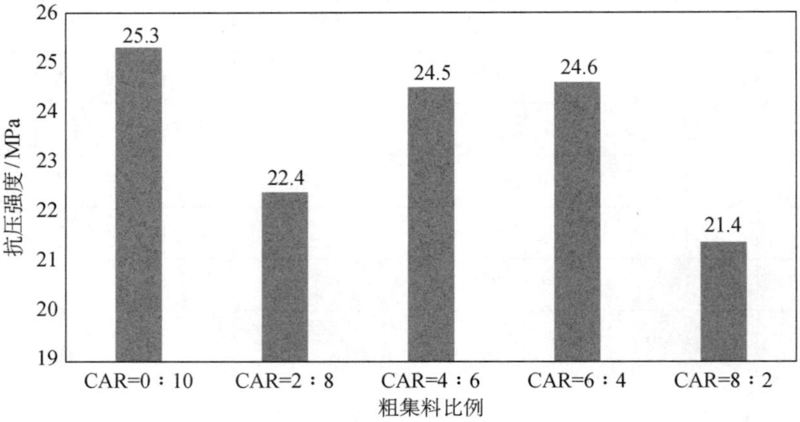

图 4-6　各实验组最大抗压强度

以该 5 组配合比，成型直径为 150 mm、高度为 300 mm 的透水水泥混凝土试件测试 7 d 劈裂抗拉强度，得到数据如表 4-12 所列。

表 4-12　　7 d 劈裂抗拉强度

组别	劈裂抗拉强度/MPa				
	试件 1	试件 2	试件 3	平均值	标准差
2	1.93	1.97	2.01	1.97	0.040
7	1.88	1.80	1.84	1.84	0.040
12	2.13	1.92	1.99	2.01	0.109
16	2.16	2.13	2.05	2.11	0.059
20	1.83	1.76	1.80	1.79	0.033

从图 4-7 中可以看出，该几组配合比所成型的透水水泥混凝土，劈裂抗拉强度与抗压强度在一定误差范围内大致相同，即 2 组、12 组、16 组劈裂抗拉强度明显高于其余两组。数据显示，在该种级配组合方式下，以 2 组、12 组、16 组进行的级配组合，在强度上优于其他实验组。

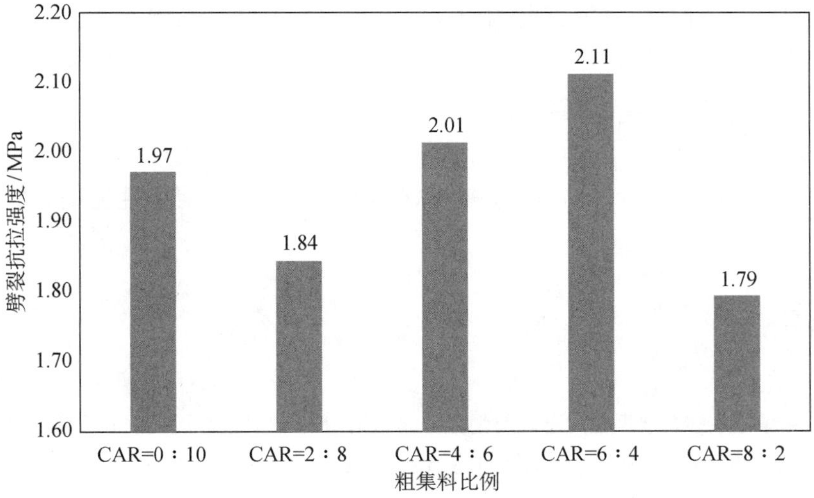

图 4-7　劈裂抗拉强度

4.5.4　硅灰的影响

硅灰是一种常用于水泥路面基层、面层的外加剂[15, 16]。其作用主要在于支持混凝土的黏结性能，提高其和易性与黏性，从而改善混凝土的强度，因此硅灰常被用于替换一定量的水泥使用。杨静[16]曾将硅灰用于透水水泥混凝土，认为硅灰替换水泥量不超过 10% 时，有较好的强度提升效果。本书以硅灰替换率作为变量，测试了不同硅灰替换率下，以 4.75～9.5 mm 单一粒径的多孔隙水泥混凝土的 7 d 抗压强度，水灰比、改性剂掺量等与上文相同，灰集比为 0.22，测试结果如表 4-13 所列。

表 4-13　　硅灰-7 d 抗压强度

硅灰替换率/%	7 d 抗压强度/MPa				
	试件 1	试件 2	试件 3	平均值	标准差
0	16.95	16.53	16.08	16.52	0.44
4	17.04	17.26	16.76	17.02	0.25
6	18.56	17.54	18.92	18.34	0.72
8	17.96	16.89	17.43	17.43	0.54
10	15.96	16.94	16.38	16.43	0.49

从表 4-13 中可以得出，当硅灰替换率为 6%时，透水水泥混凝土的抗压强度较大，硅灰对水泥的性能提升作用较好，因此上文试验中，硅灰替换率选用 6%。

4.6　小结

透水水泥混凝土的多孔隙结构在赋予其透水、降温、降噪、水净化等优良生态功能性的同时，也带来了结构、强度等方面的缺陷。为了提升其强度与耐久性，主要着手点在于原材料中的集料、外加剂和影响黏结过程与黏结效果的配合比设计。粒径的大小、级配的某种组合、外加剂种类与掺量都对透水水泥混凝土性能改善有很大帮助。除此之外，集料的形状、表面粗糙度、高标号水泥、减水剂等均会影响透水水泥混凝土骨架嵌挤结构的形成或水泥的流动性、胶凝性，从而影响其耐久性，对透水水泥混凝土性能提升的研究，还有很多工作要做。

参考文献

[1] 秦旭朝.降噪排水多孔水泥混凝土材料性能及路面结构设计研究[D].西安：长安大学，2011.
[2] HUANG B, WU H, SHU X, et al. Laboratory evaluation of permeability and strength of polymer-modified pervious concrete[J]. Construction and Building Materials, 2010, 24(5): 818-823.
[3] NEITHALATH N, SUMANASOORIYA M S, DEO O. Characterizing pore volume, sizes, and connectivity in pervious concretes for permeability prediction[J]. Materials Characterization, 2010, 61(8): 802-813.
[4] REHDER B, BANH K, NEITHALATH N. Fracture behavior of pervious concrete: the effects of pore structure and fibers[J]. Engineering Fracture Mechanics, 2014, 118(2): 1-16.
[5] 徐金欣.降噪排水多孔水泥混凝土材料性能与组成设计方法研究[D].西安：长安大学，2012.
[6] 雷丽恒.透水性道路用生态混凝土性能的试验研究[D].镇江：江苏大学，2007.
[7] 同卫刚.生态型透水沥青路面结构设计与性能研究[D].西安：长安大学，2015.
[8] 路贺伟，孙立军.基于目标孔隙率的多孔水泥混凝土配合比设计[J].上海公路，2013(4):63-65.
[9] 徐仁崇，桂苗苗，龚明子.不同成型方法对透水混凝土性能的影响研究[J].混凝土，2011(11): 129-131.
[10] 霍亮，高建明.透水性混凝土透水系数的试验研究[J].混凝土与水泥制品，2004(1):44-46.
[11] 何盛东，粟蕾，李广慧，等.机制砂混凝土劈裂抗拉强度的试验研究[J].混凝土，2014,301(11): 50-52.
[12] 徐攀，易志坚，赵朝华.不同水泥掺量的无砂多孔混凝土干燥收缩试验研究[C]//重庆力学学会2009年学术年会论文集，2009.
[13] 谢旭剑.水泥用量对混凝土强度及耐久性能的影响规律研究[D].南昌：南昌大学，2016.
[14] 田冠飞，安雪晖，沈巧楠，等.水泥用量对混凝土抗压强度影响的试验研究[J].混凝土，2007(5):1-5.
[15] 孙立军.铺面工程学[M].上海：同济大学出版社，2012.
[16] FAREED A M, MUHD F N, NASIR S. Effect of silica fume on the fresh and hardened properties of fly ash-based self-compacting geopolymer concrete[J]. International Journal of Minerals Metallurgy and Materials, 2013,20(2):205-213.
[17] YANG J, JIANG G. Experimental study on properties of pervious concrete pavement materials[J]. Cement Concrete Research, 2002(33): 381-386.

第 5 章　透水连锁混凝土铺砖路面

5.1　透水连锁混凝土铺砖路面简介

透水连锁混凝土铺砖路面(Permeable Interlocking Concrete Pavement, PICP)有着广泛的应用领域,包括景观美化、庭院路面、行车道、公共广场、住宅区道路和街道,以及包括集装箱堆放区的重工业区路面等。PICP 既能承受交通负荷、又能起到排水设施的作用,可减少或消除地表雨水径流、"俘获污染物"、收集雨水供今后再利用。PICP 具有以上多重作用,而且还可通过省去传统路面结构中所需要的大部分排水基础设施,例如排水沟、地下排水和污水坑等,以降低整个工程的造价[1]。

透水路面通过雨水渗透减少地表径流。当渗透过程足够快时,可使径流量减到最少或消除掉。为保持路面具有高渗透性,必须对整个路面结构系统进行设计,使其具有高渗透性。这点在高降雨量地区显得尤为重要,因为这些地区的降雨强度常常要高于那些最初开发使用透水路面的国家[2-5]。以澳大利亚为例,其早期研究工作包括:调查 PICP 是否能够充分容纳澳大利亚的强降雨量。结果表明:即使路面已经使用许多年,透水路面能够容纳的最大降雨强度仍能达到大约 200 mm/h。

一旦雨水渗入路面下部结构,就会流到路基材料层内。当路基为高度透水性的粒状物质,例如砾质土壤时,可对典型暴雨的降雨径流加以控制,并补充地下水位;当路基为相对不透水的土壤,例如黏土时,这就不可取了。那么,这时路面功能还需具备临时储水功能,即滞留雨水,并允许雨水以不超过市政排水管网负荷的速度流入下水道。在这里,所需要的唯一地下排水基础设施是一个连接到下水道的雨水出口。在这种情况下,路面结构还起到"储水池"的作用。

5.2　透水连锁混凝土铺砖发展历程

透水砖的使用,最早始于荷兰。当时荷兰是因为地下水位下降带来地表沉陷,每当雨季海水淹过海堤就会漫向低处。荷兰是一个靠海国家,当地表沉陷后海水一旦冲进城市,很快就会把城市淹没,这给荷兰人带来了很大的困扰。因此,荷兰人研制了一种长为 10 cm,宽为 2 cm,厚度为 50～60 cm 的砖体。将它们铺装起来,每块砖体之间的接缝为 0.2 cm,这就是后来大家熟悉的荷兰砖——透水砖。因为每块砖体之间的接缝处有约 0.2 cm 的缝隙,当雨水降临的时候,雨水可以从缝隙中流到地下来补充地下水,从而缓解由于地下水位下降引起地表沉陷后被海水侵入淹没城市的困扰。随着城市经济水平的不断发展,不透水性的路面在大城市中飞速发展,与此同时不透水路面产生的生态问题也越来越突出,而透水砖具有的相应生态方面的优势较多。因此,透水砖引起了很多国家的注意,日本、欧美等发达国家率先对透水砖展开了研究,目前已获得广泛应用的两种透水砖:陶瓷透水砖与混凝土透水砖,它们大多应用于道路两侧的人行道、广场、停车场以及步行街等场合[6]。

20 世纪 70 年代,英国研究人员用无砂的混凝土制作了早期的透水砖,他们将混凝土材料按一定的比例混合配制,由此制作了透水砖。他们将透水砖采用整层铺装的结构方式进行路面铺置,长度逾 180 m。这种路面结构在开始使用的时候有一定的透水性和强度。但是随着时间的推移,十年后人们发现这种结构的透水性和强度都下降了很多。

1979 年,美国的研究者研制出了一种混凝土透水砖,他们在砖的材料中加入了引气剂和水性的环氧材料来增加砖的抗冻性和强度等。那时他们研究制作的透水砖 20 d 的抗压强度就已经有 26 MPa,砖的透水系数约为 0.16 cm/s。当时这种透水砖是采用单一集料的方式配制的,集料的粒径在 6～12 mm 之间。之后在 1987 年的佛罗里达州,又有研究者将砖体的孔隙率增大到 15％～20％之间,由于混凝土透水砖的孔隙率增加得比较高,而材料的种类用的又比较单一,使砖体的强度降低了很多,导致这个研究最后也没有用到实际中。1996 年,华盛顿大学的研究者在西雅图城市的 4 个停车场铺设了透水砖路面,五年以后人们对它的强度和透水性能进行了全面检查发现效果还是很好。

日本对于透水砖的研究也比较早并且取得了显著的成绩。20 世纪 80 年代初,日本研究者提出了“雨水渗透计划”是为了解决由于地下水位下降明显带来的地表沉陷问题。当时的设想就是将雨水重新归于地下这一设计理念,于是日本早期就在研究透水混凝土路面和沥青透水路面。由于混凝土材料在开始使用的时候没有很快地将弊端展现出来,但是随着时间的推移混凝土材料的弊端就被研究者发现了,最后研究者发现了陶瓷透水砖。而陶瓷透水砖就是采用生活垃圾来制作的,比如说:废弃的玻璃、矿渣陶瓷等配合而成的透水砖。陶瓷透水砖可以用黏性土将它们烧结在一起,并且通过黏性土可以烧结成不同的形状。这是一种新型的生态渗水地面系统材料,在日本很受欢迎。就日本的北海道而言,就有 1/4 的范围使用陶瓷透水砖。日本的透水砖主要用在公园、人行道、广场等,其中东京的透水砖铺装,在 1996 年面积就达到了 49.5 万 m^2。日本的景观材料协会和环境协会都推荐使用透水砖。日本的 INAX 公司在透水砖这块的研究是比较早的,且技术也是相当先进的。他们在 20 世纪 80 年代开始将透水砖投入市场并取得了很好的收益[6]。表 5-1 为日本 INAX 公司透水砖的技术指标。

表 5-1　　日本 INAX 公司透水砖技术指标

抗折强度/MPa	透水系数/($mm \cdot s^{-1}$)	摩擦系数	耐磨性/mm	保水性/($g \cdot cm^{-2}$)
＞2.94	＞0.1	＞0.46	＜0.1	＞0.6

1999年，佛山市乐华陶瓷有限公司以废砖为主要原料，通过高温焙烧制备了一种烧结透水砖。此后，山东、广东、陕西、河南等地涌现出一批中小规模的透水砖生产企业。2005年，国家发改委发布了国内透水砖行业首部标准《透水砖》(JC/T 945—2005)，其中对透水砖的类别、等级和性能做出了规定。随着透水砖的生产和应用规模的扩大，《透水路面砖和透水路面板》(GB/T 25993—2010)、《砂基透水砖》(JG/T 376—2012)等一系列国家和行业标准相继发布。2012年11月国家住房和城乡建设部发布了《透水砖路面技术规程》(CJJ/T 188—2012)，其中对透水砖的性能、透水砖铺装结构设计等做了详细规定。这些标准、规程的发布和实施，规范了透水砖的生产和使用，促进了国内透水砖行业的发展。

尽管我国对于透水砖的发展与研究起步相对较晚，并且尚不成熟，但是透水砖的发展速度却令人称赞。由于我国钢渣每年排放量大约1亿t，钢渣长期堆放无用，这不仅浪费了大量的土地资源，而且对环境也产生了巨大威胁，因此对钢渣等工业废料进行重复再利用的研究就显得尤为重要[7]。现在已有不少研究者研制出以粉煤灰、陶瓷、水泥混凝土、钢渣及污泥等建筑废料、工业废弃物为原料的透水砖[8]。佛山市乐华陶瓷有限公司于1999年发明了一种透水砖的制造方法并申请了国家专利。2001年，佛山的另一家陶瓷企业也开发了一种适用于迅速收集雨水，使广场、公园等公共场所得以及时排水的陶瓷透水砖，它的原料配比为：废墙地砖颗粒70%～90%、长石粉8%～20%、纤维素1%～5%、木屑1%～5%，原料经过粉碎和过筛，再加入适量的水进行搅拌，使原料混合均匀，之后进行制坯干燥，在温度1 100～1 300 ℃的条件下进行烧成，并煅烧100～140 min，最后降温出料制成陶瓷透水砖[9]。近些年来，一些陶瓷透水砖的生产公司在山东、河北、陕西与河南等地相继出现，但它们的生产规模都不大并且大多数公司无法连续生产。从当今的技术发展水平来看，目前国内生产的陶瓷透水砖性能均可以与INAX公司生产的产品相媲美，INAX公司所生产的产品的性能指标比较优良，其中最突出的是抗折强度与抗压强度都较大，但缺点是透水系数较小[10]。陶瓷透水砖具有的优良特性与绿色环保的特点是城市储存雨水的有效方法之一。

5.3　透水连锁混凝土铺砖的分类

按照产品性能，透水砖可以分为自透水砖和本身不透水的缝隙透水砖。缝隙透水砖在铺贴时必须保证其具有足够大的缝隙率，对铺贴工艺要求较高。目前，使用较多的是自透水砖，它是指以无机非金属材料为主要原料，经成型等工艺制成，具有较大水渗透性能的铺地砖。按照组成和制备工艺大致可以分为两种：第一种是陶瓷透水砖，顾名思义它的主要原料就是陶瓷，以及陶瓷废弃物，建筑废料等，然后通过对这些废弃物进行破碎、混合、搅拌、成型、烘干、烧结而成；第二种是非陶瓷性的透水砖，主要原料是无机非金属类的材料，添加黏结剂进行集料间黏结，然后将其均匀混合，进行成型、凝固就可以了，无须对它进行烧结，由于省去烧结的程序，从而能够大大地降低能量的损耗。

5.3.1 陶瓷透水砖

通过对陶瓷瓷砖进行破碎、过筛、分级、加水、混料、加压、成型、烘干、烧成等一系列的工艺流程来生产陶瓷透水砖。其集料主要是黏土、石英类铝硅酸盐材料的陶瓷破碎而成的，并且铝硅酸盐类材料的来源范围非常广，而废瓷砖在我国的量非常多，因此利用废瓷砖生产陶瓷透水砖能够达到节能减排的目的。具体工艺流程如图 5-1 所示。下面分别介绍以废陶瓷、粉煤灰、赤泥为原料的陶瓷透水砖。

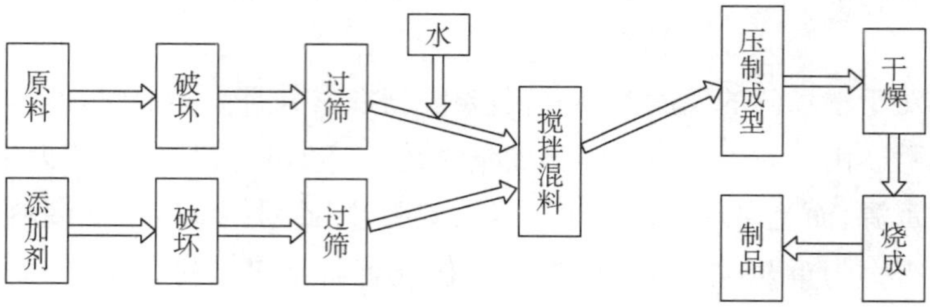

图 5-1 陶瓷透水砖生产工艺流程[11]

5.3.1.1 废陶瓷制备的陶瓷透水砖

以陶瓷废弃物为主要原料，然后加入少许黏结剂，使集料间更好地黏结在一起，通过加压压制成型，然后烧成样品。吴建锋等[12]通过实验表明了，当陶瓷废弃物的加入量达到 60%时，在 1 100 ℃的烧成温度下经过 1 h 的保温时间，如此生产的透水砖样品其抗压强度可达到 48.9 MPa，透水系数为 3.12×10^{-2} cm/s。由陶瓷废弃物作为产生透水砖的集料完全符合节约能源、绿色生态的环保理念。

5.3.1.2 粉煤灰制备的陶瓷透水砖

粉煤灰主要来源于燃煤等产生的固体污染物。我国是一个燃煤大国，每年通过燃煤产生的粉煤灰量呈现逐年递增的趋势，其数量也十分庞大。如果这些粉煤灰没有经过处理的话将会对环境造成污染并且还可能被排入河流，会对人和动物造成危害。利用粉煤灰为主要原料，加入适量的黏土保证在后期集料能够更好地连接，提高试样的生坯强度，并将两种粉料预先混合均匀，再往混合粉料中加入一定量单一粒径的废瓷砖作为集料，加少量水搅拌使粉料均匀包裹集料，能够粉料均匀地附在集料表面，然后成型烧结。利用粉煤灰制备透水砖能够大量利用粉煤灰等物质，降低它对环境的破坏，保护环境。参考了其他文献关于各种工艺因素对透水砖性能影响的研究结果，李国昌等[13]通过实验证明了以破碎的废瓷砖为集料时，集料粒径范围在 0.45～0.6 mm，然后样品在 25 MPa 的压力下加压，适当烘干后，在 1 050 ℃的烧成温度下保温 1 h，制备出的粉煤灰透水砖抗压强度可达 30.6 MPa，透水系数为 1.08×10^{-2} cm/s。

5.3.1.3 赤泥制备的陶瓷透水砖

赤泥作为生产铝业的附带品，每年生产 1 t 的氧化铝能够产生 1～2 t 的赤泥。赤泥和粉煤灰都属于污染性的废渣。以赤泥为主要原料外加少量的粉煤灰和膨润土，挤出成型制备出泥条，进行干燥粉碎以后，经烧结后获得集料颗粒，然后再用这些集料为主要原料，饶玲丽等[14]实验得出在集料加入量为 82%时，再加入 10%的玻璃粉以及 8%的膨润土对集料间提供黏结的作用，在 40 MPa 成型压力下和 1 080 ℃的烧成温度保温 0.5 h 时，制备出的透水砖抗压强度达到了 35.32 MPa，透水系数达 2.8×10^{-2} cm/s，利用赤泥作为原料制备透水砖不仅能够解决赤泥对环境的污染问题，还能节省能源。

5.3.2　非陶瓷透水砖

5.3.2.1　砂基透水砖

制备砂基透水砖通过水渗透原理和其成型方法被建设部科技司评审为国内首创，并且解决了传统透水材料透水性和强度这两个性能总不能同时达到最佳的难题，在常温下免烧结成型。砂基透水砖是一种以沙漠中的沙土作为集料然后通过集料间的颗粒堆积形成的孔隙来透水的绿色生态环保建筑材料[15]。砂基透水砖是以沙土为集料，通过沙粒之间堆积形成的孔隙来透水，形成的孔隙结构比较大，透水性能比较好。沙漠中的沙土作为一种廉价的建筑材料能够被人们充分利用，另外对于我国大面积的沙漠治理，把沙漠变废为宝都是有益的。在我国许多重大工程中，如“鸟巢”、水立方、上海世博会中国馆、长安街等都利用了大量的砂基透水砖。

5.3.2.2　混凝土透水砖

混凝土透水砖的生产比较早，我国利用混凝土生成的透水砖量大并且广泛地应用在全国各地。混凝土透水砖主要是硅酸盐类的水泥以及一定粒径的集料，加入硅灰等化学外加剂，然后充分混合、均匀搅拌使水泥浆体很好地包裹集料颗粒，再经过加压或其他的成型工艺将集料黏结在一起，使样品压制成型，无须烧结，形成具有连通气孔的混凝土[16]。生成的混凝土透水砖具有较高的强度并且有较多且理想的连通孔隙，孔隙率在 15%～25%，此类混凝土透水砖能满足道路对铺设材料的强度要求，透水性能也较好[17]并且具有成本低、制备简单、实用性强等优点，因此应用范围非常广。但是，因为混凝土里存在 $CaSiO_3$、$Ca(OH)_2$ 等胶凝材料，这些材料由于本身存在许多细微的孔洞，通常结构呈现为絮绒状，加之水泥水化程度不高，从而导致了混凝土透水砖的抗冻性和耐久性较差，需要进一步通过试验改善这些性能。

5.4　透水连锁混凝土铺砖路面的优点

采用 PICP 的好处有很多，主要有：

(1) 减少地表的雨水径流量，最小化市政排水管网系统的最大设计值，节省整个市政工程建设成本。

(2) 通过路面结构本身滞留雨水，减少城区雨水滞留设施的容积或必要性，提高城市土地的利用率。

(3) 降低或避免下游出现洪水的可能性。

（4）补充和保持土壤含水层和自然地下水资源。

（5）“俘获”和处理可能污染地下水或排水系统的污染物。

（6）有助于碳氢化合物污染物的生物分解。

通过雨水渗透，PICP不但减少或避免了地表的径流和滞留水，地表上的泥浆几乎消失了。更为重要的是，应用PICP降低了排放到市政下水管网的流峰值。意味着城区改造、整合发展过程中，当引起硬化面积率增加时，也可继续利用现有市政排水设施，而不会超负荷，不需要新建昂贵的市政雨水排放系统。在停车场或者港口的集装箱堆放区，PICP还可最小化或消除地表面坡度，即将路面铺设成水平的，改善路面的舒适性。

通过将水“吸收”到路面结构内，PICP不但可以拦截和储存雨水，还在降雨停止后开始蒸发。结果是在澳大利亚气候条件下，一场暴雨后，透水性路面地表径流在下次再降5 mm雨前都不会出现[18]。

PICP的另一项重要功能是改善水质。它可移除和处理路面上常见的污染物，或从毗邻房屋屋顶冲落到路面上的污染物。这些污染物被起着过滤器作用的路面结构“俘获”，或沉积在路面结构内；部分污染物还可能在路面结构内经生物或化学反应获得降解。这意味着：PICP是“在源头”处理污染物，这是“水敏感城市设计”的一个重要理念。相比之下，传统路面是迅速将受污染雨水排入河道，而在河道内进行水净化补救是困难且昂贵的。

用PICP收集到的雨水可再利用。水资源稀缺是我国气候环境的一个明显特点。PICP收集到的雨水经过滤、除去碎片和沉积物，可直接用于公园和庭园绿化带的浇水，以及类似的非饮用用途。

PICP实现了在单一路面结构设施内，综合地表雨水径流管控、改善水质和收集雨水的功能，能非常有效地利用土地——可以不需要（或节省）额外使用土地专门建造储水池或水处理设施。这意味着城镇新开拓发展所需要的土地量可减到最少。

5.5 透水连锁混凝土铺砖路面材料设计

5.5.1 路面砖

透水连锁混凝土铺砖（以下简称透水砖）从原料来源而言，目前常用的废弃物主要有以下几类：

（1）建筑垃圾。主要包括碎砖块、废玻璃、废混凝土等。采用建筑垃圾制备透水砖一般是将建筑垃圾破碎处理为再生集料，经分级级配后制备透水砖。薛俊等[19]利用道路和建筑物拆除产生的废旧混凝土，通过破碎、分级处理为再生建筑混凝土，并以其为集料制备符合标准要求的透水砖。刘富业和孙南屏[20]通过原材料的配合比计算，利用废弃混凝土集料、水泥等制备了生态透水砖，并研究了透水砖强度、孔隙率和水灰比之间的关系。

（2）陶瓷废料。利用陶瓷废料制备透水砖一般需要高温烧结，又称为陶瓷透水砖。

殷海荣等[21]以废玻璃、陶瓷废料和黏土为主要原料研制环保型陶瓷透水砖，结果表明，环保型陶瓷透水砖中陶瓷废料的含量越多，其透水性能越好，但是抗压强度随之降低。吴建锋等[12]以废陶瓷为主要原料，在烧成温度为 1 100 ℃，保温 1 h 的条件下，成功制备了废陶瓷质量含量高达 60%的透水砖，抗压强度为 48.9 MPa，抗折强度为 7.8 MPa，透水系数为 3.12×10^{-2} cm/s。

(3) 尾矿矿渣。矿山尾矿既是废物又是一种资源，关于对其的综合利用国内做了许多研究工作，但目前除部分尾矿用于回填及其他少量利用之外，多数仍露天堆放，既占用了大量土地，又污染了环境[13]。而透水砖制备则成为一种资源化利用尾矿矿渣的有效途径。汪永清等[22]以稀土尾砂提取高岭土后的二次尾砂为集料，与高温黏结剂复配，在成型压力为 12 MPa、烧成温度为 1 240 ℃、保温 30 min 的条件下，制备了尾砂用量为 75%的陶瓷透水砖，其透水系数为 0.03 cm/s，抗折强度为 5.5 MPa。

(4) 工业废渣。工业废渣主要包括钢渣、粉煤灰、磷渣等大宗工业废渣和垃圾处理底渣、水处理污泥等。随着社会工业化的发展，产生大量各种类型的工业废渣，给自然环境带来的不利影响也日益显著。利用工业废渣制备建筑材料，尤其是透水砖等新型建材，成为其资源化利用的有效途径。廖奇丽等[23]采用煤渣、废瓷粒等工业废渣为集料，配以复合高温黏结剂，在 800 ℃下煅烧制备了透水性能优异的陶瓷透水砖，并考察了煤渣用量、颗粒级配、烧结机制等工艺参数对陶瓷透水砖性能的影响。周佳等[24]使用碱性溶液激发工业废渣胶凝材料，与钢渣颗粒拌和，制备了抗冻性能优异的路面透水砖，其 28 d 抗压强度达 30 MPa，综合性能优于普通硅酸盐水泥所制透水砖。谢敏等[25]以给水厂污泥、粉煤灰和普通砂为主要原料，制备了性能指标符合行业标准要求的透水砖，并探讨了污泥掺加量、烧结温度和成型压力对透水砖性能的影响。

(5) 沙漠沙等自然资源。砂基透水砖是近年来出现的新型透水砖，它以沙漠中的风积沙为主要集料，采用无机或有机黏结剂制备而成。我国存在大面积的沙漠，其中的风积沙可以作为一种廉价的建筑材料，砂基透水砖对于沙漠资源化利用方面有重要的意义。王萍萍和徐向舟[26]以沙漠中的风积沙为集料，环氧树脂为胶黏剂成功制备了砂基透水砖，其抗压强度为 41.1 MPa，透水系数为 0.021 cm/s。王萍和李国昌[27]以沙漠沙为主要原料，配以适量的助熔剂和黏结剂等组分，制成了性能良好的透水砖，并分析了沙漠沙掺量、烧结温度、保温时间对透水砖的透水系数和抗压强度的影响。

在实际使用中，随使用时间的延长，透水砖的孔隙极易被雨水中的污泥、地表污物等堵塞和覆盖，由此缩短了透水砖的使用寿命。针对此问题，研究者开发出了自清洁透水砖等新型透水砖。荆扬扬[28]以粉煤灰为主要原料，糖滤泥等为成孔剂制备了透水砖，并采用负压法负载纳米二氧化钛，经二次煅烧后制备出具有光催化降解性能的自清洁透水砖。通过甲基橙溶液降解实验表明，该类透水砖具有良好的光催化自清洁效果。孔德玉等[29]探讨了纳米二氧化钛引入方式对纳米光催化透水混凝土路面砖强度和光催化降解效率的影响，发现内掺法引入二氧化钛可大大提高透水砖强度，二氧化钛掺量为 6%时，透水砖光催化效果最佳。

5.5.2 垫层、缝隙和排水孔隙的填充材料

透水性路面的路面砖，应铺装在洁净、均匀的碎石集料垫层上。传统的砂垫层和填缝材料并不合适，因为它的透水性相对较低。澳大利亚实验室进行的渗透性试验和结构试验，以及工程实践经验均表明：用洁净的且粒径 2～5 mm 单粒级碎石颗粒做垫层材料时，路面具有良好的性能。表 5-2 列出了垫层材料的要求，它实际上符合美国 ASTM 标准对 9# 集料的等级要求。国外相关规范选择使用符合 ASTM 标准的 8# 集料等级，即稍微粗一些的集料，这个做法似乎没有任何测试数据作支撑。重要的是，表 5-2 中给出的集料等级也可用于填充缝隙和排水开口孔或狭槽内，即一种材料可同时用作垫层材料和填缝材料。但是，当采用加宽缝隙的系统时，或采用多孔自透水混凝土路面砖时，有时可能需要粒径较细的填缝材料。在欧洲，洁净、均匀、粒径 1～3 mm 的集料已被成功用于缝隙填充。

表 5-2　垫层材料和填缝材料推荐的集料级配

筛网尺寸/mm	通过率/%
9.5	100
4.75	85～100
2.36	10～40
1.18	0～10
0.3	0～5

注：施工过程要使缝隙被完全填充满，并在使用过程中得以保持，这点非常重要。若填充失败，缝隙内会有沉积物穿透垫层材料，并引起整个路面透水结构系统的堵塞；不掀起并重新铺装路面砖，就不可能移除堵塞物。当用集料填满缝隙后，沉积物被“俘获”在上部 20～40 mm 厚度的缝隙填缝集料中，如有必要，可使用道路清扫机移除沉积物，然后再填回，而不需要重新翻修路面。

5.6 透水连锁混凝土铺砖选择

透水性路面用混凝土路面砖是专门为 PICP 设计和制造的，传统的混凝土路面砖无法满足路面渗透标准的要求。这种路面砖的结构性能和透水能力是各不同的。在结构性能方面，主要决定因素是路面砖的形状、厚度和铺装图案。

5.6.1 路面砖和结构性能

根据路面砖的结构性能，将路面砖形状分为三类，表 5-3 中给出了它们的示意图。

(1) A 类路面砖——路面砖有复杂的齿状轮廓(不仅仅有间隔肋或凸肋)。此类路面砖可沿所有侧面实现完全连锁。对于缝隙透水路面砖，缝隙宽度通常控制在 2～5 mm 范围内并且置有开口，水分通过缝隙向下渗透。

表 5-3　　在交通负荷作用下，与路面性能有关的路面砖形状分类

A 类路面砖：相互嵌入的齿状轮廓和设计的几何形状使路面砖相互连锁，并能同时抵抗平行于地面纵轴和横轴的缝隙相对位移	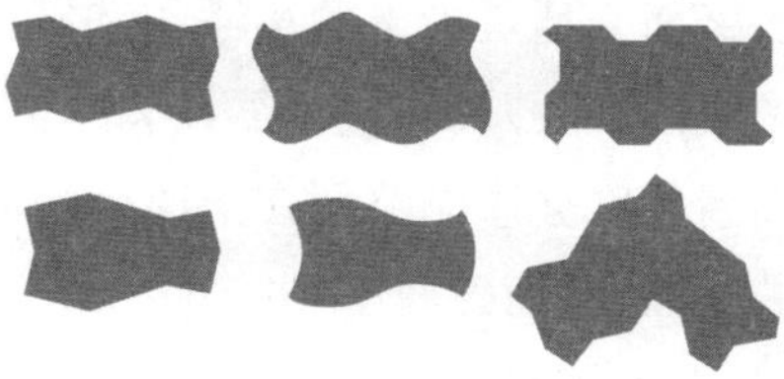
B 类路面砖：相互嵌入的齿状轮廓和设计的几何形状使路面砖相互连锁，并能同时抵抗平行于地面一个轴向的缝隙相对位移	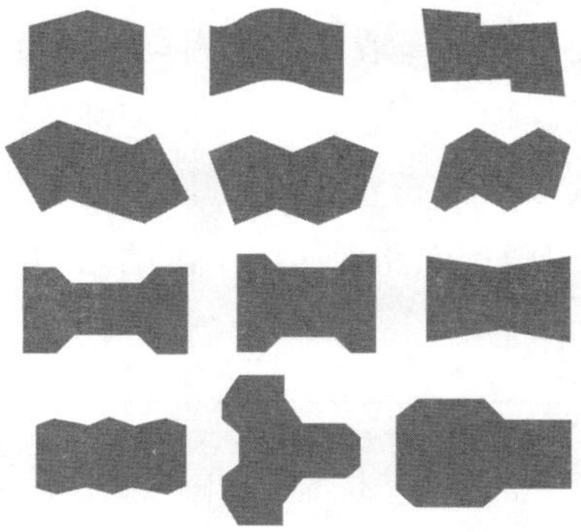
C 类路面砖：不能相互连锁的路面砖	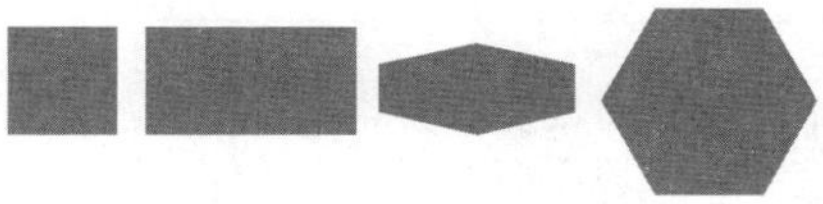

(2) B 类路面砖——路面砖有复杂的齿状轮廓，但是仅沿着长边有齿状轮廓，只能部分实现连锁。对于缝隙透水路面砖，水分沿狭窄缝隙(2～5 mm)的开口向下渗透；或为增大接缝宽度(控制在 13 mm 以内)，设置一定比例的间隔肋条。

(3) C 类路面砖——路面砖四周没有齿状轮廓，常为长方形或正方形。缝隙透水路面砖则通常设置狭槽或间隔肋，以增大接缝宽度(控制在 13 mm 以内)，促进水分的渗透。除间隔肋或凸肋外，路面砖之间没有任何的几何连锁措施。

图 5-2　常用的路面砖铺装图案

路面加速加载试验证明，交通负荷下路面砖形状对路面性能的影响，排列顺序如下(从最好到最差)：A 类→B 类→C 类。

铺装图案也影响混凝土铺砖路面在交通负荷下的工作性能。常用铺装图案如图 5-2 所示。

一般来说，与路面砖拼花图案或顺砖砌合图案相比，人字形图案路面往往伴随较少的车辙印。对于承受重型交通负荷或工业交通负荷的路面，人字形图案通常是首选铺装图案。需要强调的是，铺装图案对路面结构所需的基础材料层厚度和底基层厚度没有影响，但它会影响路面水平方向蠕变的抵抗能力。

基于路面交通负荷下的车辙印和路面发生横向蠕变因素的考虑，采用A类路面砖人字形图案铺装的路面，或机器铺装的类似图案路面，都能提供最好的路面使用性能。

路面砖厚度会影响路面在交通负荷下的性能。仅景观美化目的而不考虑承受车辆交通负荷的路面，路面砖厚度40～60 mm都是可行的。但是，一般来说，路面砖厚度取决于路面承受交通负荷的大小。对于轻量级交通负荷路面，路面砖最小厚度为60 mm；一旦路面需要承受卡车或其他商用车辆的负荷，路面砖的厚度必须增大到至少80 mm。对于工业区的路面，根据路面砖形状和铺装图案，路面砖厚度达到100 mm可能都是必要的。

在表5-4的透水性路面用路面砖分类中，对于缝隙开口路面砖的结构研究进行得最多，这类缝隙透水路面砖展示出的结构性能等级，堪比传统路面的结构性能等级。

表5-4　PICP所用路面砖的分类

路面砖块型	描述	路面允许承受交通负荷量的适应性	图例
沿缝隙处有开口的路面砖	路面砖四边有正常缝隙，但是沿缝隙每隔一段距离就有一个开口。开口和缝隙用2～5 mm粒径细集料填充。水只能通过开口和缝隙向下渗透	一般交通负荷量	
加宽缝隙的路面砖	有狭槽或者缝隙(<10 mm)比规定缝隙(2～5 mm)更宽的路面砖。狭槽和缝隙用细集料填充。水通过狭槽和缝隙向下渗透	一般交通负荷量	
多孔混凝土路面砖	用多孔混凝土生产的自透水混凝土路面砖。按照缝隙宽度2～5 mm铺装。水主要通过路面砖本身向下渗透	一般交通负荷量	
植草砖和开孔网格路面块	大开孔植草砖，用土壤填充开孔，开孔内植草。此类路面砖可有效俘获污染物，但是只允许少量水渗透。若为提高渗透量，开孔中可填充细集料	轻量级交通负荷，仅偶然允许卡车通过	
大缝隙、可植草型路面砖路面系统	用塑料或混凝土隔离条增大路面砖之间的间距，便于草在砖之间生长。主要用于景观美化	仅能停放小汽车，不能停放商业车辆	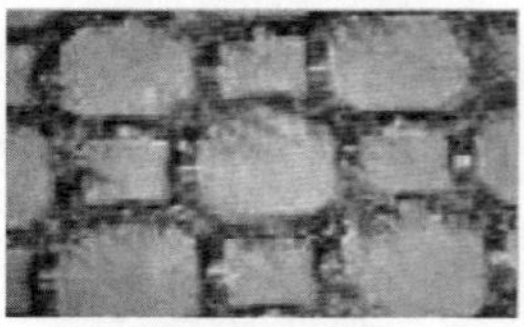

5.6.2 路面砖和路面渗透性能

通过使用沿拼接处缝隙开口的路面砖，或使用为增大缝隙宽度而设置大尺寸间隔肋条的路面砖，透水性路面可使路面雨水下渗。可根据路面的整体渗透性能，对路面砖进行分类，并根据各种路面砖承受交通负荷的适应性，将它们分为五组(表5-4)。

关于路面结构雨水渗透性能，有大量实验室的试验数据以及在PICP工程现场进行渗透性测量获得的数据，这些PICP路面工程最长已使用了大约20年。针对缝隙透水路面和加宽缝隙的路面，多开孔、加大渗水速率的植草砖路面，缝隙加宽到可植草的缝隙透水路面砖路面，已经有长期渗透数据，并将其纳入设计软件PERMPAVE，另外也可选择使用路面砖制造商提供的测试数据。对允许发生堵塞的透水性路面，渗透系数设计值不应大于路面砖制造商实验室测试渗透数值的10%。

5.7 透水连锁混凝土铺砖的适用条件

若满足下面这些情况，可选择采用透水连锁混凝土铺砖路面，会有益处。

(1) 当新开发某区域，需保持路面雨水径流量不增加，同时又有绿化要求时，许多情况下，采用PICP可完全消除地表雨水径流。但在不可能完全消除径流的路面，也可将径流量加以控制，它与用绿地减少雨水的径流技术，通常可共同使用。

(2) 某区域市政下水道排放系统已经处于饱和或接近饱和状态。这种状况通常发生在老城市。城市改造整合通常会增加不透水区域的面积，使地表雨水径流量增加，将导致暴雨来袭时超出市政排水管网现有排放能力。PICP可为解决这个问题提供一种低成本的有效方法。

(3) 区域不透水面积所占比例有限制性规定，但管理单位考虑要进行新的开发项目。受当地已有雨水排放系统和避免洪水发生的最大能力限制，管理单位可能通过限制不透水路面的覆盖程度，达到调节地表径流量的目的。

(4) 开发区域没有足够的土地面积来建造路面和雨水滞留池。使用PICP可使建造路面和排水设施所需要的土地减到最少。

(5) 当地市政管理当局希望控制局部区域，在暴雨来袭时进入溪涧、湿地和水源地的污染物。不透水路面覆盖程度大，则地表雨水径流冲刷带入的污染物数量大。采用PICP既可降低不透水路面的覆盖程度，又可移除或处理雨水中的污染物。

(6) 有节水和雨水再利用的地方。透水性人行路面可为收集和存储过滤雨水提供一种低成本和空间的有效方法；过滤的水可随后作为非饮用水使用。

(7) 局地区域有补充地下含水层的需要或要求。地下含水层的损耗是需要解决的一个普遍性问题。

当碰到下列状况之一时，则不应选择PICP：

(1) 要求斜坡陡峭度大于5%的场地或路面。

(2) 地下水位高度已经接近地表大约 0.5 m 的区域。

(3) 下水道位于地表下方深度不足 1 m 时。

(4) 浅基础的区域。

(5) 有可能发生燃油、石油、洗涤剂、杀虫剂或其他危险液体溢出风险的区域。

(6) 存在高含砂输入物(如淤泥)被冲刷到路面上,因此可能造成路面堵塞的地方。

(7) 遭受潮汐影响的地方。

5.8 路面的翻建

为了减少径流和城市洪水发生,或为改善水质,可在现场对 PICP 进行翻新。也可在传统路面修建过程中,翻新成 PICP。图 5-3 就是路面翻新为 PICP 的实例。

图 5-3 翻新的缝隙透水连锁混凝土路面砖路面

参考文献

[1] SCOTT W. The costs of paving-comparative initial and whole of life costs for pavements[M]. Interpave, London, 2006.

[2] SHACKEL B, KALIGIS S, MUKTIARTO, et al. Structural and infiltration tests of permeable eco-pavers[C]//Proc. 5th Int. Conf. on Concrete Block Paving, Tel Aviv, 1996.

[3] SHACKEL B. Water penetration and structural evaluations of permeable eco-paving[J]. Betonwerk und Fertigteil-technik, 1997, 63(3):110-119.

[4] UniSA. Research into effective life of permeable pavement source control installations[R]. Urban Water Research Centre, Division of IT, Engineering and the Environment, University of South Australia, Final Rpt Project 07 67680, 2002.

[5] RANKIN K, BALL J E. A review of the performance of permeable pavements[C]//Proc. Int. Conf

of the 23nd Congress of IAHR, 2007.
[6] 韩瑞祥,曹成林,张琛,等.海绵城市之透水砖的发展[J].山东陶瓷,2016,39(6):10-13.
[7] 戴武斌,曾令可,王慧,等.透水砖的研究现状及发展前景[J].砖瓦,2007(8):22-25.
[8] 马养志.透水砖的生产工艺与发展前景[J].砖瓦,2004,7:47-49.
[9] 刘璐.砼砂基透水砖制备与铺装设计研究[D].大连:大连理工大学,2014.
[10] 王莱.透水透气性材料在园林中的应用研究[D].杭州:浙江农林大学,2010.
[11] 周超群,曾令可,程小苏,等.透水砖研究现状及应用前景[J].中国陶瓷,2017,53(9):6-10.
[12] 吴建锋,陈金桂,徐晓虹,等.利用废陶瓷制备陶瓷透水砖的研究[J].武汉理工大学学报,2009(19):27-30.
[13] 李国昌,王萍.赤泥透水砖的制备及性能研究[J].金属矿山,2009(12):154-157.
[14] 饶玲丽,曹建新,张洪波,等.粉煤灰透水砖的制备研究[J].新型建筑材料,2006(7):48-50.
[15] 王萍萍.树脂砂基透水砖的制备及性能研究[D].大连:大连理工大学,2013.
[16] 马云龙.透水砖透水性和强度的影响因素[J].佛山陶瓷,2005(5):10-13.
[17] 郑慧珍.透水砖施工工艺探究[J].企业技术开发,2016(6):157-158.
[18] SHACKEL B, BALL J, MEARING M. Using permeable eco-paving to achieve improved water quality for urban pavements[C]//Proc. 8th Int Conf on Concrete Block Paving, South Africa, 2003.
[19] 薛俊,刘军,季明旭,等.以再生建筑混凝土为骨料制备透水砖[J].武汉工程大学学报,2012,34(5):51-55.
[20] 刘富业,孙南屏.生态透水砖配合比设计方法初探[J].广东建材,2011,27(12):83-85.
[21] 殷海荣,武丽华,陈福,等.环保型陶瓷透水砖的研制[J].新型建筑材料,2006(3):24-26.
[22] 汪永清,鲍志蕾,杨柯,等.利用赣南稀土尾砂制备陶瓷透水砖的研究[J].陶瓷学报,2015(3):260-265.
[23] 廖奇丽,江伟辉,虞澎澎,等.工艺参数对陶瓷透水砖性能影响的研究[J].新型建筑材料,2007,34(4):29-31.
[24] 周佳,倪文,李建平.无水泥钢渣路面透水砖研制[J].非金属矿,2004,27(6):16-18.
[25] 谢敏,高丹,刘小波,等.利用给水厂污泥制备透水砖的实验研究[J].环境工程学报,2013,7(5):1925-1928.
[26] 王萍萍,徐向舟.砂基透水砖的制备及性能优化研究[J].新型建筑材料,2013,40(8):44-47.
[27] 王萍,李国昌.沙漠沙透水砖的制备及性能研究[J].非金属矿,2010,33(5):61-63.
[28] 荆扬扬.自清洁透水砖关键技术和工艺的研究[D].大连:大连理工大学,2013.
[29] 孔德玉,杨杨,吴炎平,等.纳米 TiO_2 引入方式对透水混凝土路面砖性能的影响[J].混凝土与水泥制品,2009(1):58-60.

第 6 章　透水铺装结构设计理论与方法

6.1　透水铺装设计概述

对于透水铺装设计，工程设计人员必须设计路面系统以实现雨水管理目标，同时考虑现场特定的条件。雨水管理目标包括去除目标污染物或减少雨水（设计暴雨）流量和/或峰值流速的设计。而决定透水铺装设计的关键因素通常包括土壤路基渗透性、地下水深度、地下设施（井、化粪池系统）和项目预算等。这些因素将确定合适的透水铺装类型，以及相对应的结构/材料设计。典型的透水铺装系统横截面如图 6-1 所示。

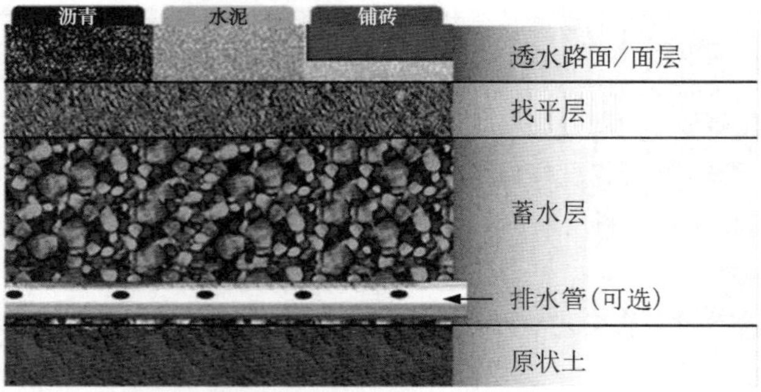

图 6-1　典型透水路面底基层和排水管设计[1]

图片来源：VHB/Vanasse Hangen Brustlin, Inc. 2013。

图 6-1 还包括可选的位于储水层底部的穿孔排水管。当地下和场地条件的空间限制或禁止雨水灌注到土壤中时（如在低渗透性天然土壤、高地下水位、受污染的土壤阻止渗透作用或浅基岩条件），路面系统可采用排水管设计。另外，当在路面结构的蓄水层中铺设排水管时，可将排水管设置在蓄水层的高水位处，从而提高暂时储存量并促进雨水渗透。

6.1.1　典型的透水铺装结构

根据不同的基层与土基材料，透水铺装系统可以设计成渗透全部雨水的"完全渗透"、一些雨水的"部分渗透"或不透水的"无渗透"形式。其中，完全或部分渗透的设计使得雨水可由土基排出，为雨水渗流提供了一条自然通道，而不是将其直接排放到管道排水系统中。

图 6-2—图 6-4 展示了国外相关指导手册中设计的每种渗透类型的实例。

完全渗透设计通常不使用排水管，且在具有高渗透性天然砂质土壤的地区使用。图 6-2 为典型的全渗透系统横截面。

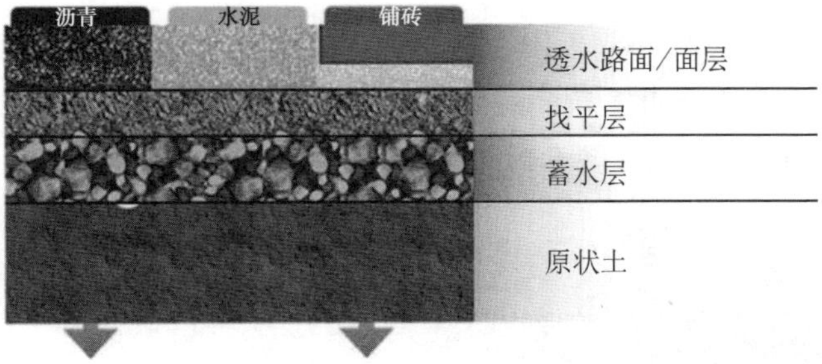

图 6-2　全渗透设计——无排水管[1]

图片来源：VHB/Vanasse Hangen Brustlin，Inc. 2013。

部分渗透设计可使一些水渗入路基，通常适用于较低渗透性的土壤；剩余的积水通过穿孔排水管排出（图 6-3）。美国部分地区的指南通常要求在降雨结束后 48～72 h 内排空路面结构积水。

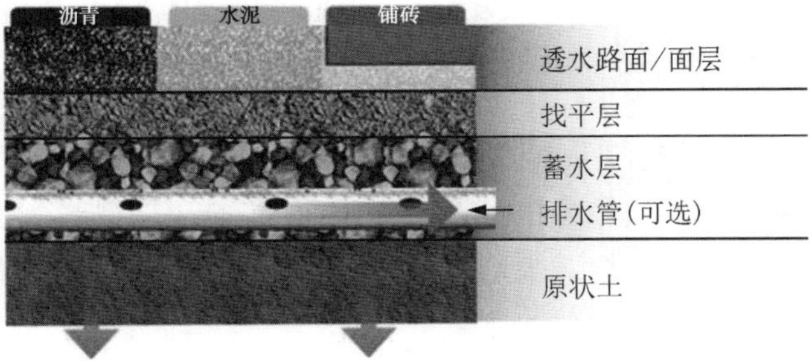

图 6-3　部分渗透设计——可选排水管[1]

图片来源：VHB/Vanasse Hangen Brustlin，Inc. 2013。

无渗透系统设计包含有不可渗透的防水土工布，以防止雨水渗入现有路基（图 6-4）。而其下可以是土工合成材料或不可渗透的阻水层，如黏土等。该种路面类型需要将雨水储存在蓄水层中并通过排水管进行排水。

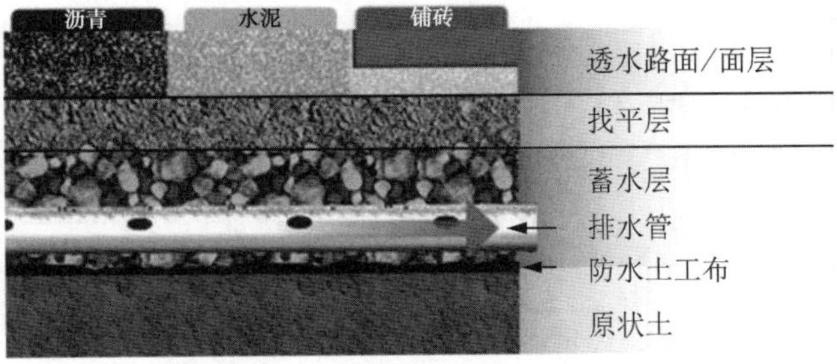

图 6-4　无渗透设计——有排水管[1]

图片来源：VHB/Vanasse Hangen Brustlin，Inc. 2013。

即使连接到管道式雨水系统,设置有排水管的可渗透路面系统也具有延缓雨洪峰值和净化水质的作用。如果排水管设置在蓄水层中上部,或者将雨水排放到具有储存和/或渗透能力的另一种雨水管理设施(如蓄水池)中,同样也可以起到减少雨水径流的作用。

当排水管设置的层位较高或采用"上翻肘"式设计时,可使蓄水层中积蓄较深的积水,从而产生更大的水压力,进而提高渗透能力并增加系统的滞留/存储能力,这种设计通常类似于传统的地下滞留池系统(图 6-5)。

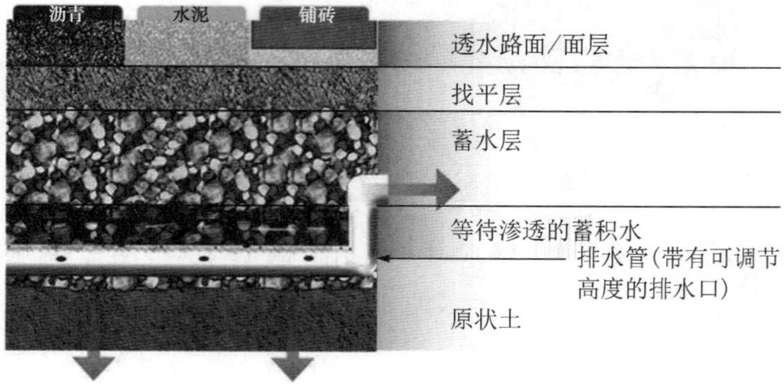

图 6-5　部分渗透设计——可调节高度的排水管[1]

图片来源:VHB/Vanasse Hangen Brustlin, Inc. 2013。

与国外类似,国内相关规范[2]也按雨水渗透路径将透水性沥青路面分为三类,Ⅰ型、Ⅱ型和Ⅲ型。Ⅰ型路面通常被称为排水型沥青路面;Ⅱ型和Ⅲ型路面通常被称为透水型沥青路面,其中,Ⅲ型又被称作全透水型路面。图 6-6 分别展示了这三种类型透水沥青路面的结构与水流方向示意图。

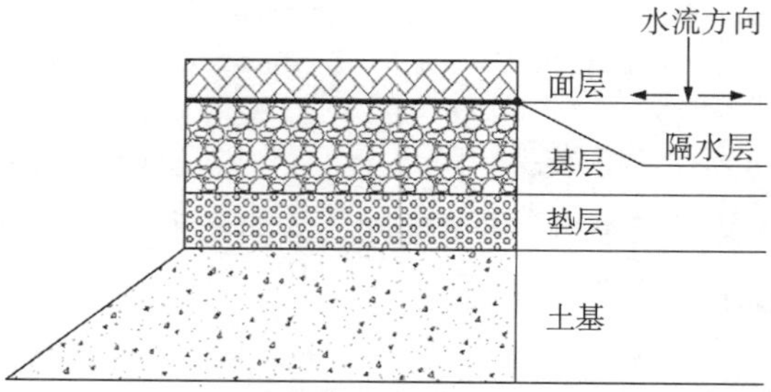

(a) Ⅰ型透水型沥青路面

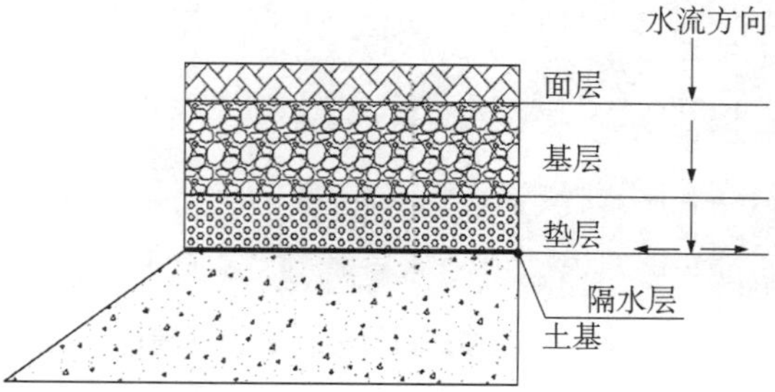

(b) Ⅱ型透水型沥青路面

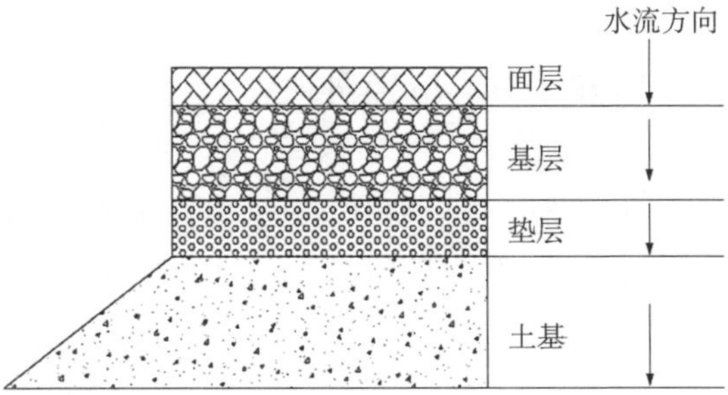

(c) Ⅲ型透水型沥青路面

图 6-6　三种透水性沥青路面结构及水流渗透方向示意图

6.1.2　透水铺装结构的特殊设计

6.1.2.1　雨水溢流处理措施

在渗透性路面系统的设计中应当考虑如何处理雨水溢流的问题。在两种情况中可能产生雨水溢流现象：①暴雨导致部分雨水无法及时入渗而产生路表径流；②储水层雨水溢出。对于部分渗透和无渗透路面系统，在设计中包含一些必要的措施来处理因暴雨导致的雨水溢流是十分必要的。而全渗透路面系统虽然包含了用于满足全部雨水渗透需求的设计，但在该设计中也必须包含一个预防性的雨水溢流处理措施，用于处理可能超过路面储水能力的强暴雨径流。雨水溢流可以被引导到地面输送通道和/或封闭的排水系统，包括排水沟、集水槽、路缘石和其他结构部件。

6.1.2.2　过滤层

渗透性路面系统可以在基层层位设计添加过滤层，以提供额外的水质处理功能（图 6-7）。根据渗透要求和预计去除的目标污染物，设计过滤层的厚度和材料类型。此外，通常在使用填料材料的过滤层下面还需设计粒径较小的石料层（例如找平层），以防止过滤介质移动到下面的储水层中。

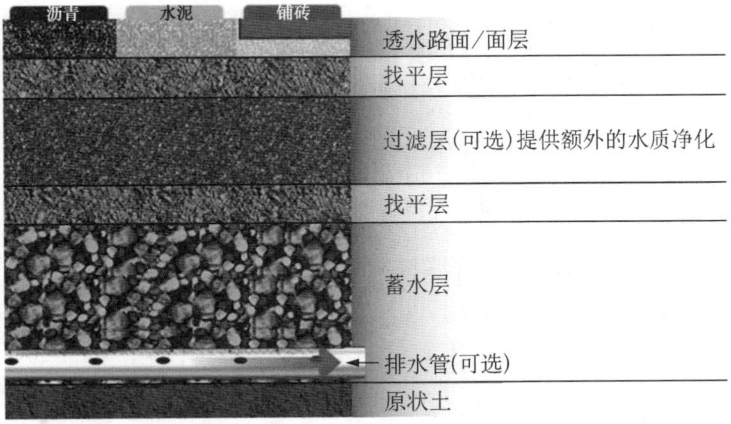

图 6-7　有额外水质处理功能即过滤层的典型透水路面[1]

图片来源：VHB/Vanasse Hangen Brustlin，Inc. 2013。

6.2 土工合成材料与结构层布置形式

如 NCDENR Stormwater BMP 手册所述，渗透性路面系统可能包括土工合成材料(如土工织物、土工膜和土工格栅)，以下是关于不同的材料及其结构层布置形式的介绍。

6.2.1 土工织物

土工织物是可渗透的土工合成材料，它可以防止土壤侵入底基层。如果路面没有利用不渗透材料将可渗透路面与相邻土壤(非渗透路面)隔开，建议使用全厚度土工织物将原生土壤与集料分离，在土壤路基上水平放置最小 0.3 m 的土工织物，如图 6-8 所示。

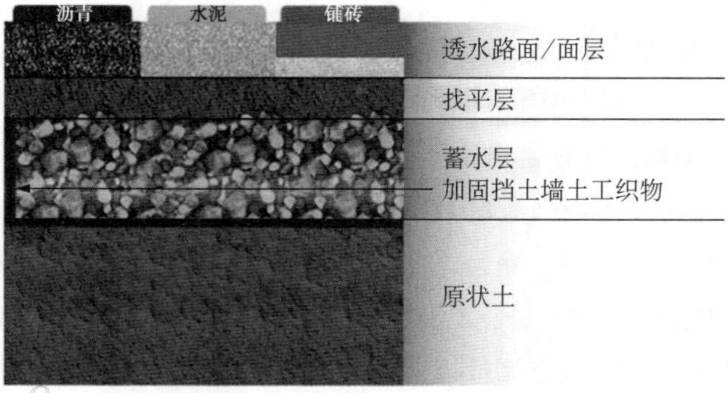

图 6-8 垂直土工织物布置形式[1]

图片来源：VHB/Vanasse Hangen Brustlin, Inc. 2013。

基于 Mata 的研究，上层土工织物通常不推荐用到渗透性路面系统的开级配基层材料上。仅在特殊情况且满足设计要求时，可以在储水层底部使用土工织物。

6.2.2 土工格栅

土工格栅是一种网状结构聚合物，其可通过增强和限制填充材料或分布负载力来改善渗透性路面系统下部土基的结构完整性。如果需要另外加固现有土基，可考虑使用土工格栅，如图 6-9 所示。

6.2.3 土工膜

土工膜是一种不可渗透的土工合成材料，用于阻隔水或气体运动，防止雨水径流进入现有的土基。设计时通常建议在土工膜下方铺设砂垫层，这样可以防止顶部的集料岩撕裂或刺破土工膜(图 6-10)。

6.2.4 预制储水模块

虽然大多数渗透性路面系统具有用于储水的集料层(蓄水层)，但替代的预制储水模块

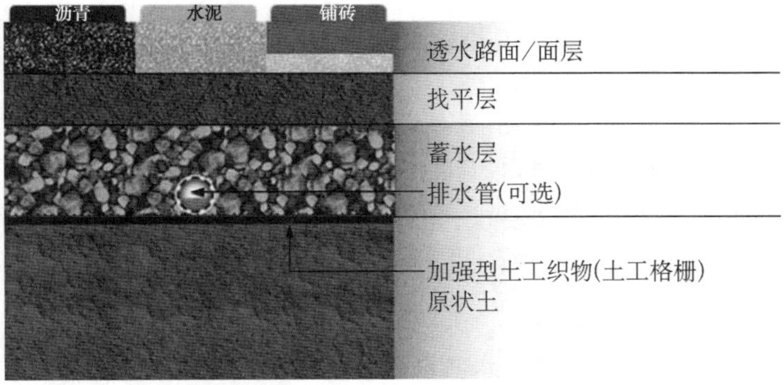

图 6-9　土工格栅布置形式[1]

图片来源：VHB/Vanasse Hangen Brustlin，Inc. 2013。

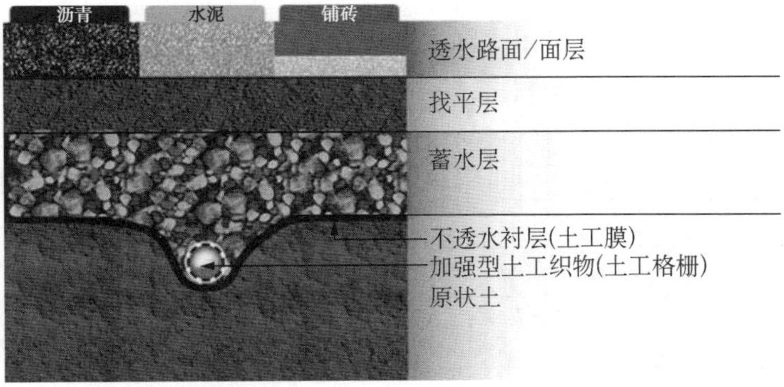

图 6-10　土工膜布置形式[1]

图片来源：VHB/Vanasse Hangen Brustlin，Inc. 2013。

可以提供额外的容量。预制储水模块通常由塑料或预制混凝土制成，可放置在底基层内。

6.2.5　边缘加固物

当在不透水路面附近铺设渗透性路面时，透水混凝土路面不需要边缘加固或任何特殊的接缝方法，但多孔隙沥青路面、透水性铺砖路面、摊铺机铺面、网格等渗透性路面则需要额外的边缘加固，以防止路面边缘的散开和破裂。对于停车场或行车道路面而言，不建议使用带有尖角的柔性、塑料或金属边缘加固物。而对于北方较寒冷地区，不仅建议边缘加固，且加固位置需延伸至霜冻线以下。另外，一些设计高度略高的边缘加固物还能有助于将雨水保持在可渗透表面上，并防止细集料进入路面。

6.2.6　渗透和不渗透路面的交接

各种设计方法和材料均可用于渗透性路面和常规路面之间的交接。重要的是，蓄水层用不可渗透的衬里或屏障密封以防止雨水进入常规路面的底基层。同时，建议在两种路面类型之间安装接缝，用于维护并可保持每种路面类型的轮廓。

6.3 通用设计流程

渗透性路面系统兼顾管理雨水径流与承载荷载的双重作用。因此，设计渗透性路面系统时，必须同时考虑结构和水文要求。渗透性路面的面层和蓄水层必须具有足够的厚度，在土壤饱和的情况下以满足结构的负载要求，同时也为了满足临时储存暴雨径流和其他水文方面(如水质、防洪等)的要求。渗透性路面在设计时，各个层位必须根据路面类型、使用要求、建设区域、现场条件和水文渗透目标进行确定。

图 6-11 所示的流程图和决策树展示了结构和水文设计分析过程，其中许多变量，如土壤类型和路面材料等将会影响路面的结构设计。

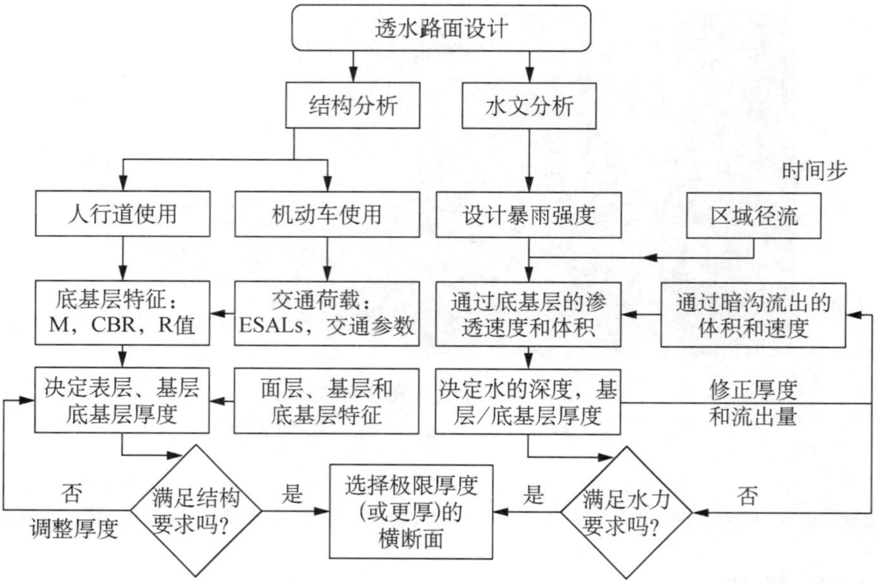

图 6-11　结构和水文分析决策树[3]

图片来源：ICPI。

6.4 透水铺装水文设计方法与要求

6.4.1 水文设计指南

水文设计一般依赖于以下变量：

(1) 设计暴雨和降雨强度，通常由当地监管机构公布。

(2) 长期土壤渗透率，从现场测量估计，设计者应添加适当的安全系数。

(3) 渗透性路面的表面渗透率。

(4) 基层或底基层的蓄水层厚度和储水容量。

进入路面的雨水量可以表征为水源和目的地之间的水平衡。动态计算方法使用小的时间步长来估计源自降水以及周围区域预期流入渗透性路面区域的水量。同时估计了每个时间步长期间的渗透、地下流出和可能出现的路面径流情况。

图 6-12 显示了在渗透性路面的计算方法中应该考虑的关键变量。

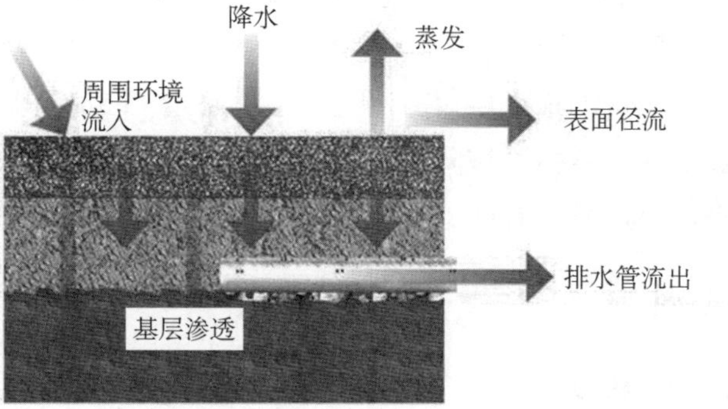

图 6-12　透水路面的水平衡变量[1]

图片来源：VHB/Vanasse Hangen Brustlin，Inc. 2013。

6.4.1.1　来自周围地区的连续流

通过降雨、土壤类型和土地利用以及径流特征来估计从周围地区进入渗透性路面的水量，通常使用地方降雨数据来进行预测。

来自相邻区域的所有雨水流入被假定为连续性地流到渗透性路面区域。而可渗透路面仅具有有限的入口容量。路面表面渗透率可以由用户根据测试结果或经验输入。

6.4.1.2　降雨/设计暴雨

根据当地设计要求来选择降雨事件。而降雨时间在评估渗透性路面从周围地区渗透水的能力时是很重要的参数。降雨强度峰值的出现时间与渗透性路面系统内部雨水渗入量达到峰值的时间之间的时间延后也可以减少降雨峰值时的溢流现象，从而减小雨水溢流排水管道的设计尺寸，并减少潜在的下游洪水或侵蚀现象的发生。

6.4.1.3　水流失

雨水从渗透性路面底基层渗入土壤路基、地下水和(或)其他渗透系统。在干旱气候地区，特别是在炎热的季节，系统的建模过程考虑了摊铺过程、植被系统的蒸发和蒸腾作用。设计者需要仔细估计渗入土壤路基和排水管中的水量。排水管排水通常用于低渗透土壤，设计者需要设计管道尺寸、坡度、水平间距和在土壤路基上的排水高度。

6.4.1.4　土壤路基渗透

测量或参考的土壤路基渗透率应为产生随时间变化的计算渗透率的饱和传导性。最简单的方法是使用达西定律，也可以使用 GreenAmpt 方程。由于地下水位通常低于(最小分离推荐值通常为 0.61 m)基层或底基层一段距离，高度下降引起水向下流动，水力梯度可以假定为 1.0。大多数设计假设当基层或底基层饱和时，渗透到土壤路基中的水渗入道路的底部。此外，雨水可能通过开级配集料进行侧向流动，因此设计时可能需要考虑开级配集料的侧向流动率。

由于预测路基土的沉积物堵塞和渗透减少情况相对比较困难，因此可以设置安全系数为 2，来较为保守地解决潜在的堵塞和路基土渗入率下降的预测问题。随着底基层中的水深增加、静水压力增加，排水速率将受到影响。

渗透性路面可以通过设计增加储水功能，这将有助于减少水中的有机物或过滤金属，适合于低渗透率的土壤。在这种情况下，路面设计可以借鉴滞留池设计原则来计算雨水的流入、存储和流出。储水的最长停留时间通常不应超过 72 h（含暴雨持续时间），但必须遵守当地的监管要求，这通常由区域降雨模式确定。此外，不能被基层或底基层储存下的那部分雨水，通过溢流可以排出到洼地或相邻的生物截留池和雨水渠中。

6.4.2 雨水入渗模型

6.4.2.1 降雨阶段数学模型

对于多阶段入渗模型来说，降雨参数是其中最为基础且关键的输入变量。根据降雨过程的典型特征，降雨阶段数学模型的建立应从降雨强度、时程雨型与降雨特性三方面着手，并考虑实际情况下降雨折损系数的影响。

1. 降雨强度

降雨强度即单位时间内的降雨量，是衡量降雨过程的关键因素之一，通常采用降雨强度公式来表征。结合我国城市普遍使用的降雨强度公式类型，可选取合适的数学模型作为输入值。我国在排水管渠设计中，降雨强度公式一般采用如下形式，即：

$$i=\frac{167A_i(1+C\lg P)}{(t+b)^c} \tag{6-1}$$

对某一区域，在给定重现期情况下，式(6-1)中的分子 $167A_i(1+C\lg P)$ 为常数，可设为 a，即将式(6-1)简化为式(6-2)。

$$i(t)=\frac{a[(1-c)t+b]}{(t+b)^{c+1}} \tag{6-2}$$

式中 i ——降雨强度，mm/min；

a ——重现期为一定的设计降雨量，mm；

P ——设计降雨重现期，年；

t ——降雨历时，min；

b，c ——常数，共同反映重现期的设计降雨随历时延长其强度递减变化的情况。

以上海市为例，当前有两部现行规范提出了适用于上海市的降雨强度计算公式，分别是《室外排水设计规范》(GB 50014—2006)提出的：

$$i=\frac{24.2623(1+0.88\lg T)}{(t+23.3759)^{0.8642}} \tag{6-3}$$

以及上海市地方标准《暴雨强度公式与设计雨型标准》(DB31/T 1043—2017)提出的

$$i = \frac{1\,600(1+0.846\lg T)}{(t+7)^{0.656}} \tag{6-4}$$

式中　i ——降雨强度,mm/s;

T ——重现期,年;

t ——降雨历时,min。

对比式(6-3)和式(6-4),在表达形式上具有较为显著的差异,难以比较;分别计算不同重现期下 1 h 内的累积降雨量与每分钟最大雨量,结果如图 6-13 所示。

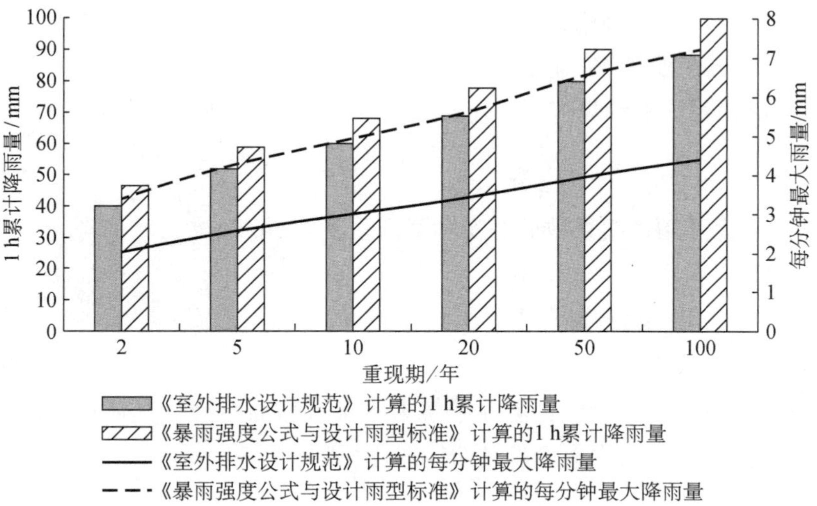

图 6-13　不同重现期下两个暴雨强度公式在 1 h 累计降雨量与每分钟最大降雨量间的对比

从图 6-13 可以发现,式(6-4)所描述的降雨过程在两个指标上均高于式(6-3)。其中,在不同重现期下,对比 1 h 累计降雨量,式(6-4)比式(6-3)计算值增加 12%～14%;对比每分钟最大雨量,式(6-4)计算值远高于式(6-3),增加幅度约 65%。结合近十年来上海市年均降雨量逐渐增高的趋势以及夏季经常出现的短时强暴雨天气,故采用式(6-4)作为降雨强度的输入模型,这也对路面结构的累积储水能力以及瞬时最大入渗能力提出了较高的要求。

2. 时程雨型

降水的时程雨型是指降雨过程中雨量随历时的分配,反映了降雨的发生、发展和消亡过程[6]。在降雨观测中,降雨强度大多呈现出先增后减的单峰函数形式——芝加哥雨型,其在重现降雨过程中一般能满足精度要求,且参数较少[7]。另有研究发现,按照雨峰在降雨过程中出现的位置,降雨又可分为 4 种类型且峰值出现得早晚会对城市内涝面积大小产生较为显著的影响[6,8]。因此,本书将不同雨型作为雨水过程的输入变量,考察雨型对透水路面入渗的影响。

3. 降雨特性

降雨特性统计基于独立降雨事件的概念之上，其特性是每场独立降雨过程的降雨量、降雨历时、降雨强度和降雨间隔时间等。国内的相关研究均着眼于设计雨量、降雨历时而忽略了降雨事件的间隔时间[9]，这使得原有的雨水入渗模型在分析时往往存在一定缺陷，未能考虑现实中可能发生的短时连续降雨情形。本书借鉴国外相关研究成果，将降雨间隔时间视为输入值，并考虑短时间内间隔强降雨的情形。

4. 降雨折损系数

在实际降雨过程中，雨水通常不能全部直接到达地面，其中一部分雨水会由于路面两侧树木、人工遮蔽物等受到阻碍出现滞后，甚至流入其他排水通道而非道路排水系统。对于到达路面的雨水，由于材料吸附作用与洼地蓄积现象的发生，实际入渗值也往往低于降雨量[10, 11]。对于透水铺装，降雨的滞后现象会降低雨水峰值的大小，吸附作用与洼地蓄积现象也会对路面径流的计算产生一定影响。因此，本书采用折损系数 k 作为输入因子。

$$q' = k \cdot q \tag{6-5}$$

式中 q' ——考虑降雨折损系数后的实际降雨强度，mm/s；

q ——计算降雨强度，mm/s；

k ——降雨折损系数，通常取 0.9。

6.4.2.2 路面产流模型

建立降雨阶段的数学模型后，需要了解雨水渗入路面结构的具体过程。基于降雨强度和材料渗透能力，绘制雨水入渗模型曲线图，由图 6-14 表示。

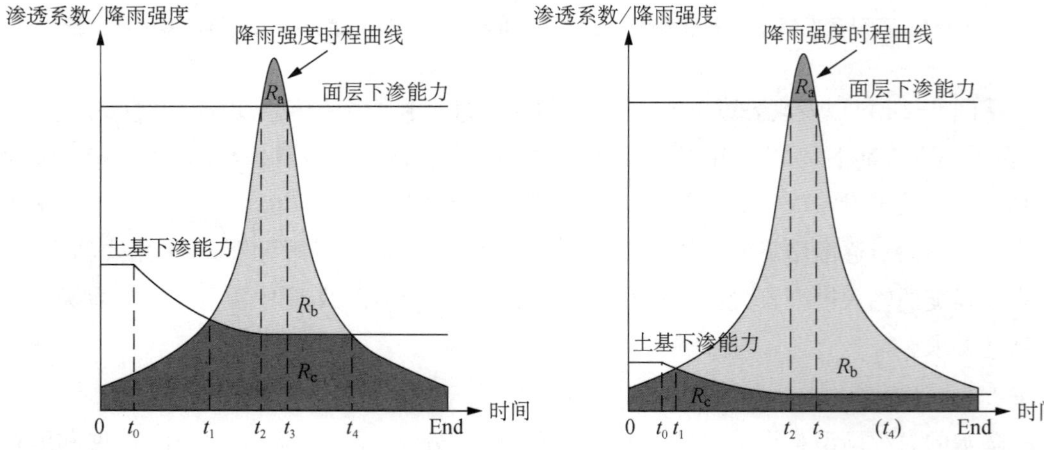

(a) 低饱和产流风险(高渗透性土基)　　(b) 高饱和产流风险(低渗透性土基)

图 6-14　路面产流模型示意图

1. 参数讨论

建立降雨阶段的数学模型后，路面产流模型是透水铺装雨水入渗模型的另一个重要组成部分，其直接反映了降水从接触路表直到排出路面结构的整个过程。由图 6-14 可得模型所涉及的部分关键参数，本节对其进行讨论说明。

(1) 面层下渗能力——通常采用面层材料的渗透系数 K_w 进行表征，其大小将会直接影响到雨水渗入路面的方式以及是否产生地表径流，即超渗产流。研究表明，面层材料的渗透系数会随着雨水下渗，即自身含水率增大而逐渐降低，直至内部基本处于饱和状态时，渗透系数趋近于一个稳定值[11]。面层材料如透水沥青混合料的孔隙率通常在18%以上，渗透系数因孔隙饱和而下降的幅度相对较小，故在本书中将其视为恒量。

(2) 土基下渗能力——主要由路基土渗透系数来反映，其对透水铺装渗透性能影响相当显著。通常在降雨初期，由于毛细作用和吸着力，雨水向土基渗透的速度较快，但随着降雨时间的延长，渗透速度就会慢慢降低，最终趋于稳定[11]，而基于非饱和土渗透理论从内在机理角度也证明了这一观点，非饱和土渗透系数通常与有效饱和度呈现正相关关系[12]。作者利用改进的 Philip-Dunne 入渗仪[13]进行了路基土渗透系数现场试验，其结果显示，随着试验次数(浸水时间)的增加，同一区域的土壤逐渐饱和，渗透系数与浸水时间呈现一定的负相关关系，如式(6-6)所示。

$$K_{s,t}=\begin{cases}K_s, & 0<t\leqslant pt\\ K_s\left[1-\dfrac{(1-P)\cdot(1-p)}{(q-p)}\right], & pt<\dfrac{t}{t_a}\leqslant qt\\ P\cdot K_s, & qt<\dfrac{t}{t_a}\leqslant 1\end{cases} \tag{6-6}$$

式中 K_s——初始路基土渗透系数，mm/s；

$K_{s,t}$——t 时刻路基土渗透系数，mm/s；

t——降雨过程中的某一时刻，min；

t_a——降雨历时，min；

P——饱和后与初始时的路基土渗透系数之比，0～1；

p,q——雨水浸润路面结构时间与路基土饱和时间与 t_a 之比，0～1。

(3) 结构储水能力——路面各透水结构层的连通孔隙率 v'_a 与厚度 h 关系到透水铺装储留雨水量的大小，且透水铺装的储水能力与 v'_a 和 h 呈正相关关系。降雨时，可将透水铺装结构视为具有渗透功能的储水空间，一方面雨水不断地流入其中，另一方面通过底部向外渗透排出雨水[14]。按照将路面结构中的连通孔隙总体积转换成具有渗透功能的储水空间体积的原则，蓄水层厚度，即结构层有效储水空间厚度，可根据路面各透水结构层厚度和各层材料连通孔隙率进行换算，如式(6-7)所示。

$$\begin{cases}h'_i=h_i\times v'_{a,i}\\ h'_{总}=\sum h'_i\end{cases} \tag{6-7}$$

式中 h_i，h'_i——第 i 结构层的实际厚度与有效厚度，mm；

$v'_{a,i}$——第 i 结构层的连通孔隙率；

$h'_{总}$——路面结构的有效储水空间总厚度，mm。

2. 入渗物理过程

经过对路面产流模型关键参数的讨论与假设，将关键参数的时程变化规律以及设计降雨过程作为输入变量，按时间先后顺序分阶段深入讨论雨水的入渗物理过程，具体可分为以下 6 个阶段：

(1) 阶段一 ($0 \sim t_0$)：降雨初期，雨水刚开始与路面接触，在重力与毛细管力共同作用下向下流动，流入路面结构内部，随后由于分子力被路面材料吸附而成为薄膜水[15]。该阶段降雨强度仍处于较低水平，路面结构自上而下被浸润。由于未流入路基，因此土基下渗能力未受影响。

(2) 阶段二 ($t_0 \sim t_1$)：随着降雨量不断增加，当路面结构被整体浸润后，雨水开始到达路基顶面。由于路基土的初始渗透能力，水流会通过路基土下渗，但随着路基土含水率的提升，渗透系数在逐渐降低。此时路基土的渗透速度仍大于降雨强度，这一过程也不会在路面结构内产生雨水蓄积。

(3) 阶段三 ($t_1 \sim t_2$)：当路基以上的路面结构被完全浸润，且不断增加的降雨强度大于路基土的渗透速度时，渗透到路面结构中的雨水来不及渗入路基土，路面结构中就开始蓄积雨水。

(4) 阶段四 ($t_2 \sim t_3$)：降雨过程中，降雨强度一般会呈现单峰函数的规律。随着降雨强度的不断增大，有可能出现降雨强度超过面层渗透系数的情形。这时，一部分雨水由于无法及时渗入面层而发生超渗产流现象，如图 6-14 中的 R_a 所示。其他渗入路表的雨水继续在内部蓄积，当降雨强度出现峰值后，雨水蓄积量仍继续增大，但增速减缓，直到降雨强度等于面层渗透系数，超渗产流不再产生。

(5) 阶段五 ($t_3 \sim t_4$)：随着降雨强度的降低，降雨强度将会再次低于面层渗透系数。当降雨强度减弱至路基土渗透系数时，路面结构中蓄积的雨水量达到最大，如图6-14(a)；对于图 6-14(b)的低渗透性土基情形，降雨强度可能仍然大于路基土渗透系数，雨水继续蓄积直至降雨结束。若最大雨水蓄积量超过路面结构的最大储水能力，则会发生饱和产流，图 6-14 中 R_b 即为路面结构蓄积的最大雨水量。

(6) 阶段六 ($t_4 \sim \text{End}$)：图 6-14(a)中随着降雨强度减小至低于路基土渗透系数，路面结构中的雨水通过路基的渗透不断排出，直到恢复至降雨前的路面状况。图 6-14(b)中降雨结束时，路面结构蓄积的最大雨水量 R_b 达到最大，产生饱和产流的风险较高。

降雨过程中，空气相对湿度较大，且道路所占面积有限，路面结构中水分的蒸发量较小，因此在模型的建立过程中不考虑路面结构中水分的蒸发。

6.4.2.3 溢流管设计

当雨水入渗量超过最大储水能力时，后续降水只有部分能渗入路基排空，其余部分蓄积在路表产生雨水径流，这对于交通安全是十分不利的。因此，为防止路表雨水溢出，并将潜在的溢出风险控制在合理的范围内，需要在路面结构中设置溢流管，其布设位置较为灵活，国外不少将其作为路基的辅助排水装置而设置在基层底部，也可尽量实现路基排水而将其设置在面层下部作为紧急排水装置。根据流体力学，溢流管的流量可按曼宁公式

进行计算,如式(6-8)所示:

$$v=\frac{k}{n}R_{\mathrm{h}}^{\frac{2}{3}}S^{\frac{1}{2}} \tag{6-8}$$

式中 v ——溢流管流速,m/s;

k ——调整系数,国际单位制时取 1;

n ——管壁糙率,PVC 管为 0.009,铁管为 0.012;

R_{h} ——水力半径,m;

S ——坡度。

此外,排水管在设计时往往考虑到其汇集一定面积范围内的雨水的能力。因此,在设计验算溢流管时,也同时需要将其汇集雨水的范围参数作为输入值。

6.4.2.4 模型验证

为保证上述模拟方法的可靠性,本书分别选取文献[16]与[17]中的数值模拟与现场观测数据,并将输入变量输入到本模型中进行模拟,采用 Nash-Suycliffe 系数(ENS)来评价模拟结果曲线与文献数据间的吻合程度,结果如图 6-15 所示。由图 6-15 可见,在不同降雨强度与降雨时长的工况下,水头高度的模拟结果与文献数据间 ENS 值控制在 0.45~0.64 之间,参考 ENS 值的评价方法表明二者间模拟结果较好,这说明本书建立的透水铺装入渗模型是可靠的。

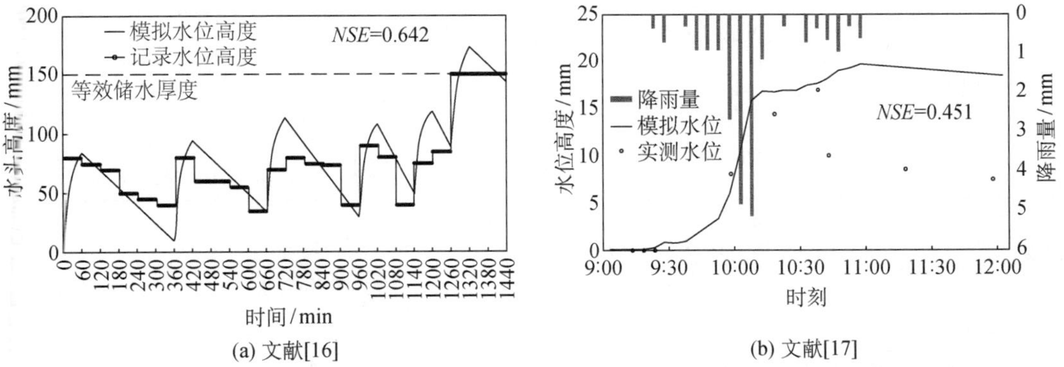

图 6-15 模拟结果与文献数据对比

6.4.3 影响因素相关性分析

透水铺装雨水入渗模型涉及的多个输入变量可分为降雨参数与路面参数两类,其中降雨参数主要为随机变量,通过多工况模拟的方法进行分析;路面参数主要为人工变量,有必要对各参数的相关性进行研究,拟采用正交试验方法进行分析。

选取重现期 100a,降雨历时 $t_{\mathrm{a}}=24$ h,峰现比例 $r=0.5$ 的降雨工况。拟定的路面参数与对应水平如表 6-1 所列,设计 $L_{18}(3^4)$ 正交表重复多次模拟试验,渗透性能评价指标为径流控制比例,最终计算结果如表 6-2 所列。

表 6-1　　正交试验选取参数与水平

因子	变量	水平		
		1	2	3
A	面层等效厚度/mm	10	15	20
B	面层渗透系数/(mm·s^{-1})	3	4	5
C	基层等效厚度/mm	100	125	150
D	土基初始渗透系数/(mm·s^{-1})	1×10^{-5}	1×10^{-4}	1×10^{-3}
E	土基饱和时间与降雨历时之比	0.1	0.3	0.5
F	土基饱和与初始渗透系数之比	0.25	0.5	0.75

表 6-2　　正交模拟试验结果

因子及误差	平方和 S	自由度 f	均方和 MS	F 比
A	271	2	135.5	185.9
B	25	2	12.3	16.9
C	351	2	175.5	240.9
D	5 559	2	2 779.4	3 814.5
E	15	2	7.7	10.5
F	9	2	4.4	6.0
误差	1	2	0.7	
合计	6 231	14	$F_{0.99}(2, 2)=99.00$ $F_{0.95}(2, 2)=19.00$	

$$F_D \gg F_C > F_A > F_{0.99}(2, 2)=99.00 \tag{6-9}$$

$$F_F < F_E < F_B < F_{0.95}(2, 2)=19.00 \tag{6-10}$$

由式(6-9)和式(6-10)可知，对于径流控制比例而言，对其影响最大的是土基初始渗透系数，这与分析结论一致；其次是面层与基层的等效厚度，蓄水层厚度的增加可显著增加路面结构的储水能力；影响程度最小的是土基。

饱和渗透系数与初始渗透系数之比，即土基饱和渗透系数与径流控制比例相关性较小，这也反映了在峰值集中在前中期的降雨工况下，透水铺装结构渗透性能的关键在于路面(主要是土基)材料在降雨前中期，即仍处于或部分处于非饱和状态下的渗透能力。

6.4.4　效果评价与验算

6.4.4.1　输入参数

拟定透水铺装结构的材料配合比与设计参数分别如表 6-3 与表 6-4 所列。其中，面层选择多孔沥青混合料 OGFC-13，基层采用公称最大粒径为 31.5 mm 的级配碎石，二者的配合比设计与参数选取均基于作者完成的室内试验[18, 19]；路基土分别选取细砂土与粉砂土，材料来源地为河北保定，设计参数基于室内试验实测数据[20]，土基饱和时间与降雨历时之比与土基饱和渗透系数与初始渗透系数之比分别为 0.1 与 0.5。此外，根据储水厚度等效换算原则，将结构层分别换算为有效储水厚度。

表 6-3　　面层与基层材料配合比

面层 OGFC-13		基层	
孔径/mm	筛孔通过率/%	孔径/mm	筛孔通过率/%
19	100	31.5	100
13.2	95		
9.5	70	19.5	86
4.75	21		
2.36	16	13.2	16
1.18	12		
0.6	9.5	9.5	6
0.3	7.5		
0.15	5.5	4.75	2
0.075	1.2		

表 6-4　　路面结构参数

层位	材料	厚度/mm	设计孔隙率/%	渗透系数/(cm·s^{-1})	有效储水厚度/mm
面层	OGFC-13	100	18%	0.3	18
基层	级配碎石	250	40%	—	100
土基	砂性土			1×10^{-3}	
	粉性土			1×10^{-4}	
排水管	PVC 管		孔径 100 mm		

选用上海市地方标准《暴雨强度公式与设计雨型标准》(DB 31/T 1043—2017)中的降雨强度公式设计降雨，并选用 3 种峰现比例 $r=0.2$, 0.5, 0.8 表征雨型，降雨历时分别选择 1 h, 12 h 与 24 h，并考虑第一次降雨后 24 h 内重复降雨的情形，降雨重现期分别选择为 2a, 10a 与 50a，降雨折损系数取 0.9[11]。

溢流管设计中拟定汇流路面为双向双车道城市支路，路幅宽度为 7 m，道路两侧分别布置溢流管，每 50 m 设置一个垂直渗井，因此单侧溢流管汇集雨水的范围近似于 3.5 m×50 m 的狭长矩形。考虑不同的市政道路设计需求，管径取 10 cm，流速与流量参数可由曼宁公式计算而得，假定溢流管满负荷排水运行。此外，溢流管选择布置在基层顶部，上缘距离路表 10 cm，溢水孔开口朝上，当路面结构内部蓄积水位线超过溢流管上缘，即将漫入道路面层产生溢流风险时，多余部分雨水可通过溢流管排出，起到紧急避洪的作用。

综上，本书共讨论 3 种路面组合形式，分别为砂土-无溢流管、粉土-无溢流管以及粉土-10 mm 孔径溢流管；降雨工况分别考虑峰现比例、降雨重现期和降雨历时各 3 种变量水平，总计 27 种工况。

6.4.4.2 工况选取与验算指标

在每种工况下，本书重点从路面储水能力、排空能力以及短时重复降雨响应能力等角度对透水铺装结构的渗流性能进行验算与评价。计算指标包括最大水位高度、路面结构储水能力利用率、地表径流占累积降雨量比例、地表径流出现时间占比、降雨结束 2 h 后路面结构继续储水能力、降雨结束 24 h 后路面结构继续储水能力等。对于降雨结束后 24 h内未能及时排空雨水的工况，还需要对第二场降雨后的相应指标进行验算。

路面储水能力利用率：

$$W_c = \frac{H_{max}}{\sum h_i'} \times 100\% \tag{6-11}$$

式中 H_{max}——最大水位高度，m；

h_i'——每个结构层的有效储水厚度，m。

地表径流占累计降雨量比例：

$$\begin{aligned} W_j &= W_{cs} + W_{bh} \\ &= \left(\frac{\sum Q_{cs}}{\sum q} + \frac{H_{max} - \sum h_i'}{\sum q} \right) \times 100\% \end{aligned} \tag{6-12}$$

式中 Q_{cs}——超渗产流的雨水量，mm/s；

q——降雨强度，mm/s。

地表径流出现时间占比：

$$W_t = \frac{\sum t_j}{t_d} \tag{6-13}$$

式中 t_j——地表径流出现时间，min；

t_d——降雨时长，min。

降雨结束 t 小时后路面结构的继续储水能力：

$$W_{c\text{-}t}=\frac{H_t}{\sum h_i'}\times 100\% \tag{6-14}$$

式中，H_t 为 t 小时后路面结构内部的水位高度，mm。

6.4.5　验算结果分析与讨论

通过计算可以得到降雨过程中各个时间段内的分段雨量和累积雨量，以及路面结构蓄积的雨水水位，由此可换算成不同指标。

6.4.5.1　路基土类型的影响分析

土基的渗透能力对于整个路面结构的储水与排空能力而言起着非常关键的作用。以本书拟定的砂性土路基为例，在所有讨论的工况下均不会因路面结构的蓄水量超过最大储水能力而出现地表径流，且大多数满足降雨结束后 2 h 内排空积水的要求。而对于粉性土路基路面结构而言，其渗流性能由于路基土渗透系数的下降会明显削弱。

对比表 6-5 与表 6-6 可以发现，在峰现比例 $r=0.5$ 的工况下，当渗透系数下降 75% 时，第一次降雨产生的地表径流会随着重现期与降雨历时的增加而增大，在重现期为 50a 且降雨历时较长(12 h, 24 h)的情况下，降雨过程中 22%～23%的降雨会产生地表径流，且径流出现时间占比约 50%；第二次降雨产生地表径流的比例提升到 51%～56%，相应时间占比增加到 56%～59%。这意味着当在低渗透系数路基土上铺装透水路面时，在出现极端暴雨天气情况下，路面的正常渗透功能将大幅削弱，并对行车安全造成巨大影响。因此，对于透水路面建设工程而言，需要合理选择路基土类型，优先保证土基有足够的渗透系数，避免出现严重的地表径流。根据本书的模拟实验，建议路基土渗透系数应控制在 1×10^{-4} mm/s 以上。

表 6-5　　峰现比例 $r=0.5$，砂性土路面的模拟计算结果

降雨类别	最大水位高度距离路表/cm	储水能力利用率	是否产生地表径流	2 h 后继续储水比例	24 h 后继续储水比例
2a-1h	31.01	25.70%	否	100.00%	100.00%
2a-12h	30.92	25.95%	否	100.00%	100.00%
2a-24h	30.92	25.95%	否	100.00%	100.00%
10a-1h	24.47	44.38%	否	83.05%	100.00%
10a-12h	22.95	48.70%	否	100.00%	100.00%
10a-24h	22.95	48.70%	否	100.00%	100.00%
50a-1h	17.92	63.06%	否	64.36%	100.00%
50a-12h	13.49	75.76%	否	100.00%	100.00%
50a-24h	13.49	75.76%	否	100.00%	100.00%

表 6-6　　峰现比例 $r=0.5$，粉性土路面的模拟计算结果

降雨类型	第一场降雨					24 h后第二场降雨		
	最大水位高度距离路表/cm	储水能力利用率	地表径流占比	径流出现时长占比	2 h后继续储水比例	24 h后继续储水比例	地表径流占比	径流出现时长占比
2a-1h	27.35	36.16%	0.00%	0.00%	70.70%	100.00%	—	—
2a-12h	19.60	58.30%	0.00%	0.00%	69.55%	100.00%	—	—
2a-24h	23.01	48.55%	0.00%	0.00%	65.85%	100.00%	—	—
10a-1h	20.81	54.84%	0.00%	0.00%	52.02%	100.00%	—	—
10a-12h	0.00	100.00%	2.46%	20.94%	23.47%	78.32%	29.32%	49.93%
10a-24h	0.00	100.00%	2.71%	36.67%	23.46%	78.32%	45.77%	49.93%
50a-1h	14.27	73.52%	0.00%	0.00%	33.34%	100.00%	—	—
50a-12h	0.00	100.00%	23.69%	48.40%	0.00%	31.83%	55.69%	56.73%
50a-24h	0.00	100.00%	22.71%	49.58%	0.00%	20.74%	51.96%	59.44%

6.4.5.2　溢流管设置的影响分析

根据上文的分析，对于粉性土路基透水路面而言，其较低的渗透系数使得路面容易出现较为严重的地表径流。在地理或施工条件不允许而导致路基土渗透系数无法提高的情况下，可选择设置溢流管来降低地表径流风险。

对比表 6-6 和表 6-7 可以发现，当在基层顶部设置内径为 10 cm 的溢流管后，地表径流出现的风险会大大降低。在重现期为 50a 且降雨历时较长(12 h, 24 h)情况下，第一次降雨时地表径流量占比减少了约 12%，相比设置前削减了约 60%的地表径流，同时径流出现时长占比也有一定幅度的下降；第二次降雨时地表径流量占比减少了 27%～29%，径流出现时长占比也有明显下降，这与路面较好的排水效果有关。设置溢流管对于排水功能的提升是较为显著的，路面结构在大多数工况下都能满足 24 h 排空的要求，在 50a-24 h 工况下，24 h 后继续储水比例提升约 75%。

表 6-7　　峰现比例 $r=0.5$，粉性土 -10 cm 孔径溢流管组合路面的模拟计算结果

降雨类型	第一场降雨					24 h后第二场降雨		
	最大水位高度距离路表/cm	储水能力利用率	地表径流量占比	径流出现时长占比	2 h后继续储水比例	24 h后继续储水比例	地表径流量占比	径流出现时长占比
2a-1h	25.08	33.62%	0.04%	1.67%	72.42%	100.00%	—	—
2a-12h	14.76	68.60%	0.02%	0.14%	34.45%	68.01%	0.02%	0.04%
2a-24h	12.90	74.90%	0.01%	0.07%	28.15%	61.71%	0.01%	0.07%
10a-1h	20.64	48.67%	2.76%	5.00%	57.99%	88.56%	2.76%	5.00%

(续表)

降雨类型	第一场降雨					24 h 后第二场降雨		
	最大水位高度距离路表/cm	储水能力利用率	地表径流量占比	径流出现时长占比	2 h 后继续储水比例	24 h 后继续储水比例	地表径流量占比	径流出现时长占比
10a-12h	0.00	81.34%	1.11%	0.42%	26.78%	60.34%	12.15%	47.50%
10a-24h	0.00	87.84%	0.21%	0.87%	26.78%	60.34%	12.73%	28.19%
50a-1h	16.77	61.80%	6.68%	8.33%	41.25%	74.81%	6.68%	8.33%
50a-12h	0.00	100.00%	7.51%	43.75%	4.40%	37.96%	28.62%	51.67%
50a-24h	0.00	100.00%	11.46%	34.86%	24.45%	58.01%	22.42%	50.83%

6.4.5.3　不同设计雨型的影响分析

本书考察了峰现比例 $r=0.2$，0.5，0.8 三种情况下的不同芝加哥雨型，分别代表雨峰为前、中、后的情况。对于未设置溢流管的两类路面结构组合而言，不同的设计雨型对于其蓄积水位高度、地表径流以及排空效果没有显著的影响；对于设置了溢流管的路面结构组合而言，如图 6-16 所示，在重现期为 50a，降雨历时为 12 h 与 24 h 两种工况下，地表径流随着降雨峰值的延后而增大，$r=0.8$ 时的地表径流量占比约为 $r=0.2$ 时的 7 倍；两种工况下 $r=0.5$ 时的径流出现时长占比均高于另外两个峰现比例；24 h 后继续储水比例则呈现出与地表径流量规律相反的趋势，峰值出现得越晚，路面的排水性能将会发挥得越好。

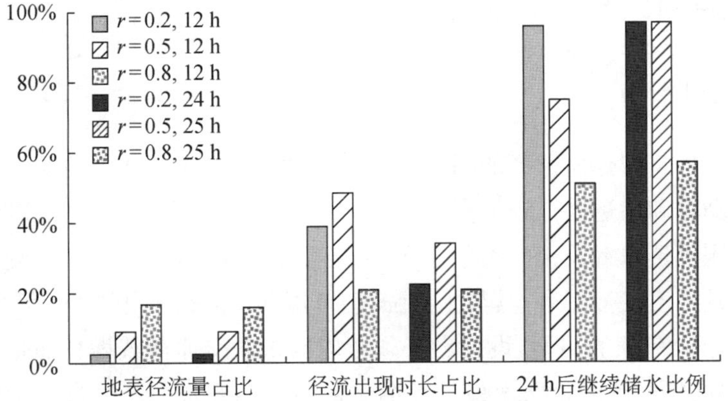

图 6-16　重现期 50a 时，峰现比例对长历时降雨产生的影响

延缓径流峰值是透水铺装的一大特点，通过错开降雨强度峰值与地面径流峰值将会有效降低发生溢流的风险。在本书的模拟试验中发现，雨型的峰现比例对于未设置溢流管的路面结构组合径流峰值的滞后时间有一定作用，而对于设置了溢流管的路面结构组合而言，可能由于溢流管的排水作用而未形成明显规律。

如图 6-17 所示，在降雨历时为 24 h 时，不同重现期下径流峰值滞后时间均随着峰现比例的增大而明显减小。当峰现比例由 $r=0.2$ 变为 $r=0.8$ 时，砂土与粉土的路面结构组合中径流峰值滞后时间在三种重现期(2a, 10a, 50a)情况下均下降约 75%，至原有的 1/4 左右。通常径流峰值出现时间相比降雨强度峰值越晚，出现溢流风险的可能性越低。因此，本试验结果表明雨峰出现得越早，将越有利于路面结构蓄水功能的实现。

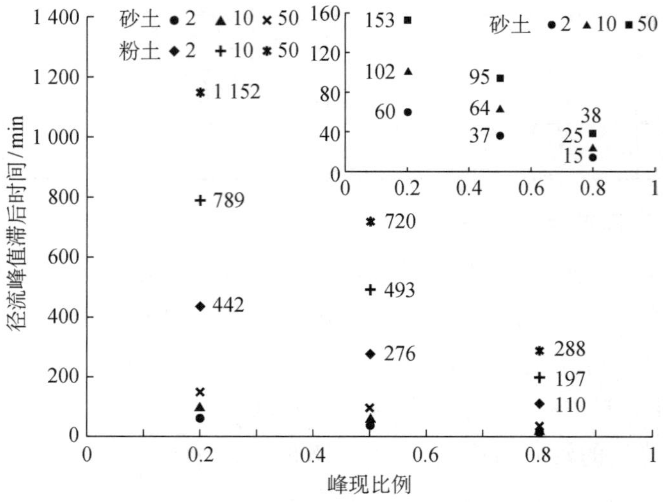

图 6-17 降雨历时为 24 h 时，峰现比例对不同重现期下径流峰值滞后时间的影响

6.5 透水路面结构设计方法与要求

6.5.1 结构设计指南

结构设计过程将根据所选择的路面类型而变化。AASHTO 中的柔性路面设计概念可应用于多孔沥青和渗透性连锁混凝土路面。用于现浇混凝土的 AASHTO 刚性路面设计概念不易应用到透水混凝土。类似于可渗透连锁混凝土路面，透水混凝土设计中提供的经验性的基础厚度设计图表，其与土壤强度、基层和交通荷载相关。

对于具有车辆荷载的路面，设计者必须考虑因未来交通荷载增长而带来的新的承载要求，设计道路必须能够满足路面最大预期交通荷载的要求。当通过力学结构法确定了基层/底基层厚度后，设计者可以将此设计厚度与之前水文设计中计算出的基层/底基层厚度进行对比，选择其中较大值作为最终设计。

相对而言，水文设计工作对于设计者来说是一项较为简单的任务，无论选择使用何种渗透性路面，其要求都保持一致。然而，结构(基层厚度)设计会随每个路面类型而变化。当前透水路面的设计局限于中等车辆荷载及以下的路面应用中，因为对于开级配集料基层的结构性能以及重交通荷载下路面响应，目前经验和理论均相对较少。

渗透性路面的结构设计包括考虑四个主要的地区要素。

(1) 总交通流量——确定特定路面应用情况下的预期交通荷载/类型。

① 确定路面用于车辆或行人交通。

② 估计预期的车辆质量。

③ 估计预期的交通荷载(日均流量)。

④ 确定道路的设计寿命。

⑤ 计算总等效轴载次数,可使用 Caltrans TI 法(适用于透水沥青路面与连锁铺砖路面)或轴载谱法(适用于透水水泥路面)。

(2) 土壤性质——确定土壤类型和物理性质。

① 确定承载能力——采用浸泡 96 h 后的加州承载比(CBR)以及路基反应系数(K)或弹性模量(Mr)估算路基土承载能力。

② 确定土壤压实度——判断土壤是否需要压实。设计者应该注意到,如果基础土壤具有比较低的 CBR 值(<4%),则土壤可能需要压实至 95%以上的密实度。

(3) 环境因素——估计路面路基出现饱和的频率,并预估其排空积水所需的时间。根据降雨量与降雨频以及下层土壤的渗透能力调整设计土壤强度或承载力特性。

(4) 面层、基层和储水层强度系数和设计厚度——确定满足交通负荷要求所需的路面结构厚度。

对于多孔沥青和渗透性连锁混凝土路面,可以根据以下参数确定路面结构数(SN):

① 土基强度和预期交通负荷。

② 路面结构各层的材料系数,以使得 SN 能够满足要求。

③ 透水混凝土路面可采用刚性路面设计方法进行设计,但需要对透水混凝土的抗弯强度进行折减。

6.5.2　结构分析方法概述

对于大多数透水铺装结构组合方案而言,其各个结构层材料大都使用无结合料碎石、沥青混合料等柔性材料,使其整体结构特性与柔性路面一致。目前,在研究柔性路面的设计方法时,较为理想的力学模型是弹性层状体系理论。我国现行《公路沥青路面设计规范》(JTG D50—2017)以及国外大多数路面设计方法均以弹性层状体系理论为基础。

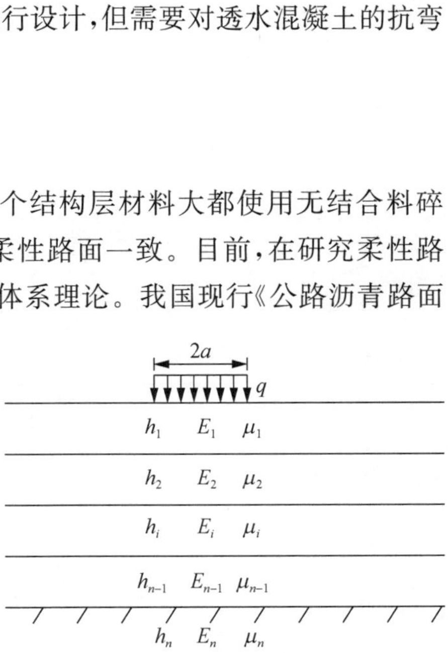

图 6-18　弹性层状体系理论基本图式[22]

如图 6-18 所示,弹性层状体系是一种复合弹性体,是在厚度方向上由两层或两层以上不同材料组成,并假设弹性层状体系有以下基本特征[21]:

(1) 从上到下的各层材料均假定是连续、均匀且各向同性的弹性材料,位移和变形是微小的且服从虎克定律。

(2) 各层平面视为无限大,在竖向有一定的厚度，但最下层为半无限体，或者为不变形的刚体。

（3）路面结构的最下层无限水平处和无限深处，位移和应力分量均为零。

（4）各结构层之间的连接条件可以是完全光滑的或者是完全连续的，也可能是二者之间的半接触状态，但脱空现象不会在层间出现。

（5）轴对称荷载作用于弹性层状体系最上层表面。

（6）体力忽略不计。

6.5.3 结构力学计算模型

1943 年，Burmister 提出了两层结构的理论解，之后经过多个研究者的努力形成了完整的多层路面结构理论。20 世纪 60 年代之后，随着计算机技术的发展，多层路面结构得到了广泛的应用，弹性多层结构轴对称模型成为目前各国普遍采用的沥青路面分析设计模型。

6.5.3.1 典型结构组合形式与材料参数

同济大学孙立军等根据竖向和水平荷载下的多层结构数值解，对典型的二层（面层＋土基）及三层（面层＋基层＋土基）结构的应力和位移进行了一般性的分析，为结构设计提供基础。本书在此基础上，选取典型四层式路面（面层＋基层＋底基层＋土基）结构作为计算模型。

透水性沥青路面结构层材料及材料设计参数见表 6-8，参与讨论的变量及其变化范围如表 6-9 所列。

表 6-8　　路面材料设计参数

材料参数/结构材料		回弹模量/MPa		泊松比 μ
		压应力计算用	拉应力计算用	
面层		1 200	1 500	0.25
		2 000	2 200	0.25
基层	沥青稳定碎石	750	950	0.25
	水泥稳定碎石	1 500	3 500	0.15
	级配碎石	300	300	0.35
底基层	级配碎石	150	150	0.35
		200	200	
		250	250	
土基		30	30	0.4
		40	40	
		50	50	

表 6-9　透水路面结构组合及参数选值范围

路面结构层位	材料	厚度/cm	模量/MPa	
			用于压应力计算	用于拉应力计算
面层	OGFC-13	3　5　7	1 200	1 500
			2 000	2 200
基层	级配碎石	20　30　40	300	300
	沥青稳定碎石		750	950
	水泥稳定碎石		1 500	3 500
底基层	级配碎石	15　20　25	150　200　250	
土基		—	30　40　50	

6.5.3.2　荷载参数与计算位置

通常在进行路面结构力学计算与分析时，以双轮组单轴垂直荷载 $P=100$ kN 为标准轴载，轮胎接地压力 $P=0.70$ MPa，荷载当量圆半径 $\delta=10.65$ cm，双圆中心间距 $d=3\delta$ 进行路面体系力学计算，相关的几何参数见表 6-10。

表 6-10　标准轴载计算参数

标准轴载	BZZ-100	标准轴载	BZZ-100
标准轴载 P/kN	100	单轮传压当量圆直径 d/cm	21.30
轮胎接地压强 p/MPa	0.70	两轮中心距/cm	1.5 d

考虑到透水沥青路面除了用于高等级公路外，更多的是用于城市中心区道路及住宅区、停车场等以轻荷载为主的路面。此外，根据资料显示[23]，对于高等级道路，载重 25 kN 以上的货运汽车 80%～90%都存在超限现象，实际轴载远高于规范中规定的汽车轮胎的标准气压。因此，在荷载模型中需补充轻轴载及重轴载情况下的计算参数，见表 6-11。另外，对于轻轴载路面的荷载作用方式改为单圆荷载进行计算。

表 6-11　低轴载及超重轴载计算参数

低轴载		超重轴载	
轴载 P/kN	12.5	轴载 P/kN	37.5
轮胎接地压强 p/MPa	0.46	轮胎接地压强 p/MPa	0.81
单轮传压当量圆直径 d/cm	9.3	单轮传压当量圆直径 d/cm	24.48
		两轮中心距/cm	36.42

为了分析在不同结构厚度组合、不同边界条件情况下，结构内部的应力、应变及路表计算弯沉的分布情况，计算点的位置选为两轮中心及轮下中心处，如图 6-19 所示。

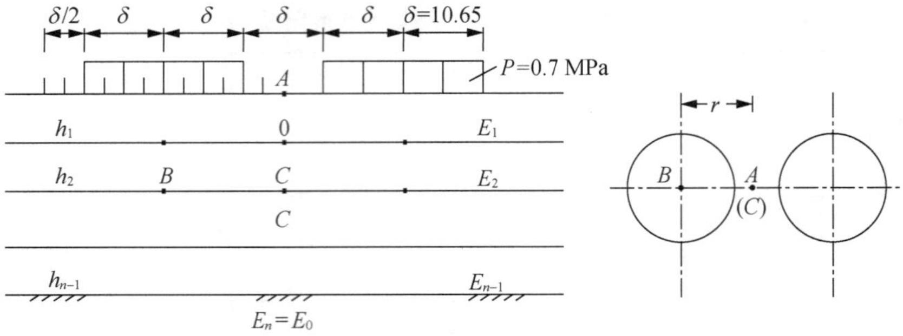

图 6-19　荷载圆图式及计算点位置

6.5.4　模型计算及结果分析

6.5.4.1　软件模拟过程

根据上节中设定的材料参数及荷载状况，使用 Bisar 软件分别计算在轻、中、重三种荷载条件下，不同材料参数变化时对路面结构力学响应产生的影响大小。本节计算采用简化后的控制变量法，即每组计算仅讨论某一结构层的材料参数变化，其他变量取各自变化范围的中值保持不变代入计算。图 6-20 是 Bisar 软件计算流程示例。

荷载编号	荷载大小/kN	半径/m	X 坐标/m	Y 坐标/m	水平荷载/kN	剪切方向/degr
1	25.000	0.106 5	−0.159 8	0.000 0	0.000	0.0
2	25.000	0.106 5	0.159 8	0.000 0	0.00	0.0

(a) 输入荷载

层号	厚度/m	弹性模量/MPa	泊松比
1	0.030	7.00E+02	0.25
2	0.150	8.00E+02	0.25
3	0.350	3.00E+02	0.35
4	0.100	2.00E+02	0.35
5		3.00E+01	0.40

(b) 输入参数

位置编号	X 坐标/m	Y 坐标/m	Z 坐标/m	层号
1	0.000 0	0.000 0	0.000 0	1
2	0.159 8	0.000 0	0.000 0	1
3	0.000 0	0.000 0	0.030 0	1
4	0.159 8	0.000 0	0.030 0	1
5	0.000 0	0.000 0	0.180 0	2
6	0.159 8	0.000 0	0.180 0	2
7	0.000 0	0.000 0	0.530 0	3
8	0.000 0	0.000 0	0.630 0	5

(c) 输入计算点

图 6-20　Bisar 软件计算流程

6.5.4.2　计算与分析结果

利用 Bisar 软件计算所得大量数据，对其进行分析后，可得各结构层参数与规范设计指标之间的变化关系。此外，对于几项重要的设计指标，即顶面弯沉、面层底面拉应力以及土基压应变等的计算结果进行直观分析（表 6-12—表 6-16），比较各因素的极差，确定各因素的相关程度。

表 6-12　顶面弯沉影响因素计算结果直观分析

荷载	水平数	面层刚度	面层厚度	基层刚度	基层厚度	底基层刚度	底基层厚度	土基模量
		2	3	3	3	3	3	3
轻荷载	k1	1.98E-04	2.02E-04	2.22E-04	2.16E-04	2.00E-04	2.01E-04	2.22E-04
	k2	1.84E-04	1.97E-04	1.91E-04	1.96E-04	1.95E-04	1.95E-04	1.95E-04
	k3	—	1.80E-04	1.75E-04	1.83E-04	1.95E-04	1.94E-04	1.81E-04
	极差	1.41E-05	2.17E-05	4.70E-05	3.29E-05	5.91E-06	7.41E-06	4.05E-05
	排序	5	4	1	3	7	6	2
标准荷载	k1	5.46E-04	5.54E-04	6.31E-04	6.15E-04	5.55E-04	5.58E-04	6.41E-04
	k2	5.26E-04	5.45E-04	5.31E-04	5.42E-04	5.43E-04	5.43E-04	5.41E-04
	k3	—	5.15E-04	4.74E-04	4.89E-04	5.33E-04	5.29E-04	4.81E-04
	极差	1.96E-05	3.87E-05	1.57E-04	1.26E-04	2.28E-05	2.90E-05	1.61E-04
	排序	7	4	2	3	6	5	1
重荷载	k1	7.92E-04	8.04E-04	9.10E-04	8.94E-04	8.06E-04	8.10E-04	9.32E-04
	k2	7.64E-04	7.91E-04	7.64E-04	7.86E-04	7.86E-04	7.88E-04	7.85E-04
	k3	—	7.48E-04	6.89E-04	7.08E-04	7.72E-04	7.67E-04	6.91E-04
	极差	2.83E-05	5.60E-05	2.21E-04	1.86E-04	3.34E-05	4.30E-05	2.41E-04
	排序	7	4	2	3	6	5	1

表 6-13　面层底面拉应力影响因素计算结果直观分析

荷载	水平数	面层刚度	面层厚度	基层刚度	基层厚度	底基层刚度	底基层厚度	土基模量
		2	3	3	3	3	3	3
轻荷载	k1	2.04E+04	2.17E+04	9.81E+04	2.29E+04	2.01E+04	2.00E+04	1.94E+04
	k2	4.51E+04	2.13E+04	9.32E+03	2.43E+04	2.56E+04	2.56E+04	2.44E+04
	k3	—	4.87E+04	−3.56E+04	1.89E+04	1.93E+04	1.95E+04	1.99E+04
	极差	2.47E+04	2.74E+04	1.34E+05	5.36E+03	6.30E+03	6.13E+03	5.00E+03
	排序	3	2	1	6	4	5	7

(续表)

荷载	水平数	面层刚度	面层厚度	基层刚度	基层厚度	底基层刚度	底基层厚度	土基模量
		2	3	3	3	3	3	3
标准荷载	k1	3.92E+04	6.27E+04	2.02E+05	5.27E+04	1.93E+04	4.27E+04	4.06E+04
	k2	5.95E+04	3.82E+04	1.08E+04	4.18E+04	4.70E+04	4.22E+04	4.22E+04
	k3	—	5.54E+04	−7.75E+04	3.88E+04	4.04E+04	4.10E+04	4.24E+04
	极差	2.02E+04	2.45E+04	2.80E+05	1.38E+04	2.77E+04	1.75E+03	1.82E+03
	排序	4	3	1	5	2	7	6
重荷载	k1	5.98E+04	3.54E+04	2.55E+05	7.99E+04	6.62E+04	3.42E+04	6.30E+04
	k2	3.95E+04	5.88E+04	−2.96E+03	5.56E+04	6.04E+04	6.03E+04	5.62E+04
	k3	—	6.21E+04	−8.11E+04	5.70E+04	1.48E+04	6.23E+04	6.38E+04
	极差	2.03E+04	2.68E+04	3.36E+05	2.42E+04	5.14E+04	2.81E+04	7.63E+03
	排序	6	4	1	5	2	3	7

表 6-14　　　　土基压应变影响因素计算结果直观分析

荷载	水平数	面层刚度	面层厚度	基层刚度	基层厚度	底基层刚度	底基层厚度	土基模量
		2	3	3	3	3	3	3
轻荷载	k1	3.63E−05	3.84E−05	4.48E−05	5.05E−05	3.81E−05	4.09E−05	4.08E−05
	k2	3.10E−05	3.69E−05	3.29E−05	3.52E−05	3.50E−05	3.50E−05	3.54E−05
	k3	—	2.14E−05	2.89E−05	2.80E−05	3.56E−05	3.31E−05	3.36E−05
	极差	5.27E−06	1.70E−05	1.59E−05	2.25E−05	3.13E−06	7.81E−06	7.20E−06
	排序	6	2	3	1	7	4	5
标准荷载	k1	1.41E−04	1.47E−04	1.73E−04	1.88E−04	1.44E−04	1.54E−04	1.55E−04
	k2	1.33E−04	1.40E−04	1.37E−04	1.39E−04	1.40E−04	1.39E−04	1.39E−04
	k3	—	1.27E−04	1.10E−04	1.07E−04	1.35E−04	1.26E−04	1.27E−04
	极差	7.65E−06	2.02E−05	6.32E−05	8.10E−05	9.70E−06	2.74E−05	2.75E−05
	排序	7	5	2	1	6	4	3
重荷载	k1	2.07E−04	2.16E−04	2.53E−04	2.75E−04	2.12E−04	2.25E−04	2.28E−04
	k2	1.96E−04	2.06E−04	2.00E−04	2.04E−04	2.05E−04	2.05E−04	2.05E−04
	k3	—	1.86E−04	1.62E−04	1.58E−04	1.98E−04	1.86E−04	1.87E−04
	极差	1.11E−05	2.93E−05	9.15E−05	1.17E−04	1.39E−05	3.92E−05	4.12E−05
	排序	7	5	2	1	6	4	3

表 6-15　　　　沥青基层拉应变影响因素计算结果直观分析

荷载	水平数	面层刚度	面层厚度	基层厚度	底基层刚度	底基层厚度	土基模量
		2	3	3	3	3	3
轻荷载	k1	1.48E-05	1.54E-05	2.21E-05	1.51E-05	1.53E-05	1.54E-05
	k2	1.46E-05	1.47E-05	1.47E-05	1.48E-05	1.48E-05	1.47E-05
	k3	—	1.40E-05	1.05E-05	1.44E-05	1.43E-05	1.43E-05
	极差	1.63E-07	1.35E-06	1.15E-05	6.77E-07	9.87E-07	1.08E-06
	排序	6	2	1	5	4	3
标准荷载	k1	5.42E-05	5.62E-05	7.78E-05	5.56E-05	5.60E-05	5.65E-05
	k2	5.38E-05	5.43E-05	5.41E-05	5.41E-05	5.42E-05	5.41E-05
	k3	—	5.16E-05	3.96E-05	5.29E-05	5.24E-05	5.22E-05
	极差	4.23E-07	4.59E-06	3.82E-05	2.64E-06	3.64E-06	4.30E-06
	排序	6	2	1	5	4	3
重荷载	k1	7.90E-05	8.17E-05	1.12E-04	8.09E-05	8.16E-05	8.24E-05
	k2	7.81E-05	7.87E-05	7.87E-05	7.88E-05	7.88E-05	7.87E-05
	k3	—	7.52E-05	5.81E-05	7.70E-05	7.63E-05	7.60E-05
	极差	8.40E-07	6.51E-06	5.38E-05	3.92E-06	5.30E-06	6.42E-06
	排序	6	2	1	5	4	3

表 6-16　　　　水泥处置基层拉应力影响因素计算结果直观分析

荷载	水平数	面层刚度	面层厚度	基层厚度	底基层刚度	底基层厚度	土基模量
		2	3	3	3	3	3
轻荷载	k1	7.41E+04	7.85E+04	1.13E+05	7.70E+04	7.62E+04	7.72E+04
	k2	7.18E+04	7.27E+04	7.39E+04	7.40E+04	7.40E+04	7.39E+04
	k3	—	6.76E+04	5.17E+04	7.12E+04	7.20E+04	7.13E+04
	极差	2.24E+03	1.09E+04	6.14E+04	5.74E+03	4.19E+03	5.87E+03
	排序	6	2	1	4	5	3
标准荷载	k1	2.62E+05	2.76E+05	3.77E+05	2.72E+05	2.70E+05	2.75E+05
	k2	2.54E+05	2.58E+05	2.61E+05	2.62E+05	2.62E+05	2.61E+05
	k3	—	2.41E+05	1.89E+05	2.52E+05	2.54E+05	2.51E+05
	极差	7.60E+03	3.41E+04	1.88E+05	2.04E+04	1.60E+04	2.32E+04
	排序	6	2	1	4	5	3

（续表）

荷载	水平数	面层刚度	面层厚度	基层厚度	底基层刚度	底基层厚度	土基模量
		2	3	3	3	3	3
重荷载	k1	3.78E+05	3.97E+05	5.35E+05	3.93E+05	3.90E+05	3.97E+05
	k2	3.67E+05	3.72E+05	3.77E+05	3.78E+05	3.78E+05	3.77E+05
	k3	—	3.49E+05	2.76E+05	3.64E+05	3.66E+05	3.62E+05
	极差	1.09E+04	4.75E+04	2.59E+05	2.95E+04	2.36E+04	3.46E+04
	排序	6	2	1	4	5	3

6.5.5 小结

从表 6-17 可知，基层刚度在顶面弯沉、面层底面拉应力、土基压应变等路面结构层的力学响应方面表现出显著的相关性。诸多经验表明，提高基层刚度，确实可以有效地减小顶面弯沉与应力应变等设计指标。但值得注意的是，随着基层刚度的提高，基层底面的最大拉应力会迅速上升，极有可能出现裂缝并形成影响上面层的反射裂缝，从而破坏路面结构。

表 6-17　　路面设计参数与设计指标间影响性大小

设计参数	路表弯沉	面层层底最大拉应力	沥青层底最大拉应变	半刚性层底最大拉应力	土基压应变
面层厚度	↓	↓↓	↓↓	↓↓	↓
基层刚度	↓↓	↓↓↓	NA	NA	↓↓↓
基层厚度	↓↓	↓	↓↓↓	↓↓↓	↓
底基层刚度	NA	↓↓	↓	↓	NA
底基层厚度	↓	↓	↓	↓	↓↓
土基模量	↓↓↓	NA	↓↓	↓↓	↓↓
路面荷载	↑↑↑	↑↑	↑↑	↑↑	↑↑↑

注：1. 试验结果适用于含有超薄磨耗层的透水沥青混凝土路面；
2. 符号↑表示正相关性程度，↓表示负相关性程度；
3. NA 表示不适用。

另外，基层厚度与基层底面拉应变或拉应力具有极高的相关性，这表明其在控制路面裂缝、提高路面耐久性方面有较好的效果。当基层厚度增大时，能有效地减小基层底面最大应力或应变值，有利于路面结构整体性能的提升。

土基模量在控制路面变形方面也表现出较高的相关性。在软土或其他土基条件较差的地区，采用砂土或者粉砂进行适当的换填，不仅可以大幅提升路面的力学表现，对于透水沥青路面而言，则更有助于路基排水，减少雨水淤积。

此外，底基层的选择也会对路面力学响应表现产生一定影响，在成本范围内，适当提高底基层刚度或厚度也较为有利。而面层仅在路面荷载较轻时与路面力学响应相关性较好，这在一定程度上也符合上文中所提到的，即轻荷载路面面层承担大多数荷载的结论。另外，面层厚度也在一定程度上具有控制基层底面拉应力和拉应变的作用。

值得注意的是，沥青基层拉应变及水泥基层拉应力指标在不同荷载情况下与各结构层参数的相关性均相同。

参考上述结论，下节会设计正交实验方案，权衡考虑各结构层性能的选择，并对透水沥青路面结构组合进行优化设计。

6.6 重载透水路面结构设计优化方法算例

6.6.1 方案设计

在上文进行的影响因素相关性分析的基础上，本节从实际应用的角度出发，以路表计算弯沉、结构层层底拉应力或拉应变以及土基顶面压应变作为结构设计控制标准，通过综合评价获得最佳的组合结构。透水沥青路面结构仍然采用四层式路面结构，材料参数按表 6-18 选取。

表 6-18　　试验材料参数及选值范围

<table>
<tr><th rowspan="2">路面结构层位</th><th rowspan="2">材料</th><th colspan="5" rowspan="2">厚度/cm</th><th colspan="2">模量/MPa</th><th rowspan="2">劈裂强度</th></tr>
<tr><th>20 ℃</th><th>15 ℃</th></tr>
<tr><td>上面层</td><td>OGFC-5</td><td>1.5</td><td>1.75</td><td>2</td><td>2.25</td><td>2.5</td><td>1 500</td><td>1 600</td><td>0.85</td></tr>
<tr><td>下面层</td><td>OGFC-13</td><td>3</td><td>4</td><td>5</td><td>6</td><td>7</td><td>1200</td><td>1 500</td><td>0.75</td></tr>
<tr><td rowspan="4">基层</td><td rowspan="2">沥青稳定碎石</td><td rowspan="7">10+40</td><td rowspan="7">15+35</td><td rowspan="7">20+30</td><td rowspan="7">25+25</td><td rowspan="7">30+20</td><td>800</td><td>1 000</td><td rowspan="2">0.6</td></tr>
<tr><td>1 200</td><td>1 350</td></tr>
<tr><td rowspan="2">水泥稳定碎石</td><td>1 300</td><td>3 500</td><td rowspan="2">0.55</td></tr>
<tr><td>1 700</td><td>4 200</td></tr>
<tr><td rowspan="2">复合基层</td><td>沥青&水泥</td><td>1 200</td><td>1 350</td><td>0.6</td></tr>
<tr><td>稳定碎石</td><td>1 300</td><td>3 500</td><td>0.55</td></tr>
<tr><td>底基层</td><td>级配碎石</td><td colspan="2">150　200　250　300　350</td><td></td></tr>
<tr><td>垫层</td><td>粗粒土</td><td colspan="5">10</td><td colspan="2">200</td><td></td></tr>
<tr><td>土基</td><td>换填土</td><td colspan="5">—</td><td colspan="2">30　40　50　60　70</td><td></td></tr>
</table>

本节采用正交试验设计法进行设计，采用 6 因素 5 水平的 $L2^5(5^6)$实验方案正交设计表安排结构组合。面层部分借鉴双层路面，按上、下面层展开讨论；荷载条件使用标准荷载。根据之前分析的结果，基层模量具有较高的相关性，所以在参数选取上仅考虑了模量较大的沥青基层、水泥基层及复合基层；在基层与底基层厚度的讨论当中主要分析总厚度一致的条件下，二者厚度变化的关系。因此，6 个因素分别为：上面层厚度(A)、下面层厚

度(B)、基层模量(C)、基层+底基层厚度(D)、底基层模量(E)、土基模量(F)。各因素所对应的水平见表 6-19。

表 6-19　　　L2^{5} (5^{6})因素水平

水　平	因　　素					
	上面层厚度/cm	下面层厚度/cm	基层模量/MPa	基层+底基层厚度/cm	底基层模量/MPa	土基模量/MPa
1	1.5	3	800	10+40	150	30
2	1.75	4	1 200	15+35	200	40
3	2	5	1 200+1 300	20+30	250	50
4	2.25	6	1 300	25+25	300	60
5	2.5	7	1 700	30+20	350	70

6.6.2　透水路面结构荷载应力计算

为了分析不同路面结构组合条件下的荷载应力，根据表 6-20 中给出的正交试验组合方案，采用 Bisar 程序对于每种结构组合方案的荷载应力分别计算路表轮隙中心处的理论弯沉 (l_e)、面层层底最大拉应力 (σ_m)、土基顶面压应变 (δ_m) 以及柔性基层底面拉应变和半刚性基层底面拉应力等，计算结果见表 6-20。

表 6-20　　　规范设计指标计算值

列号	路表轮隙中心处弯沉		上面层	下面层	基层	土基压应变
	l_e	l_s	σ_{ms}	σ_{mx}	σ_{md}	δ_m
1	96.61	69.69	−0.006 6	−0.064 3	0.026 3	2.66E-04
2	66.80	45.46	−0.003 7	−0.077 4	0.030 2	1.92E-04
3	51.22	33.74	−0.004 4	−0.106 7	0.490 1	1.49E-04
4	41.51	26.74	−0.001 1	−0.104 9	0.349 5	1.20E-04
5	33.31	20.51	−0.001 9	−0.125 2	0.300 0	9.36E-05
6	42.67	30.56	−0.007 5	−0.068 1	0.036 4	1.33E-04
7	63.24	35.23	−0.008 1	−0.097 3	0.397 2	1.66E-04
8	54.34	32.61	−0.002 1	−0.092 4	0.371 5	1.37E-04
9	59.73	43.21	−0. 000 8	−0.081 2	0.825 4	1.69E-04
10	49.93	36.00	−0.007 7	−0.044 2	0.029 9	1.42E-04
11	43.19	28.50	−0.011 2	−0.079 6	0.390 3	1.25E-04

(续表)

列号	路表轮隙中心处弯沉		上面层	下面层	基层	土基压应变
	l_e	l_s	σ_{ms}	σ_{mx}	σ_{md}	δ_m
12	50.27	39.79	0.000 0	−0.058 5	0.692 1	1.50E-04
13	67.37	39.00	−0.001 8	−0.080 0	0.595 9	1.80E-04
14	56.45	34.67	−0.011 5	−0.086 7	0.054 5	1.56E-04
15	49.84	32.29	−0.009 5	−0.103 4	0.011 3	1.28E-04
16	51.45	33.99	−0.001 7	−0.050 4	0.498 0	1.55E-04
17	48.88	34.78	−0.003 0	−0.070 2	0.598 4	1.31E-04
18	44.40	32.58	−0.017 3	−0.100 1	0.017 1	1.21E-04
19	60.97	33.21	−0.014 5	−0.120 1	0.035 5	1.50E-04
20	59.22	37.45	−0.011 8	−0.099 8	0.552 1	1.64E-04
21	53.48	31.78	−0.003 8	−0.057 6	0.456 9	1.46E-04
22	49.14	31.56	−0.023 1	−0.123 2	0.040 1	1.43E-04
23	47.57	33.30	−0.016 2	−0.092 9	0.236 5	1.41E-04
24	49.61	38.96	−0.015 6	−0.125 6	−0.648 0	1.30E-04
25	67.00	38.66	−0.012 8	−0.130 5	0.476 2	1.67E-04

由于理论计算弯沉值与实际弯沉值存在差异，所以表 6-20 中路表计算弯沉值 l_s 是采用路表计算弯沉综合修正系数 F 对相应的理论弯沉值 l_e 进行修正后得出的，计算方法如式(6-15)，其中修正系数 F 计算公式如下：

$$F=1.63\left(\frac{l_s}{2\,000\delta}\right)^{0.38}\cdot\left(\frac{E_0}{p}\right)^{0.36} \tag{6-15}$$

式中　F ——路表计算弯沉综合修正系数；

E_0——土基模量，MPa；

p ——标准荷载接地压强，MPa；

δ ——半径，cm；

l_s ——路表计算弯沉。

6.6.3　荷载应力计算结果评价

按照《公路沥青路面施工技术规范》(TJG F40—2004)中相关指标计算公式计算各结构层容许值，交通等级取重交通 $N_e=1.5\times10^7$，并结合各层拉应力容许值、土基容许压应变及 N_e 求出土基顶面最大的容许压应变，结果见表 6-21。

表 6-21　　　　规范容许值

各结构层力学指标		容许值
顶面弯沉(0.01 mm)	柔性基层	30.679
	半刚性基层	19.175
OGFC-5 拉应力/MPa		0.214
OGFC-13 拉应力/MPa		0.189
开级配沥青稳定碎石拉应变 ε		2.711×10^{-5}
多孔水泥稳定碎石拉应力/MPa		0.236
土基顶面最大的容许压应变 δ_m		3.027×10^{-4}

引入失稳系数 k 来更直观地判断路面结构计算弯沉、结构层层底压应力以及土基顶面的压应变是否已经超过其容许值，并且不影响其变化趋势。k 的具体定义如下：

对于路表弯沉：

$$k = l_s / l_d \tag{6-16}$$

式中　l_s ——路表计算弯沉(0.01 mm)；

l_d ——路表设计弯沉(0.01 mm)。

对于结构层材料：

$$k = \sigma_m / \sigma_R \tag{6-17}$$

式中　σ_m ——结构层层底最大的拉应力，MPa；

σ_R ——结构层材料的容许拉应力，MPa。

对于土基：

$$k = \varepsilon_m / [\varepsilon] \tag{6-18}$$

式中　ε_m ——土基顶面产生的最大压应变；

$[\varepsilon]$ ——土基顶面的容许压应变。

各设计指标的失稳系数 k 的值，见表 6-22。

表 6-22　　　　各指标的失稳系数 k

列号	l_s	σ_{ms}	σ_{mx}	σ_{md}	ε
1	1.978	−0.027	−0.292	0.103	0.739
2	1.290	−0.015	−0.352	0.118	0.533
3	1.178	−0.018	−0.485	1.922	0.414
4	1.214	−0.004	−0.477	1.371	0.333
5	0.931	−0.008	−0.569	1.176	0.260

（续表）

列号	l_s	σ_{ms}	σ_{mx}	σ_{md}	ε
6	0.867	−0.030	−0.310	0.143	0.370
7	1.230	−0.033	−0.442	1.558	0.461
8	1.481	−0.008	−0.420	1.457	0.381
9	1.962	−0.003	−0.369	3.237	0.470
10	1.022	−0.031	−0.201	0.117	0.395
11	0.995	−0.045	−0.362	1.531	0.347
12	1.807	0.000	−0.266	2.714	0.417
13	1.771	−0.007	−0.364	2.337	0.500
14	0.984	−0.046	−0.394	0.214	0.433
15	0.916	−0.038	−0.470	0.044	0.356
16	1.543	−0.007	−0.229	1.953	0.431
17	1.579	−0.012	−0.319	2.347	0.364
18	0.924	−0.069	−0.455	0.067	0.336
19	1.508	−0.058	−0.546	0.139	0.417
20	1.308	−0.047	−0.454	2.165	0.456
21	1.443	−0.015	−0.262	1.792	0.406
22	0.896	−0.093	−0.560	0.157	0.397
23	0.945	−0.065	−0.422	0.927	0.392
24	1.361	−0.063	−0.571	−2.541	0.361
25	1.755	−0.051	−0.593	1.867	0.464

在表 6-22 的计算结果中，当 $k>1$ 时，说明该指标已经超过其容许值，则判定不满足此标准；当 $k\leqslant 1$ 时，说明该指标小于或等于其容许值，满足设计要求，所以称 k 为失稳系数。k 越小说明对应指标越安全。

6.6.4　透水沥青路面结构组合评价

对数据的分析采用“综合评分法”。综合评分法是一种将多指标按照一定的规则转换为单指标的方法，并且规定当各指标的 k 值不大于 1 时，得分为 1，否则得分为 0。另外，顶面弯沉与土基压应变是控制路面变形的有效指标，分别对其赋以权重 1.2 和 1.1；根据上节中的讨论，基层刚度对于路面结构而言非常重要，而拉应力引起的裂缝会降低其模量，故对于基层刚度指标也赋以权重 1.2。各指标加权后的得分及各水平的综合得分见表 6-23 和表 6-24。

表 6-23　　各指标得分

列号	l_s	σ_{ms}	σ_{mx}	σ_{md}	ε	综合得分
1	0	1	1	1.2	1.1	4.3
2	0	1	1	1.2	1.1	4.3
3	0	1	1	0	1.1	3.1
4	0	1	1	0	1.1	3.1
5	1.2	1	1	0	1.1	4.3
6	1.2	1	1	1.2	1.1	5.5
7	0	1	1	0	1.1	3.1
8	0	1	1	0	1.1	3.1
9	0	1	1	0	1.1	3.1
10	0	1	1	1.2	1.1	4.3
11	1.2	1	1	0	1.1	4.3
12	0	1	1	0	1.1	3.1
13	0	1	1	0	1.1	3.1
14	1.2	1	1	1.2	1.1	5.5
15	1.2	1	1	1.2	1.1	5.5
16	0	1	1	0	1.1	3.1
17	0	1	1	0	1.1	3.1
18	1.2	1	1	1.2	1.1	5.5
19	0	1	1	1.2	1.1	4.3
20	0	1	1	0	1.1	3.1
21	0	1	1	0	1.1	3.1
22	1.2	1	1	1.2	1.1	5.5
23	1.2	1	1	1.2	1.1	5.5
24	0	1	1	1.2	1.1	4.3
25	0	1	1	0	1.1	3.1

表 6-24　　综合评分法直观分析

列号	影响因素					
	A	B	C	D	E	F
水平一	19.1	20.3	25.1	19.1	20.3	17.9
水平二	19.1	19.1	25.1	19.1	20.3	19.1
水平三	21.5	20.3	17.9	20.3	17.9	20.3

（续表）

列号	影响因素					
	A	B	C	D	E	F
水平四	19.1	20.3	15.5	20.3	20.3	20.3
水平五	21.5	20.3	16.7	21.5	21.5	22.7

分析表 6-24 的计算结果可以得出：

(1) 对于因素 A(上面层厚度)，采用综合评分法计算得分最高的是水平三和水平五，即透水层路面厚度为 2 cm 或 2.5 cm 时，在荷载综合应力作用下路面结构发生破坏的可能性最小。2 cm 厚的结构层不便于施工，且排水能力有限，但造价较低；2.5 cm 厚的结构层性能较优，但成本较高。综合考虑结构层受力特性、施工条件和排水功能，可根据具体要求选择透水层厚度。

(2) 对于因素 B(下面层厚度)，除水平二外，其余各水平的得分均相同，即在行车荷载作用下路面结构层发生破坏的可能性相对较小。另外，可进行额外的方差分析，从而选择出路面弯沉指标较为稳定的某一水平。经计算，水平三的方差最小，水平四和水平五的方差较为接近，水平一的方差则远超过前三者。下面层的主要功能是抗车辙和防止基层反射裂缝，相关研究表明，下面层厚度增大将有利于抵抗基层反射裂缝。因此，对于面层为两层的 OGFC 透水性沥青路面，建议下面层最小厚度为 5 cm。

(3) 对于因素 C(基层模量)，得分最高的是水平一和水平二，表明在本节假设的路面模型中，建议采用沥青柔性基层，这可能是因为路面结构承载力较高，基本均能满足路面变形要求，而柔性基层在控制应力、应变方面效果更为突出。

(4) 对于因素 D(基层+底基层厚度)，得分最高的是水平五，即当基层与底基层总厚度一定时，增加基层厚度对路面结构的综合受力状态是较为有利的。计算结果同时表明，基层厚度越大，其综合评分越高，说明基层厚度对于路面结构的应力扩散作用的影响较大，但考虑本模型整体承载力偏高，故按水平三建议透水路面基层厚度为 20 cm 以上。

(5) 对于因素 E(底基层模量)，得分最高的是水平五，即选择底基层模量为 350 MPa，此时在荷载综合应力作用下，路面结构发生破坏的可能性最小。

(6) 对于因素 F(土基模量)，得分最高的是水平五，且随着土基模量增大，其综合评分越高，参考上节中分析得出的土基模量与路面弯沉指标相关性高的结论，建议路面可优先选择提升土基模量，本书建议最小土基模量为 50 MPa。

参考文献

[1] BETHANY E, KELLY C L, DAVID R S. Permeable Pavements[M]. VA. Reston: American Society of Civil Engineers, 2015.

[2] 中华人民共和国住房和城乡建设部.透水沥青路面技术规程：CJJ/T 190—2012.[S].北京：人民建筑

工业出版社，2012.
[3] ICPI. Interlocking Concrete Pavement Institute[S].ICPI Teh Spec 1-Glossary of Terms Used in the Production, Design, Construction, and Testing of Interlocking Concrete Pavement, Herndon, Virginia, 2006.
[4] 余丽.城市道路透水性沥青路面结构研究[D].长沙：湖南大学，2013.
[5] 徐斌.多空隙沥青混凝土面层排水设计中的降雨输入[J].公路，2005(1)：68-70.
[6] 殷水清，王杨，谢云，等.中国降雨过程时程分型特征[J].水科学进展，2014，25(5)：617-624.
[7] 岑国平，沈晋，范荣生.城市设计暴雨雨型研究[J].水科学进展，1998，9(1)：41-46.
[8] 侯精明，郭凯华，王志力.设计暴雨雨型对城市内涝影响数值模拟[J].水科学进展，2017，28(6)：820-828.
[9] 宁静.上海市短历时暴雨强度公式与设计雨型研究[D].上海：同济大学，2006.
[10] GIUSEPPE B, JIRÍ Š, PATRIZIA P. A comprehensive numerical analysis of the hydraulic behavior of a permeable pavement[J]. Journal of Hydrology, 2016, 540: 1146-1161.
[11] 关彦斌.大孔隙沥青路面的透水机理及结构设计研究[D].北京，北京交通大学，2008.
[12] 宁英成.非饱和土土水特性曲线与渗透系数试验研究[D].大连：大连理工大学，2014.
[13] AHMED F, NIEBER J L, GULLIVER J S, et al. A Modified Philip-Dunne Infiltrometer for Measuring the Field-Saturated Hydraulic Conductivity of Surface Soil[J]. Vadose Zone Journal, 2014, 13(10)：1-14.
[14] 蒋玮，沙爱民，肖晶晶，等.透水沥青路面的储水—渗透模型与效能[J].同济大学学报(自然科学版)，2013，(1)：72-77.
[15] 诸永宁.排水性沥青路面排水性能研究与排水设施的设计[D].南京：东南大学，2004.
[16] CHAI L, KAYHANIAN M, GIVENS B, et al. Hydraulic performance of fully permeable highway shoulder for storm water runoff management[J]. Journal of Environmental Engineering, 2012, 138(7): 711-722.
[17] 许萍，何俊超，任心欣，等.基于SWMM模型的城市道路LID设施设计参数优化研究[J].水电能源科学，2016，34(2)：21-25.
[18] ZHANG H J, LI H, ZHANG Y, et al. Performance enhancement of porous asphalt pavement using red mud as alternative filler[J]. Construction and Building Materials, 2018, 160：707-713.
[19] JONES D, HARVEY J, LI H, et al. Laboratory Testing and Modeling for Structural Performance of Fully Permeable Pavements: Final Report[R]. University of California Pavement Research Center(UCPRC), 2010.
[20] 中华人民共和国交通部.公路土工试验规程：JTG E40—2007[S].北京：人民交通出版社，2007.
[21] 黄仰贤.路面分析与设计[M].北京：人民交通出版社，1998.
[22] 同卫刚.生态型透水沥青路面结构设计与性能研究[D].西安：长安大学，2015.
[23] 李嘉，丁连棣.汽车超载严重危害道路运输[J].中南公路工程，2000，25(4)：84-85.

第 7 章　透水铺装施工工艺及养护技术

7.1　路基施工

透水铺装的路基是结构的最下层，是整个路面结构是否稳定的基础，其质量的优劣对于透水铺装结构的使用寿命至关重要，尤其是对于水直接进入路基的全透水铺装路面而言，对路基的要求更高。在实际施工中，路基工程涉及的范围广、应用因素多，特别是对于路基岩土内部的结构复杂性，在初期勘察和设计阶段难以全部考虑到，须在实际施工过程中进一步完善[1, 2, 5-8]。

7.1.1　施工方法

根据透水铺装路面的特点及其在现阶段的使用场合，路基的施工方法可分为以下三类：

(1) 人力施工。该方法是最传统的施工方法，工人使用手工工具进行操作，整个施工过程存在劳动强度大、功效低、进度慢、工程质量难以保证等问题，但对于某些施工场地小或者受其他条件限制时，人工施工方法不得不成为唯一可选择的方法，并且在一定时间内该种方法还将必然存在。

(2) 简易机械化施工。该施工方式是以人力为主，辅以施工机械或简易机械化的施工方法。与人工施工方法相比，它具有减轻劳动强度、加快施工进度、保证施工质量的作用。

(3) 机械化施工或综合机械化施工。该方法是使用配套机械，主机辅以辅助机械，互相协调，共同形成主要工序的综合化作业的方法。它可大幅度减轻劳动强度，显著加快施工进度，提高工程质量和劳动效率，保证施工安全，但需要投入的成本较高。

透水铺装根据水在其中流通的方式又可分为排水路面、半透水路面、全透水路面三种。对于排水路面和半透水路面，水在面层或基层中直接排出路面结构并不会进入路基中；对于全透水路面，水将直接进入到路基之中。所以，透水铺装的路基可分为普通路基和自然下渗路基。自然下渗路基不仅要求路基具有普通路基的承载能力，还要求其具有良好的渗透能力，能快速排除路面内的水。一般要求，路基的透水系数不得小于 10^{-4} cm/s，并且要求存储在基层中的水能在 72 h 内完全入渗。砂性土由于其含有一定数量的粗颗粒和细颗粒，级配良好，在强度、透水性、稳定性等方面都能满足要求，常作为自然下渗路基的路基材料。粉性土、黏土和重黏土不适合做自然下渗路基的土基，应进行开挖换填，换填厚度和面积需根据实际要求确定。

加州大学铺面研究中心的研究成果显示：当土基压实度超过94%时，土基的渗透速度急剧下降，不能满足渗透的要求，故要求自然下渗路基的压实度不宜超过94%；而当土基的压实度低于90%时，土基强度不足，无法承受较大荷载并且在雨水进入后容易产生土基失稳，故要求土基的压实度不得低于90%。综上，推荐自然下渗路基的压实度在90%～94%之间，一般以93%为宜[1]。对于透水铺装的普通路基，按照常规路面的处治方式处理即可。

7.1.2 施工内容

透水铺装路基的施工主要包括以下四部分内容。

1. 施工前的准备工作

施工前的准备工作是保证整个项目顺利进行的基本前提。透水路面的路基由于具有特殊使用功能，设计人员应在施工前对施工人员进行技术交底，以确保整个施工质量能达到要求。施工前的准备工作主要包括组织准备、物资准备、技术准备和现场准备四个方面。

2. 修建小型构造物

小型构造物主要包括小桥、涵洞、盲沟和预埋导流管等。这些工程需要与路基施工同时进行，并要求构造物的完工时间要早于路基土石方施工前，以免路基施工受到干扰，且尽量避免路基修筑完成以后再进行涵洞、盲沟的修建。

3. 路基土石方工程

路基土石方工程包括路堑开挖、路基压实、路基表面整平、边坡整修、修建排水设施以及防护加固设施等。

4. 路基的竣工与验收

透水铺装路面的路基竣工验收应按相关竣工验收规范的规定执行，并且对于自然下渗路基应进行渗透性检验。检查和验收的项目主要有：路基及其相关工程的位置、标高、断面尺寸、压实度或填筑质量、渗透系数、相关的原始记录、图及其他资料，均应满足规定的要求。

7.2 基层施工

根据透水路面的不同使用需求，透水路面结构可分为蓄水结构和自然下渗结构两类。蓄水结构采用不透水基层或在路基顶部设置不透水封层；自然下渗结构采用透水基层。不透水基层一般使用密级配混凝土，施工时按照设计要求对混凝土面层进行找坡，通过横坡或者纵坡将面层渗入的水收集到指定位置进行资源化再利用。透水基层一般使用级配碎石、级配碎（砾）石或大孔隙水泥混凝土基层或其他透水性能良好且能够承受一定荷载的材料。

7.2.1　不透水基层施工

在需要雨水收集或地下构筑物有防水要求时，可利用密级配混凝土基层进行排水，并且需要根据设计要求来确定混凝土基层的厚度，以及对横坡和纵坡进行处理，以达到规定的坡度要求，对于有特殊要求的区域可设置排水槽。

7.2.2　级配碎(砾)石基层施工

级配碎(砾)石基层的施工一般按现场拌和法进行。

1. 准备工作

准备路基层，要求路基的表面应平整、坚实，不得有任何松散和软弱处，且强度、渗透性应满足设计要求，平整度和压实度应符合规范要求，标高应符合设计要求。

2. 反滤土工布设置

为了保护土基并避免集料进入到土基中，同时提高土基及整个路面在饱水状态下的路面结构稳定性，故在自然渗透路基上方设置反滤土工布层，反滤土工布可采用 300～400 g/m^2 规格的聚酯长丝针刺无纺布，宽度可与路幅宽度相同，当路幅较宽土工布宽度无法满足要求时可采用搭接的方式，搭接宽度不得低于 50 cm，搭接处应固定，避免因为后期施工过大移动。

3. 计算材料用量和备料

根据工程量，计算各段面层、路基的宽度和厚度以及集料的干密度、堆积密度等，计算各段需要的干集料数量，准备好原材料。

4. 摊铺集料

根据基层集料的组成确定集料的摊铺方式。当整个基层采用同一种集料时，可直接根据计算得到集料所需用量，再将集料直接摊铺在路基上。当采用两种规格的集料时，应分别计算两种集料所需的数量，先将主要集料运到路上，待主要集料摊铺后，再将另一种集料运到路上进行摊铺。如果粗细两种集料的粒径相差较大时，先对粗集料进行洒水处理，使其处于潮湿状态，再进行细集料的摊铺。人工摊铺时，级配碎石的松铺系数为 1.4～1.5；平地机摊铺时，级配碎石的松铺系数为 1.2～1.35。具体松铺系数值可根据试验确定。另外，摊铺后的基层应表面平整，有规定的路拱度，并应检查基层厚度和高程是否符合设计要求。

5. 溢流管设置

对于部分路段仅设置级配碎石基层可能无法满足排水需求，特别是在极端天气下为避免雨水径流的出现，应在透水基层顶部设置一定数量和直径的溢流管，溢流管的设置位置、长度、管径及数量应根据当地的降雨量、地质条件、基层厚度等确定。同时，溢流管应具有足够的强度，在碾压的时候不得发生变形和破裂，溢流管管端应与市政管网相连。

6. 碾压

摊铺后，当基层混合料的含水量大于或等于最佳含水量时，应立即用 12 t 以上的三轮压路机、振动压路机或轮胎压路机进行碾压。直线段由两侧向道路中心碾压，碾压时后轮应重合 1/2 轮宽，后轮必须超过两端的接缝处，后轮压实路面全宽时，即为一遍。到基层密度达到设计密实度时碾压结束。压路机的碾压速度，第一、第二遍时宜为 1.5 km/h，之后可采用 2.0～2.5 km/h。

7. 调平层

对于级配碎（砾）石基层，由于其集料的粒径较大，直接在其上面修筑透水混凝土或透水铺砖面层时，容易产生应力集中，对面层受力不利，故一般应在级配碎（砾）石上铺设 2～3 cm 的粗砂调平层，粗砂粒径一般在 5～10 mm 之间，铺设后摊平即可。

7.2.3 透水水泥混凝土基层施工

当透水铺装所需的承载力较高或采用透水沥青面层时，可以现场浇筑透水水泥混凝土作为基层，其施工主要包括以下 7 个部分。

1. 反滤土工布设置

为避免土基中的土颗粒在水的作用下进入到路面上部结构，造成孔隙堵塞，可在透水混凝土基层施工之前，在土基上方铺设反滤土工布，以达到保护路基和基层的作用。土工布的规格和施工方法与级配碎石基层相同。

2. 混凝土制备

透水混凝土可采用购置商品混凝土或现场搅拌两种方式。若采用商品混凝土，需要考虑搅拌站的生产能力和运输距离，确保供料的连续性和材料运输过程中不产生凝结。现场搅拌应根据实际情况配置足够数量的搅拌机，以保证连续作业。基层的透水混凝土其强度等级应不小于 C20，孔隙率应不小于 15%。

3. 混凝土运输

由于透水混凝土混合料具有大量的孔隙，使得其水分蒸发速度远大于常规混凝土，因此在运输过程中应加以覆盖，防止水分蒸发。遇到运输距离过长或者交通堵塞时，应提前在混凝土混合料制备中加入缓凝剂等外加剂，以调节凝结时间。

4. 摊铺

施工之前，应先清理路基，使基层宽度、表面平整度和压实度达到设计要求，并且对路基和土工布进行润湿。混凝土混合料运到现场后，应及时摊铺，且摊铺过程需根据松铺系数加以控制，一般取为 1.10。

5. 碾压

透水混凝土的碾压可采用平板振动器或带振动的辊子进行施工，但应注意避免过度碾压，以免出现离析等不利现象。

6. 养护

透水混凝土基层施工完，需养护 7 d 以上方可进行面层的施工；若基层与面层的施工间隔较长时，应覆盖养护基层，保证混凝土强度增长的需要。

7. 表面处理

为了确保面层与基层之间的黏结，对于在透水混凝土基层之上修建透水混凝土面层的，可在养护期间对面层进行处理，使其成为露集料透水混凝土，以便与面层具有良好的层间结合。对于上层为透水沥青面层的，可在面层施工前喷洒透水黏层油以增加面层与基层的黏结，提高路面结构性能。

7.3 透水沥青路面面层施工

透水沥青混合料的施工主要包括四个阶段：生产、运输、摊铺和碾压。透水沥青混凝土路面由于其内部存在大量孔隙使得其与常规沥青路面有较大区别，它主要是点-点接触的内部结构，可借鉴 OGFC 和 SMA 混合料的施工方法和经验，但针对其由于内部孔隙率高带来的散热快以及孔隙容易在施工中被堵塞的问题，需要采取必要的防护措施，因此其施工具有显著特点[2, 5, 6, 9]。

7.3.1 透水沥青混合料的生产

透水沥青混合料的拌和设备及程序和生产常规沥青混合料是相同的，故可采用间歇式拌和设备，也可采用连续式拌和设备。

1. 集料

透水沥青混合料的施工质量控制首先要对集料料堆进行正确管理。集料料堆必须放置在有一定倾斜角度、干净和稳定的表面上，并且不同类型、不同粒径的料堆应相互分隔。维持集料料堆处于一个相对较低的含水量，这样便于控制拌和温度。相对于常规密级配沥青路面而言，透水沥青混合料中的细集料较少，粗集料占整个混合料重量的80%以上。为了充分发挥透水沥青路面的生态功能须保证一定的孔隙率，故应对 5～10 mm，10～15 mm两档料进行高比例配置。这样既能平衡冷料仓的供料速度，又能更好地进行质量控制，并且通过两档料的紧密堆积密度的计算，以提高混合料结构的稳定性。

2. 沥青

对于透水沥青混合料液体状的沥青结合料的储存和装卸与常规沥青基本相同。透水沥青混合料由于其自身特殊性所以使用的沥青大多为改性沥青。改性沥青可由基质沥青直投改性剂现场制作所得或直接采用改性沥青。对于改性沥青应使用专门的储存罐，储存温度应略有提高，并且在储存罐内还需安装机械搅拌。若直接使用成品高黏改性沥青，建议使用专门的储存罐；若是用量较小，则可现场拌和制作。若是玄武岩改性沥青或者橡胶改性沥青则同样需要根据其特征做出不同的对策。沥青进入混合料的计量和导入则使用温度补偿系统的标准方法实现。但沥青的称量必须采用重量计量的方式，不得采用流量计算，以确保沥青称量的准确性。

3. 添加剂

为保证透水沥青混合料的膜厚度，并保持混合料在运输和摊铺中沥青的状态，避免离析的产生，应在沥青混合料中添加部分稳定剂来维稳，从而避免出现流淌、离析等不良现象，减少给路面带来病害以及对其耐久性的影响。在进行混合料设计时，应通过析漏试验来确定所需添加剂的各项指标。

7.3.2 透水沥青混合料的运输与装卸

透水沥青混合料的运输设备与常规密级配沥青混合料相同。由于透水沥青混合料大多使用改性沥青甚至高黏改性沥青，因此需要对运输卡车的车厢经常进行清洗并且涂抹沥青隔离剂。不同的沥青隔离剂应根据其自身特点进行处理，以便更好地发挥其性能。透水性沥青混合料由于其是堆积空隙结构，容易产生离析，所以在混合料装车的时候要尽量避免发生离析，故建议混合料在装车时，先卸装在车厢前壁附近，使前端和侧壁产生堆垛效应；第二次装车时，卸装在车厢后壁；第三次装车时，混合料下落搭接前两次的锥面。但该方法并不能从根本上消除离析现象的出现，只是降低了其影响。

一旦透水沥青混合料装车后，应立即在运输车辆上部覆盖油布，一方面防止运输过程中混合料出现外层结壳，另一方面降低沥青混合料的冷却速度。透水沥青混合料内部含有大量的孔隙，使得其与空气接触的面积增大，热量更容易散失。为了保护透水沥青混合料的温度，可采用多层保温布或采用具有特殊保温效果的盖布，并且运输车辆可以选择具有隔温功能的车厢或具有自加热功能的车厢(将引擎排气转到车厢内，保持车厢内温度)。沥青混合料保温运输车如图 7-1 所示。

图 7-1 沥青混合料保温运输车

透水沥青混合料运输过程的控制目标就是在适宜的温度范围内将其送到工地现场，以确保透水沥青混合料在运达现场时具有摊铺和压实的合适温度。对于温度一般有三种控制方法：①限制透水沥青混合料在运输车辆中所处的时间；②限制运输距离；③规定透水沥青混合料到达施工现场时的最低温度。其中，对温度的控制是最根本的，随着科技的发展，已经能够做到对沥青混合料运输车辆的路线和混合料温度进行实时监控，并对驾驶员交通行驶路线进行优化选择，进而达到运距、运输时间以及透水沥青混合料温度均能精细化控制。

为了保证透水沥青路面的施工能够均匀且连续地进行，一般需要 3～5 辆满载透水沥青混合料的运输车辆在摊铺机前等候卸料才允许摊铺。运输车辆必须在人员的指挥下将混合料卸至摊铺机料斗中。卸料后，运输车辆以空挡停车在摊铺机前 30 cm 左右，不得碰撞摊铺车，由摊铺车控制运输车辆前进。另外，运料车辆必须待前车即将卸料完成时才可掀开覆盖的保温布，确保在等待的过程中不散失过多的热量。卸料后，应立即对车厢内的残余物进行清除，防止其硬化。在摊铺过程中，必须做到以下两点：①测量运料车上混合料的温度；②运料车的轮胎必须检验无污染物时才可进入摊铺区域，并且禁止在已摊铺完成的路面上进行急转或急刹车。

7.3.3　透水沥青混合料的摊铺

透水沥青混合料由于自身特殊性，在摊铺的时候需要特别注意天气情况，一般需要关注的是温度和风速。之所以关注摊铺时的天气条件是为了控制碾压时的温度和保障最终透水沥青路面的质量，避免出现质量问题。根据荷兰和英国的经验可得出透水沥青路面摊铺的条件：

(1) 下雨或路面存在积水时，不得铺设多孔隙透水沥青路面。

(2) 当气温在 10～15 ℃之间时，风速不得超过 4 m/s。

(3) 当气温在 15 ℃以上时，风速不得超过 8 m/s。

(4) 如果摊铺前一个小时 10 m 高度处的平均风速超过 50 km/h(2 m 高度处的平均风速达到 40 km/h)，则无论温度多少都不允许摊铺。

1. 摊铺面准备

透水沥青路面根据其透水路径分为排水沥青路面、半透水沥青路面和全透水沥青路面。对于排水沥青路面而言，在摊铺之前应先将封水系统和排水系统完成。排水沥青路面摊铺在不透水的密级配沥青混凝土层或水泥混凝土路面上，一般在二者之间应铺设不透水黏层油、雾封层或其他封层，确保进入路面面层的雨水能够沿着不透水层横坡流出路面结构。对于半透水沥青路面则需要在土基顶面做好防水层，透水面层与透水基层之间喷洒透水黏层油。对全透水沥青路面则需要在透水基层上喷洒透水黏层油以满足层间黏结要求。

透水沥青混合料的摊铺与传统密级配沥青路面所使用的摊铺设备相同，一般尽量整幅路面一次摊铺完成，即摊铺机的摊铺宽度与路幅相同。沥青摊铺机应满足如下条件：①摊铺机应采用具有双排振捣梁的熨平板，并可调整摊铺机的频率和振幅；②可实现预热烫平板的功能，使其达到 100 ℃以上；③采用熨平板加长的沥青摊铺机时，要求旋转布料器一起加长。另外，摊铺机的数量应能确保道路流水方向不发生改变的整幅路面能一次性摊铺完成，避免出现可能阻碍水流的冷接缝。

2. 摊铺机上料及标定

透水性沥青混合料一般采用装卸卡车的传统方式送料到摊铺机。若运输过程中能提供材料转运车的话是最好的。材料转运车能将运输过程中产生的大部分冷块重新拌和，并使摊铺机能连续作业，从而得到更为平整的表面。若采用将混合料直接倒入摊铺机料斗中的方式，则卡车不能后退接触摊铺机，否则会引起摊铺表面的不平整。当采用将透水沥青混合料在地上铺成料列，再进行抄料摊铺的方式时，需要在天气良好并且料列长度不得超过 50 m 的情况下才能实施。

透水沥青混合料在摊铺前，应首先对摊铺机进行准确的标定，确保摊铺时供料合适，使摊铺厚度、宽度能达到要求，其程序与摊铺传统密级配热拌沥青混合料相同。

3. 摊铺机摊铺速度

透水沥青混合料的摊铺速度主要取决于混合料的碾压作业能力。要求沥青混合料拌和楼的生产率、混合料的运输能力和压实能力应协调一致,确保摊铺机能连续作业。摊铺机在起步和停步的时候应尽可能保持在最低速度,过快的起步/停步可能会对行车质量产生较为严重的负面影响。在我国,通常摊铺机的摊铺速度在起步时宜在 1～1.5 m/min,正常行驶情况下为 2～3 m/min。需严格注意摊铺速度,避免出现摊铺层表面的粗颗粒在熨平板下方沿摊铺方向产生滑移,使表面粗颗粒后方出现小坑洞,进而影响面层的平整度和预压实度。

4. 摊铺过程中的手工作业

透水沥青混合料的施工,原则上应避免手工作业的出现。对于使用高黏改性沥青的透水沥青混合料而言,若不是同时进行施工作业,易使两次作业之间的层间出现分离,容易出现脱落、飞散等早期病害。但对于一些摊铺机施工不便的狭小区域、陡坡、急弯路段,不得不选择使用手工摊铺的方式,此时便要求施工人员必须保持足够的耐心,并考虑以下因素:

(1) 将混合料堆放在离待铺区域足够远的地方,若待铺区域有料堆则必须全部搬移,如果料堆位于摊铺区域,则该区域的外观、密度或集料分布就有可能与周围的手工作业区存在轻微差异。

(2) 用铲子小心堆放材料,然后用耙子进行摊铺。不可用铲子撒播混合料,否则有可能导致集料的离析。

(3) 所有的材料都应充分疏松并均匀分布。不容易破碎的大团混合料应予以清除并废弃。

(4) 碾压前用直尺或模板检查手工作业的平面,确保其均匀。

5. 特殊地段的摊铺

(1)混合料与平石相接处的摊铺:在透水沥青路面的应用中,当透水沥青混合料的侧面与混凝土结构相接触时,施工后的透水沥青路面应等于混凝土结构的高度。由于沥青混合料在摊铺时存在松铺系数使得其表面会高于混凝土导致沥青混合料撒到平台上,故应在混合料露出平台部分与平台之间搭设木模。粘到木模上的沥青混合料应废弃,不得再使用。

(2) 接缝的施工:透水沥青路面的接缝,是面层排水特别是横向排水的重要通道之一,在施工时必须给予足够的重视。透水沥青路面的横缝必须平整,不得通过喷洒沥青的方式处理施工横缝,后续路段摊铺前,可通过接缝加热设备对横缝进行加热,使其与后续路段进行有效连接。当面层为双层结构时,应注意上下层的横向接缝不得重合。对于纵向接缝,一般采用斜接缝处理。纵缝的设置要与道路中心线重合,并且上下两层接缝同样不得重叠,且位置不得位于车轮正下方。不管是横缝还是纵缝,都应尽量避免采用切缝形式,若必须采用,需注意采取正确的措施避免切屑对于透水沥青表面的污染。

(3) 道路两侧的摊铺:当市政道路采用排水沥青路面时,需在道路两侧 50～60 cm 宽度内，将整个沥青面层做成排水结构。当采用透水沥青路面时，则无须进行该种考虑。透水沥青路面若采用多种面层组合时，则需要分层摊铺，若采用一种面层结构，应采用一次摊铺的方法，确保压实温度。对于靠近路侧的区域，若不方便采用大吨位压路机碾压时，可采用小型压路机进行碾压，确保碾压后的面层厚度、压实度与其余区域相同。

7.3.4 透水沥青混合料的碾压

透水沥青混合料的碾压主要涉及压路机类型选择、压实控制、压实温度、压实步骤、碾压速度及碾压模式等。

1. 压路机类型选择

常规沥青路面碾压通常采用振动压路机、胶轮压路机或三轮压路机。透水沥青路面由于其细集料含量少，孔隙率较大，并主要依靠粗集料之间的点-点接触传递应力，故在碾压的时候与传统沥青路面有很大区别。

目前，振动压路机在透水沥青路面中的应用受到了很大限制，或要求振动压路机在不振动的模式下使用。这主要与以下两个原因有关：①透水沥青路面是一种嵌挤结构，粗集料用量在80%以上，振动压路机的动荷载可能会将粗集料压碎进而影响石与石之间的点接触；②现代透水沥青路面为了增加其耐久性，沥青用量相对较大，振动压路机的使用会导致胶浆的提升，降低上面层的孔隙率。徐斌[6]通过研究认为：之所以振动压路机在透水沥青路面中不被应用主要跟排水沥青路面达到嵌挤结构相当快，不需要依赖振动碾压有关；并且排水沥青路面更多地关注其透水性能，而使用振动压路机容易造成过压，影响其孔隙率。

美国和欧洲的一些国家，认为使用胶轮压路机会提高透水沥青路面的表面致密性，这种改变不仅会降低路面的透水性能，还会影响其降噪性能，所以在透水沥青路面的施工过程中禁止使用胶轮压路机。而在日本，很多道路工作者则认为使用胶轮压路机可以提高透水沥青路面的抗飞散能力，但不建议在初碾时使用胶轮压路机。另外，正常使用时应在70～90 ℃的较低温度下进行，碾压次数为1～2次。国内目前在透水沥青路面的施工中会有胶轮压路机的应用，但在使用中有严格的要求。首先，选择合适的沥青隔离剂，并应通过试验确定正确的使用方法；其次，严格控制轮胎胎压，确保气压充足；最后，要求压路机在接触待压沥青混合料之前先加热轮胎至热沥青温度附近，在碾压的过程中，碾压速度应控制在4～5 km/h的速度。

对于三轮压路机而言，不同国家有不同的要求。日本的道路工作者认为三轮压路机有比较大的线荷载，可以将混合料中的胶浆下压，有利于防止提浆产生的堵塞，所以推荐使用三轮压路机。而英国的规范则认为三轮压路机形成的压痕后续很难被清除，所以要求透水沥青路面禁止使用三轮压路机。我国在沥青路面的施工中，较少使用三轮压路机，这主要与三轮压路机不灵活、机动性差有关。

综上所述，透水沥青路面压路机的类型选择应结合具体路面面层结构类型和施工条件确定，并严格按照不同类型压路机的使用要求进行操作。

2. 压实控制

相对于常规密级配沥青混合料的松铺系数为 1.20 而言，透水沥青混合料的松铺系数一般在 1.10 左右。为了保证透水沥青混合料的结构能力和功能目标，透水沥青混合料需要控制压实度的下限和上限，建议压实度的范围为 98%～102%。之所以出现压实度超过 100%是因为压实度试验采用的是马歇尔标准试样，该种方法仅依靠马歇尔击锤的击实作用，其最终的变形量与实际压实中剪切、揉搓等共同作用下的变形量相比，还有一定的余量。目前，仍有部分地区对于透水沥青混合料的压实度没有提出明确要求，甚至只是通过竣工后的面层透水系数来控制压实度，对此须注意铺设后伴随交通量产生的再压密现象。

3. 压实温度

透水沥青混合料的碾压必须在沥青黏结料保持足够的热度且可流动达到润滑混合料，使集料颗粒在压实设备的作用下移动之前完成。因此，要求压实工作必须在路面冷却到黏结料失去润滑作用前实施，这个温度被称为有效压实的最低温度。一般认为，当采用高黏改性沥青时，最高压实温度大约为 160 ℃，有效压实的最低温度为 105～110 ℃。由于透水沥青混合料自身的特点，所以其强度主要依赖于所使用沥青的黏结力，故沥青混合料需要在合适的温度下压实才能获得足够的黏结力。透水沥青混合料孔隙率大，与空气接触面积大，特别是容易受到风的影响使其温度急剧下降，故需要严格控制碾压的时间以满足压实温度的要求。

4. 压实步骤

透水沥青混合料的碾压可分为三个阶段：初压、复压和终压。初压又称稳压，紧跟摊铺进行，使透水沥青混合料的绝大部分密度在该次碾压中形成，一般采用 10～12 t 的钢轮压路机碾压两遍。碾压时应从低处向高处碾压。复压紧跟初压进行。通过复压，基本可以实现所要求的压实度。进行复压时，可采用初压时使用的 10～12 t 的钢轮压路机，也可同时采用 6～10 t 的钢轮压路机。终压主要用于消除轮迹，平滑路面。一般可采用钢轮压路机或胶轮压路机，但使用胶轮压路机时，应在碾压后使用吨位较小的钢轮压路机进行收光。

5. 碾压速度

透水沥青混合料的压路机速度应控制在 3～5 km/h，按照初压、复压、终压的顺序略有增大。为了使透水沥青混合料得到充分和均匀的压实，压路机应在恒定慢速下运行。压路机速度的变化和波动都会影响其压实作用和对路面的剪切应力，使得压实不均匀，并且压路机不得停放在新铺的表面上，这会导致难以清除的大齿陷的出现。

6. 碾压模式

透水沥青混合料的碾压模式是碾压顺序、碾压速度、碾压遍数与碾压位置的组合，目的是完全覆盖整个摊铺面，以形成达到规定孔隙率的均匀压实，可接受的表面平整度以及停止碾压前完全的压实。若要得到均匀压实，则需要摊铺路面的每一个区域都接受到相同数量的压路机压实，受到的压实功相同。有学者根据多年实践总结出了一些透水沥青路面压实的经验：

（1）多车道摊铺时，其摊铺顺序应该从道路一侧向另一侧单向压实，压实时应按直线行进到已压实的透水沥青混合料处，然后按相同路径返回，当压实遍数完成后，应将压路机移动至已冷却的材料上。

（2）相邻两车道行程间的搭接至少 0.15 m，应确保方向轮小的转向不致在相邻行程间留下间隙。

（3）当压路机调转方向或停止时，应小幅转向到侧边。移动时压路机会产生一个小的弓形隆起，调转方向或停止时就会在原地留下隆起，但若压路机变化方向或停止前小幅转向，则形成的隆起就会与压路机行进方向成对角，易于在后续碾压中将该隆起压平。但应避免硬性变换方向，否则会撕扯或推挤摊铺面。

（4）压路机每个行程后在端部应终止于不同的点，以防跨越整个摊铺面横向长度的隆起。

（5）当摊铺面存在无限制边缘时，压路机的第一遍应离开摊铺面边缘 0.15～0.30 m。未碾压摊铺面小的长条有助于限制其余的摊铺面，减少摊铺面附近的侧向位移，但在下一个碾压流程时将该长条压实。

（6）碾压纵缝时，压路机第一遍应完全在离接缝 0.15～0.30 m 的热摊铺面上碾压。在接下来的碾压中，压路机应大部分行经在新施工的摊铺面上，只在较老摊铺面上搭接约 0.15 m。

（7）接缝处压路机应平行接缝碾压。透水沥青路面开放交通的温度对初期车辙及孔隙坍垮影响较大，通常在路表温度低于 50 ℃时，才可开放交通。

7.4　透水水泥混凝土路面面层施工

7.4.1　透水水泥混凝土混合料生产和运输

7.4.1.1　原材料

1. 水泥

透水水泥混凝土是由粗集料和胶凝材料组成的点-点接触的多孔堆聚结构。作为胶凝材料主要组成之一的水泥，其活性对于透水水泥混凝土的强度具有重要影响。为了提高透水水泥混凝土的强度，通常会选择强度等级较高的普通硅酸盐水泥，一般要求使用 42.5 级和 52.5 级及以上水泥。水泥浆的最佳用量应刚好完全包裹住集料，形成均匀的、合适厚度的水泥浆膜为适度，并且以水泥用量最小为原则。水泥量过多不仅会提高成本，并且会降低透水水泥混凝土的孔隙率和透水系数。一般情况下，每立方米透水水泥混凝土的水泥用量为 250～500 kg[2-4, 7, 8, 10]。

2. 粗集料

粗集料可以采用新集料和再生集料，构成透水水泥混凝土的结构骨架。集料应符合

《透水水泥混凝土路面技术规程》(CJJ/T 135—2009)[10]的规定，见表 7-1。粗集料通常采用单一粒径，一般透水水泥混凝土的集料粒径在 2.36～16 mm 范围内，其中以 4.74～9.5 mm 粒径集料为主。透水水泥混凝土面层可采用双层结构，其中下面层可采用较大粒径的集料，但粒径不宜超过 16 mm，上面层可采用细集料，粒径不宜超过 9.5 mm。进场的集料应提供相关检验报告、出场合格证等资料，集料必须复验合格后才能使用。

表 7-1　　透水水泥混凝土集料的性能指标[10]

项目	计量单位	指标		
		1	2	3
粒径	mm	2.36～4.75	4.75～9.5	9.5～13.2
压碎值	%	<15.0		
针片状颗粒含量(按质量计)	%	<15.0		
含泥量(按质量计)	%	<0.5		
表观密度	kg/m^3	>2 500		
紧密堆积密度	kg/m^3	>1 350		
堆积孔隙率	%	<47.0		

3. 细集料

在一些特殊情况下，为了控制浆体收缩或降低成本，在透水水泥混凝土中也会加入一些中砂作为细集料。中砂应符合《普通混凝土用砂、石质量及检验方法标准》(JGJ 52—2006)中砂应级配良好，含泥量不大于 1.5%，用量在 5%～10%之间。

4. 外加剂

透水混凝土的外加剂可分为矿物掺合料和功能改性剂两大类。矿物掺合料主要有硅灰、矿渣和粉煤灰等。矿物掺合料应符合《高强高性能混凝土用矿物外加剂》(GB/T 18736—2017)中的质量要求。矿物掺合料主要用来代替水泥，一般硅灰≤8%，矿渣≤40%，粉煤灰≤30%。透水混凝土的功能改性剂可分为提高强度的强度改性剂，改变凝结时间的缓凝剂，提高和易性的减水剂以及提高早期强度的早强剂等。近年来也有将纳米材料作为透水混凝土的外加剂添加到混合料中以提高其各方面性能。混凝土外加剂的标准应符合《混凝土外加剂》(GB 8076—2008)的有关规定。

5. 水

透水混凝土的拌合用水应符合《混凝土用水标准》(JGJ 63—2006)的有关规定。

6. 反滤土工布

为了避免土基中的土颗粒在水的作用下进入到上层路面结构中，从而堵塞上部孔隙，或者集料进入到土基中产生局部混凝土板悬空的情况出现，保证土基的稳定性和承载能力，需要在土基上方基层下方设置反滤土工布层，反滤土工布应符合《水运工程土工合成材料应用技术规范》(JTJ 239—2005)的规定，一般透水混凝土应采用 300～400 g/m^2 规格的反滤土工布。

7.4.1.2 混合料的生产

1. 配合比调整

透水水泥混凝土的现场配合比应根据现场的集料情况进行调整和确定。首先应检验透水水泥混凝土混合料是否满足工作要求。可通过调整外加剂类型和掺量以调节混合料浆体的干湿状态。以初步选定的胶结料用量为中心值，再选定胶凝材料的±5%的试块为一组，检验透水水泥混凝土试件7 d和28 d的抗压强度、弯拉强度和透水系数等，根据试验结果选定合适的配合比。最后根据现场的情况，确定最终的施工配合比。

2. 混凝土搅拌工艺

(1) 材料计量：对于透水水泥混凝土混合料的各种原材料应进行准确测量，特别是对于性能影响较为重要的各类外加剂的质量。对于透水水泥混凝土而言，允许的误差范围是：水泥、外加剂、水为±1%，粗、细集料为±2%。

(2) 搅拌设备：透水水泥混凝土可采用商用混凝土或者现场搅拌混凝土两种方式。当透水水泥混凝土使用在面层时，会添加部分外加剂以提高性能使其满足要求，故需要严格控制生产过程，一般建议采用现场搅拌的方式减少运输过程对混凝土混合料性能的影响。高强度透水水泥混凝土的制备宜采用强制式搅拌机，或者采用近年来兴起的振动搅拌机，对于低等级透水混凝土可采用自落式搅拌机。

(3) 投料顺序：混合料拌合时应先加入粗集料，加入一半的水，搅拌30 s，然后加入水泥、外加剂、颜料(水泥和外加剂、颜料宜搅拌均匀后加入，外加剂、颜料可根据需求确定)搅拌40 s，再加入剩余的一半水，搅拌120 s出料。透水水泥混凝土拌和时，水量一定要按照施工配合比严格控制，用水量过少则粒料松散，对强度不利，最终会降低透水混凝土强度，不能满足设计要求；用水量过多则容易产生离析，导致水泥浆体流到混凝土底部，堵塞孔隙结构，同样达不到原定要求。

(4) 混合料的性能：搅拌后的透水水泥混凝土混合料应达到水泥浆体包裹集料成团，颗粒之间有黏结力，不跑浆，整体呈现多孔堆积状态。

7.4.2 运输

当采用商品混凝土时，由于透水水泥混凝土混合料呈松散堆积状态，内部存在大量孔隙，混合料中的水会快速蒸发从而影响混凝土性能，常规的混凝土罐车并不适用于透水水泥混凝土混合料的运输，建议使用专用罐车，若不能满足要求，则使用自卸货车，在运输过程中采用土工织物进行覆盖。不管采用何种运输工具，务必注意透水混凝土的凝结时间，避免长距离或长时间运输。除非现场条件不允许，否则尽量采用现场搅拌的方式生产透水水泥混凝土混合料。

7.4.3 支模

透水水泥混凝土根据面层的颜色可分为素色透水水泥混凝土和彩色透水水泥混凝土

两大类。彩色透水水泥混凝土根据其复杂程度可分为单彩色透水水泥混凝土和组合彩色透水水泥混凝土。根据透水水泥混凝土面层颜色的复杂程度(彩色表面涂层除外),透水水泥混凝土的路面模板可分为两类:一类是适用于路面边缘的侧模,要求模板应质地坚实、变形小、刚度大,可采用钢模板、胶合板或者二者的复合体;另一类则是用于图案和颜色分割的模板,可采用玻璃钢条、不锈钢条、石材等。

透水水泥混凝土面层的模板应与混凝土面层厚度相同,立模的平面位置与高程应符合设计要求,并且在模板与混凝土接触的表面应擦涂隔离剂,在透水水泥混凝土混合料摊铺前,应对模板的高度、支撑稳定情况进行全面检查。对于边缘顺直的直线路段,可采用刚性好的槽钢作为模板,该模板适用于大型工程,模板周转次数多,使用寿命长,对于弯曲路段,可采用木模板或者钢木结合的模板。模板钢筋支护的间距和嵌入基层的深度应根据基层类型和施工机械确定,在施工时可通过减少支护间距或增加嵌入深度来保证模板的稳固。

常用的模板支撑方法有以下四类:

(1) 槽钢支设直路模板的方法:外侧钢筋不得高出槽钢的上表面,内侧钢筋高出槽钢的上表面,钢筋分布采用等距分布,钢筋间距不宜超过 50 cm。

(2) 槽钢支设弯路模板的方法:将槽钢上下腿等距切断,切断间距根据弯曲半径确定,钢筋间距不宜超过 40 cm。

(3) 木胶板支设直路模板的方法:在木胶板背后应加背楞,布设在内测的钢筋应高出模板上表面,外侧布设钢筋不得高于模板上表面,钢筋分布应等距。

(4) 木胶板支设弯路模板的方法:在木胶板背后应加设背楞,在木胶板和背楞之间用木楔进行填充加固,木楔的间距和背楞的长度根据曲率的大小而定。

7.4.4 摊铺

透水水泥混凝土面层在施工前应先清理路基,对于不平整处应加以修整,同时若布设反滤土工布则要求铺设平整,无褶皱。在基层宽度、表面平整度、压实度、反滤土工布、基层和调平层等都符合设计要求的前提下,再进行浇筑。浇筑前基层和调平层必须进行洒水润湿,但不得有积水出现,这是因为透水水泥混凝土的水灰比较低,在拌和时用水量较少,若由调平层再吸收部分拌和水,则会影响水泥胶凝材料的凝结,同时也会减少路面浇筑、振捣和压实的时间,导致集料间的黏结强度降低。

透水水泥混凝土混合料运输到现场后,应及时进行摊铺,而混合料的松铺系数在摊铺前应通过先期松铺试验确定,一般透水水泥混凝土混合料的松铺系数在 1.10 左右,松铺试验的材料应选用与实际施工相同的材料。摊铺长度为一个伸缩缝间距,且不应小于6 m,摊铺宽度应与设计宽度相同。对于不同厚度的路面摊铺,可利用相同的施工设备进行碾压施工,并通过取样来测试碾压后的孔隙率和强度,确定最后的摊铺高度和碾压次数。若进行人工摊铺,不应直接抛洒,需要避免应抛洒造成表面松散或者坑洼的现象。

透水水泥混凝土面层可分为单层和双层。对于单层路面而言，可一次性摊铺到位；对于双层路面，则应严格控制摊铺的间隔时间。另外，对于下层透水水泥混凝土应进行保湿养护，上层的摊铺应尽可能避免对面层的碾压，对不平整的地方应采用新料对其进行填补。若面层为彩色混凝土，在摊铺时要首先保证施工工具的清洁，不同颜色的摊铺应由深及浅完成，并进行覆盖保护，避免不同颜色之间的相互污染。对于露集料透水水泥混凝土而言，需要注意摊铺时间和冲洗时间。

7.4.5　成型

在透水水泥混凝土成型时，应根据透水水泥混凝土的性能以及现场的施工条件，选择合适的成型方法。常用的成型方法有平板振动法、碾压辊法、低频振动压实法、压路机法等。

1. 平板振动法

透水水泥混凝土由于自身水泥浆含量较少，且内部孔隙较多，故在施工过程中不宜采用强烈振捣或夯实。平板振动法是将模板平铺在刮平后的混凝土混合料上，通过平板振动器对模板进行振动压实(图 7-2)。使用该方法制作的透水水泥混凝土表面平整，孔隙率均匀。缺点是需使用较多模板，施工成本高且模板寿命短。实践证明可通过在透水水泥混凝土表面加铺塑料薄膜的方法，解决模板粘料的问题。该方法适用于小面积透水水泥混凝土的成型或透水水泥混凝土的修补。平板振动器的振频应合适，否则会因振频过大使得水泥浆上翻积聚在透水混凝土上方，导致上表面堵塞，进而影响透水效果。

2. 碾压辊法

碾压辊法施工工具包括振动碾压辊和手动推拉辊两种，振动碾压辊主要由行走桁架、振动器、变速齿轮、轴承和碾压钢管组成(图 7-3)。手动推拉辊则由钢管、推拉杆和轴承组成。

图 7-2　附着式平板振动器施工

图 7-3　振动碾压辊

振动碾压辊适用于面层厚度大于 20 cm 的透水水泥混凝土，施工时应先在透水混凝土上覆盖塑料薄膜，然后由一名施工人员控制辊子的行走和振动开关，由两名施工人员辅助操作即可。振动辊的碾压次数由试验确定，并且只能沿着施工方向上施加振动，在回退时不得施加振动。碾压过程中严禁中途停顿或加速，并时刻注意覆盖薄膜的完整性，及时更换破损的薄膜，清除薄膜上的粗集料避免形成凹坑，影响路面观感。

手动推拉辊适用于一次摊铺厚度小于 20 cm 的透水水泥混凝土，施工时由一人控制推拉，一人负责在辊子表面喷水，防止辊子表面粘料。

振动碾压辊法操作方便、省力，适用于大面积的透水水泥混凝土路面的施工。手动推拉辊法需要耗费一定的人力，施工速度较慢，适用于小范围的透水水泥混凝土路面的施工。

3. 低频振动压实法

低频振动压实法是利用低频振动滚压机进行透水水泥混凝土施工的一种方法。低频振动滚压机由滚筒、液压动力站和液压油管组成。施工时由液压动力站将液压油泵送到轴承，带动滚轴旋转，在刮平透水水泥混凝土的同时进行碾压。这种设备组装灵活、操作简便、滚筒可调节长短、自供动力。采用低频振动压实机压实时应辅以人工补料及找平，同时须随时检查模板，如有发现下沉、变形、松动等情况出现应及时进行纠正。该种设备适合大面积透水混凝土路面施工（如休闲广场、停车场、小区道路、景观步道等），方便快捷。

4. 压路机法

压路机法是指采用带有振动的小型压路机对透水水泥混凝土进行成型的一种方法。该方法可提高施工的机械化程度和施工速度，保证透水水泥混凝土的流水线施工，适用于车行道或小区、公园的直线路段施工，但在解决模板拼接缝上效果不佳，平整度较差。

7.4.6 表面处理

透水水泥混凝土的表面处理主要包括两类：一类是对已成型的透水水泥混凝土表面进行修整；另一类是对露集料透水水泥混凝土的表面进行清洗以满足露集料透水水泥混凝土的外观要求。

透水水泥混凝土的表面处理是为了使其表面的粗集料分布更均匀，减少麻面和松散部分，提升路面的观感(图 7-4)。露集料透水水泥混凝土与普通的透水水泥混凝土相比，增加了在成型后喷涂表面清洗剂并在一定时间后进行冲洗的表面处理工艺。冲洗的时间应根据现场的温、湿度情况和混凝土的凝结时间等确定。一般需要通过制作多块试验块进行试验后才能确定具体的冲洗时间，适宜冲洗的时间指表面冲洗干净且石子不脱落为止的时间。

图 7-4　透水水泥混凝土面层磨光

7.4.7 养护

透水水泥混凝土内部存在大量的孔隙，使得其与空气接触的面积增加，水分易蒸发，影响水泥的水化过程和透水水泥混凝土的强度形成，所以养护特别是早期养护是至关重要的。透水水泥混凝土成型后应及时采用塑料薄膜、土工织物或稻草编成的席子进行覆盖，并进行洒水养护(图 7-5)。一般为了保持其湿度，每天至少应养护一次，当温度在 30 ℃以上时，应早、中、晚各洒水养护一次，温度在 20 ℃以上时应早、晚各洒水养护一次。

图 7-5　透水水泥混凝土面层薄膜覆盖养生

图 7-6　透水水泥混凝土面层保护剂喷洒

7.4.8 表面保护剂施工

对于一些具有景观功能或者特殊需求的区域，通常会将透水水泥混凝土与彩色路面结合起来，制作彩色透水水泥混凝土。一般为了保护面层的彩色不随着交通作用被磨耗，同时使表面颜色鲜艳、发挥景观或警示功能，通常会在透水水泥混凝土表面喷洒保护剂。保护剂通常由两种不同液体按一定比例混合而成，在一定时间内由喷洒设备喷洒到透水水泥混凝土表面，喷洒质量及遍数应经过试验确定(图 7-6)。喷洒量较少则不能发挥效果，较多则容易堵塞透水水泥混凝土表面孔隙。

7.4.9 锯缝、填缝

透水水泥混凝土的接缝有胀缝、缩缝、施工缝。胀缝主要设置在透水水泥混凝土与相邻固定结构物的交互处，缝宽 20～25 mm，深度贯穿整个路面面层。缩缝在路面上等距离布置，间距为 3 m，4 m 或 6 m，但最小间距不宜小于路宽，缩缝缝宽为 3～8 mm，深度贯穿透水面层。施工缝应尽量设置在透水水泥混凝土的胀缝或缩缝处。

透水水泥混凝土的切缝时间一般应在混凝土养护 3 d 后进行，在切缝后应立即进行冲洗并对其进行清理，避免切割产生的颗粒进入到路面结构中，从而污染、堵塞路面(图 7-7)。为了避免切缝对行车舒适性造成影响，应对透水水泥混凝土的接缝进行填缝处理(图 7-8)。填缝所选用的材料应具有与透水水泥混凝土接缝处的槽壁黏结力强、回弹性好、能适应混凝土的收缩等特性，并且填缝材料不得溶于水、不得渗水，耐老化性好，高温时不发生流淌，低温时不发生脆裂，一般可采用聚氨酯类、氯丁橡胶类等。

图 7-7　透水水泥混凝土面层锯缝

图 7-8　透水水泥混凝土面层填缝

7.5　透水砖路面面层施工

透水砖路面根据砖自身是否透水分为依靠嵌缝透水、砖和嵌缝均透水两类。前者为常规不透水路面砖，砖本身不透水，依靠嵌缝透水；后者为一种具有多孔结构且能够透水的路面砖。施工时，应根据要求选择相应的透水砖使其能够满足强度和透水性要求[1, 12]。

相对于透水沥青混凝土路面，透水水泥混凝土路面需要拌和、运输、摊铺、碾压等施工流程，透水砖面层大多为工厂预制然后运输至施工现场，但运至现场的透水砖需经过检验合格后才可使用。整个施工流程较为简单。面层施工以前应根据设计要求对透水铺装各结构层、排水系统以及相关附属设施进行检查验收，必须待被检查的各项均满足要求以后才能进行面层的施工。

透水砖面层的施工应满足如下要求：

(1) 铺筑透水砖时，基准点和基准面应根据平面设计图、工程规模、透水砖规格、块形及尺寸设置。

(2) 透水砖的铺筑应从透水砖基准点开始，并以基准线为基准，按设计图铺筑。铺筑透水砖路面时应纵横拉通线铺筑，每 3～5 m 设置基准点。

(3) 在铺筑过程中，施工人员不得直接站在找平层上作业，也不得在新铺设的砖面上拌和砂浆或堆放材料。

(4) 在铺筑过程中，应随时检查透水砖的牢固性与面层的平整度，并及时进行修整。另外，不得采用向砖底部填塞砂浆或支垫等方法进行找平，而应采用切割机械切割透水砖的方式。

(5) 直线段处透水砖的接缝宽度应控制在 1.5～3 mm 之间，宜采用中砂灌缝。曲线段外侧透水砖的接缝宽度不应大于 5 mm，内侧不应小于 2 mm；竖曲线处的透水砖接缝宽度宜为 2～5 mm。

(6) 人行道、广场等处透水砖路面的边缘部位应设有路缘石。

(7) 透水砖铺筑完成后，应对表面进行敲实，并及时清除砖面上的杂物、碎屑，面砖上不得有残留水泥砂浆。面层铺筑完成后，在基层未达到规定强度前，严禁车辆驶入。

7.6　质量检验和竣工验收

7.6.1　透水沥青面层

透水沥青混合料的质量检验包括原材料(沥青品种、标号；粗集料、细集料、矿粉、纤维；生产温度)、面层压实度、厚度、弯沉值和渗透系数的检验等，以上均需满足设计要求。

透水沥青路面表面应平整、坚实，接缝紧密，无枯焦；不得有明显轮迹、推挤裂缝、脱落、烂边、油凝、掉渣等现象，不得污染其他构筑物，面层与路缘石、平石及其他构筑物应接顺，不得有积水现象。透水沥青混合料面层的允许偏差应符合表 7-2 的规定。

表 7-2　透水沥青混合料面层允许偏差[9]

<table>
<tr><th rowspan="2">序号</th><th rowspan="2" colspan="2">项目</th><th rowspan="2">允许偏差</th><th colspan="4">检验频率</th><th rowspan="2">检验方法</th></tr>
<tr><th>范围</th><th colspan="3">点数</th></tr>
<tr><td>1</td><td colspan="2">纵断高程/mm</td><td>±15</td><td>20 m</td><td colspan="3">1</td><td>用水准仪测量</td></tr>
<tr><td>2</td><td colspan="2">中线偏位/mm</td><td>≤20</td><td>100 m</td><td colspan="3">1</td><td>用经纬仪测量</td></tr>
<tr><td rowspan="3">3</td><td rowspan="6">平整度/mm</td><td rowspan="3">标准差σ值</td><td rowspan="3">≤1.5</td><td rowspan="3">100 m</td><td rowspan="3">路宽/m</td><td><9</td><td>1</td><td rowspan="3">用测评仪检测</td></tr>
<tr><td>9～15</td><td>2</td></tr>
<tr><td>>15</td><td>3</td></tr>
<tr><td rowspan="3">4</td><td rowspan="3">最大间隙</td><td rowspan="3">≤5</td><td rowspan="3">20 m</td><td rowspan="3">路宽/m</td><td><9</td><td>1</td><td rowspan="3">用 3 m 直尺和塞尺同一方向连续量取两尺，取最大值</td></tr>
<tr><td>9～15</td><td>2</td></tr>
<tr><td>>15</td><td>3</td></tr>
<tr><td>5</td><td colspan="2">宽度/mm</td><td>不小于设计值</td><td>40 m</td><td colspan="3">1</td><td>用钢尺量</td></tr>
<tr><td rowspan="3">6</td><td rowspan="3" colspan="2">横坡</td><td rowspan="3">±0.3%且不反坡</td><td rowspan="3">20 m</td><td rowspan="3">路宽/m</td><td><9</td><td>2</td><td rowspan="3">用水准仪测量</td></tr>
<tr><td>9～15</td><td>4</td></tr>
<tr><td>>15</td><td>6</td></tr>
<tr><td>7</td><td colspan="2">井框与路面高差/mm</td><td>≤3</td><td>每座</td><td colspan="3">1</td><td>十字法，用直尺和塞尺量取 3 处，取最大值</td></tr>
<tr><td rowspan="4">8</td><td rowspan="4">抗滑</td><td rowspan="2">摩擦系数</td><td rowspan="2">符合设计要求</td><td rowspan="2">200 m</td><td colspan="3">1</td><td>摆式仪</td></tr>
<tr><td colspan="3">全线连续</td><td>横向力系数车</td></tr>
<tr><td rowspan="2">构造深度</td><td rowspan="2">符合设计要求</td><td rowspan="2">200 m</td><td rowspan="2" colspan="3">1</td><td>砂铺法</td></tr>
<tr><td>激光构造深度仪</td></tr>
</table>

7.6.2 透水水泥混凝土面层

透水水泥混凝土的质量检验包括原材料（水泥、外加剂、集料）、强度（抗压强度、弯拉强度）、透水系数及厚度的检验等，以上均需满足设计要求。

透水水泥混凝土面板应板面平整、边角整齐，不应有石子脱落；纵横向接缝应垂直、直顺，缝内不得有杂物。另外，彩色透水水泥混凝土路面的颜色应均匀一致；露集料透水水泥混凝土路面表层的石子分布则应均匀一致，不得有松动现象。透水水泥混凝土路面面层的允许偏差应符合表 7-3 的规定。

表 7-3　　透水水泥混凝土路面面层允许偏差[10]

序号	项目	允许偏差		检验范围		检验点数	检验方法
		道路	广场	道路	广场		
1	高程/mm	±15	±10	20 m	40 m×40 m	1	用水准仪测量
2	中线偏位/mm	≤20	—	100 m	—	1	用经纬仪测量
3	平整度最大间隙/mm	≤5		20 m	10 m×10 m	1	用 3 m 直尺和塞尺同一方向连续量两尺，取较大值
4	宽度/mm	0～20		40 m	40 m	1	用钢尺量
5	横坡/%	±0.3%且不反坡		20 m		1	用水准仪测量
6	井框与路面高差/mm	≤3	≤5	每座井		1	十字法，用直尺和塞尺量取 3 处，取最大值
7	相邻板高差/mm	≤3		20 m	10 m×10 m	1	用钢板尺和塞尺量
8	纵缝直顺度/mm	≤10		100 m	40 m×40 m	1	用 20 m 线和钢尺量
9	横缝直顺度/mm	≤10		40 m	40 m×40 m		

7.6.3 透水砖面层

透水砖的外观不得有污染、空鼓、掉角及断裂等缺陷。透水砖的形状、厚度、强度、颜色及其搭配均应符合设计要求。应以同一块形、同一颜色、同一强度的 20 000 块透水砖作为一验收批次；不足 20 000 块按一批次计。每一批中应随机抽取 50 块作为试件，检测项目应符合现行行业标准《透水砖路面技术规程》(CJJ/T 188—2012)[12]的要求。透水砖铺筑的允许偏差应符合表 7-4 的要求：

表 7-4　　透水砖铺装允许偏差[12]

序号	项目	允许偏差	检验频率		检验方法
			范围/m	点数	
1	表面平整度/mm	≤5	20	1	用 3 m 直尺和塞尺同一方向连续量取两尺，取最大值
2	宽度	不小于设计规定	40	1	用钢尺量
3	相邻块高差/mm	≤2	20	1	用塞尺量取 3 处，取最大值
4	横坡/%	±0.3	20	1	用水准仪测量
5	道路中线偏位	≤20	100	1	用经纬仪测量
6	纵缝直顺度/mm	≤10	40	1	拉 20 m 小线量 3 处，取最大值
7	横缝直顺度/mm	≤10	20	1	沿路宽拉小线量 3 处，取最大值
8	缝宽/mm	±2	20	1	用钢尺量 3 处，取最大值
9	井框与路面高差	≤3	每座	1	用塞尺量 3 处，取最大值
10	高程/mm	±20	20 m	1	用水准仪测量
11	各结构层厚度/mm	±10	20 m	1	用钢尺量 3 处，取最大值

7.7　透水铺装养护技术

7.7.1　透水沥青路面养护

7.7.1.1　功能性养护

透水沥青路面随着时间的推移，各种灰尘与垃圾进入了其内部孔隙，导致孔隙被逐渐堵塞，故路面局部会失去透水性[2, 5, 6, 9, 13, 14]。为了维持或者恢复路面的透水功能，就要以一定的频率对路面实施清理，目前常用的方法主要有三种：①用消防水龙带清洗；②用清洗剂配合高压水清洗；③用专门研制的清洗车清洗。

透水沥青路面的清洗时机和清洗频率受以下因素影响：①经济预算；②对路面效益的依赖性；③所采用的清洗技术；④路面堵塞机理与堵塞水平。

就目前来看，我国存在着重建设、轻管养的问题，由于国家对“海绵城市”的建设要求，各地区不得不修建一定面积的透水沥青路面，但后期维护的时候所需的资金巨大，也需要政府的投入，所以在实际运营中维护的频率也难以保证。对于路面而言，首要的功能是通达性，因而导致透水沥青路面在实际应用中更多的是关注其是否仍满足通达性的要求，若将其作为一种透水、降噪的功能性路面来重点关注其透水、降噪的效果，可能会对其是否堵塞给予更多的关注。采用何种养护技术与何时清洗养护以及清洗养护的频率之间有极强的相关性。不同的清洗工艺,清洗时机和清洗频率均存在着很大的区别。不同的国家和地区也会根据其技术与经济情况采用适宜的清洗养护技术。透水沥青路面的堵塞,有些是不可逆的,比如沥青路面自身的压密变形以及水泥浆或化学溶剂产生的堵塞,各类清洗作业无法对这类堵塞产生任何作用。而对于一些由固体颗粒引起的堵塞,通过一定的清洗作业是可以恢复透水沥青路面一定的功能,因此在实际操作中应对各类型堵塞进行分析,并采取相应的处理措施。

对透水沥青路面孔隙堵塞的情况采用以下三种方法:

(1) 下雨时或下雨后对路面透水效果进行目测:注意路面上的积水或雨水下渗速率,或者主观评判该层的排水能力。

(2) 灰尘监测器:可用该装置来量化水花与水雾随时间的变化。

(3) 现场透水性测试:根据现场测试结果与路面新建时的测试结果进行对比,确定其孔隙堵塞情况。

透水沥青路面的清洗标准如下:

(1) 对于排水能力轻微下降,无积水,孔隙率超过18%时的路面:采用安装在水车上的高压冲洗系统。

(2) 对于排水能力显著下降,积水,孔隙率小于18%时的路面:采用安装在专门清洗车上的高压冲水和抽吸装置。

根据已有的研究和工程经验发现:采用高压冲水,当压强达到一定数值时会对透水沥青路面的结构产生不利影响,使表面沥青混合料剥落、松散,影响透水沥青路面的使用寿命,因此需对压强进行控制使其保持在一个合适的范围内。

7.7.1.2 预防性养护

针对透水性沥青路面的预防性养护主要分为针对飞散的预防和对结合料老化的预防。目前,针对这两种类型的路面养护大多借鉴荷兰和美国的做法。

1. 飞散

透水沥青路面早期的主要病害是飞散引起的集料损失。造成透水沥青路面飞散的原因包括摊铺时混合料温度太低、压实不够、结合料离析、纵横向接缝没有做好在内的施工方面原因和因材料硬化造成的内聚力与黏附力损失产生的材料方面原因两大类。针对施工产生的飞散问题只能采取清除替换的方式进行克服,对结合料的硬化产生的飞散问题可通过定期喷洒再生剂或者扩展油进行控制。对此,荷兰采取的处治方式为在路面表面喷洒掺有再生剂的乳液;奥地利的处治方式为使用浆膜封固,让稀薄的浆膜流动到透水路面的内部孔隙中,使其充满整个飞散区域的透水沥青混凝土中,达到控制飞散的目的。

2. 老化

透水沥青路面在使用一段时间后,沥青混合料与阳光、空气、水等接触后,会缓慢老化,变硬变脆,并最终导致沥青路面的飞散。针对透水沥青路面的老化处治方式目前主要有两种:① 美国采用雾封层来实现透水沥青路面的预防性养护,而根据美国联邦公路局的建议,通常雾封层分两次喷洒,每一次的喷洒量为0.23 L/m^2,乳化沥青和水的比例是

50∶50,不掺加再生剂。② 将再生剂喷洒到透水沥青路面上,改善老化沥青的性质。透水沥青老化的机理是氧化、硬化,使得结合料黏度增大,面层上部材料变脆,而使用再生剂的目的是改善结合料的性质,恢复其延度和黏结性质,并可起到封闭表面、有助于阻止石料的损失等作用。再生剂为油性组分或高针入度沥青,被用于软化沥青混合料中已老化或硬化的沥青,从而延长其使用寿命。

7.7.1.3 矫正性养护

透水沥青路面的矫正性养护主要是对坑洞和裂缝的修补,避免病害的进一步扩大。

1. 坑洞修补

透水沥青路面面层会在使用后出现飞散、剥落等现象,需要对脱层区域和坑洞进行修补。一般认为,对于坑洞的修补需要考虑其面积大小,对于小范围的透水沥青路面的修补,在不影响其周围水流动性的前提下可采用密级配沥青混合料进行修补;对于大面积的修补,可采用铣刨掉病害混合料再嵌入新的透水沥青混合料的做法进行处理。在修补时,只允许对现有路面的垂直面喷洒轻量的黏层,禁止大量喷洒阻碍水通过补丁的流动。同时,近年来也有通过使用透水环氧树脂混合料对透水沥青路面进行小范围修补的情况,该种材料不仅具有较高的耐久性,并且可以较大程度地开放交通,减少对交通的延误。

2. 裂缝修补

透水沥青路面使用一段时间后可能会出现横向裂缝和纵向裂缝。当透水沥青路面表面出现裂缝时,需要对其进行封闭以保持应力的连续,避免裂缝处出现应力集中使裂缝进一步发展为飞散。对于全透式路面和半透式路面而言,由于其水流通道相对较为开放,纵、横缝的修补都不会给其内部水的流动带来问题。对于排水式沥青路面而言,纵向裂缝的封缝材料可能会阻碍排水路面内水的横向流动。然而,通过窄的条带方式铣刨掉纵向裂缝对应的排水性沥青混合料,然后再用新的嵌入,该方法虽然价格颇高,但却是一种较好的解决方案。

7.7.1.4 修复性养护

透水沥青路面的平均使用寿命一般在8～10年,但其作为功能性路面的使用通常仅能在其运营后的前3～5年,随着表面的孔隙被堵塞,以及透水沥青路面结构的再压密,都使其逐渐丧失了生态功能,若要恢复生态功能,就必须要对其进行修复。透水沥青路面的修复方式有三种:铣刨与嵌料、现场再生与重铺、罩面。铣刨与嵌料是指铣刨掉透水沥青路面表面层或全部面层,用新的开级配沥青混合料替换;现场再生与重铺则是对整个透水沥青面层进行就地再生或使用新的透水沥青混合料进行重新铺筑;罩面主要是用开级配沥青混合料进行加铺,恢复部分表面的排水。一般认为,再生优于铣刨、嵌料和罩面,它能很好地消除与透水沥青路面加罩相关的一些技术问题。

7.7.2 透水水泥混凝土路面养护

7.7.2.1 功能性养护

透水水泥混凝土的功能性养护同透水沥青混凝土相同,最主要的是需要确定何时进行功能性养护以及如何进行功能性养护[2,3,10,15]。

首先，确定养护时间，可参考透水沥青混凝土的养护时间的确定方法，采用现场观察雨天路面透水情况或者现场测试透水系数来确定何时进行养护。功能性养护的频率可以采用定期养护或待路面透水能力下降到一定程度时进行养护。

其次，养护方法同透水沥青混凝土路面相同，主要也是抽真空法、高压水枪冲洗法以及二者结合这 3 种方法。在实际操作中，抽真空法耗时多、效率低，不适合大范围的推广应用；高压水枪冲洗时，过大的压力会导致路面表面颗粒松散，进而影响路面结构的安全性，因此需要控制水枪的压力。目前，实践中常用的方法是定期对路面进行冲洗，并将冲出的固体颗粒进行清理以达到恢复路面透水功能的目的。

7.7.2.2 预防性养护

透水水泥混凝土的预防性养护主要是针对其表面颗粒松散的预防性养护。透水水泥混凝土在使用一段时间以后，在水和荷载作用下会出现表面颗粒剥落的现象，需要采取预防措施避免其出现进一步的损坏。

透水水泥混凝土路面出现剥落的原因有施工和路面运营中雨水冲刷两个主要原因。在施工过程中，可能存在由于振动过度导致胶凝材料离析、面层胶凝材料不足、养护不及时导致的面层结构特别是表面层没有形成足够的强度以至于在行车作用下出现剥落病害。在路面运营过程中，透水水泥混凝土胶结料中的氢氧化钙在水和轮胎作用下(特别是在动水压力作用下)不断流失，影响胶凝材料的碱集料反应，使其丧失黏合性能，再经过交通荷载作用产生剥落。为了防止剥落的进一步扩大，需要对已剥落部位进行处治。对于早期的小面积剥落，可在对原松散剥落位置进行清理后，润湿表面再使用透水水泥混凝土或密级配水泥混凝土进行回填，这主要是跟小范围的不透水混凝土不影响整个透水水泥混凝土路面的透水效果有关。考虑到透水水泥混凝土或密级配水泥混凝土都需要一定的时间才能形成强度，为避免影响交通，应在混凝土中添加早强剂以尽快达到通行要求。

7.7.2.3 矫正性养护

透水水泥混凝土的矫正性养护主要是对坑洞、板底脱空、错台、裂缝、接缝挤碎、嵌挤材料剥落等的修补及处治，以避免病害的进一步扩大。

1. 坑洞

透水水泥混凝土路面经过长时间使用以后，伴随着材料的飞散会在路面的表面出现坑洞，对此需要及时进行修补。相对于透水沥青路面的修补可快速开放交通不同，透水水泥混凝土需要经过一定时间的养生。所以，在选择坑洞修补材料时要求其具有快速凝结并形成强度的能力，一般会在混合料拌和时加入早强剂以达到通行要求。对于小面积的坑洞修补可选择透水水泥混凝土或密级配混凝土两种，同透水沥青混凝土一样，小面积的密级配材料修补并不会影响整个面层的透水效果。对于大面积的修补，建议采用透水水泥混凝土材料。另外，由于透水水泥混凝土面层有时会做成彩色，所以在修补时应尽量选用相同颜色的颜料进行拌和修补，尽量避免颜色不一致而影响景观效果。

2. 板底脱空

透水水泥混凝土板下多为透水基层，透水基层随着水的冲刷作用和汽车的作用，碎石基层和细石调平层可能会出现重分布，导致板底出现脱空现象，特别是板角处的悬空，容易导致板角的碎裂。对于该类病害，可采用板底注浆的方式进行处理，浆体可为水泥浆（主要成分为水泥、砂、粉煤灰、膨胀剂）或水泥乳化沥青灌浆材料（水泥、乳化沥青、砂、水），具体可结合施工条件来确定。

3. 错台

错台作为混凝土路面的常见病害，在透水水泥混凝土中也经常出现。针对透水水泥混凝土的错台处治方法，基本与常规密级配混凝土相同，处治的主要依据是两块相邻板的错台量。当错台量小于10 mm时，采用切削法修补，可使用带扁头的风镐或切割机，均匀地将高起处凿下去并与领板相齐，修补长度为错台量的100倍；当错台量大于等于10 mm时，采用凿低补平罩面法修补，将下去的一侧路面板凿除10～20 mm，使用胶乳砂浆材料修补，修补长度同样为错台量的100倍。

4. 裂缝

为了降低透水水泥混凝土板的温度应力和荷载应力对混凝土板的影响，通常透水水泥混凝土会被切割成4 m×5 m或其他尺寸的透水混凝土板。伴随着切缝会形成纵缝和横缝，但透水水泥混凝土在雨水和荷载作用下会产生路面板的破裂，形成裂缝。对于该种裂缝要及时处理，避免进一步发展成为龟裂。一般的处治方法为灌浆密封或条带覆盖法。可采用聚氯乙烯胶泥、焦油类填缝材料、橡胶沥青等加热施工式填料或选用聚氨酯油类常温式填缝料。当采用条带覆盖法时，裂缝两边的切缝应平行于裂缝。

5. 接缝碎裂及嵌挤材料脱落

透水水泥混凝土的接缝处容易产生板底脱空、错台等现象，在轮胎作用下易发生接缝破裂，影响行车舒适性和安全性。同时，原来的嵌缝材料也会脱落，对面层结构不利。对于接缝破裂的处治方式为，将接缝破裂区域进行切割，在切割时要注意对碎屑进行清理，避免切缝产生的碎屑对周围透水区域的污染，对切割后的表面进行打毛处理，并用水浸湿后用掺加早强剂的透水水泥混凝土或密级配水泥混凝土进行回填，封闭该区域的交通待强度满足要求后重新进行切缝和嵌缝，随后开放交通。嵌缝料脱落可采用将原嵌缝材料处理后使用新嵌缝材料重新进行嵌缝处理。

7.7.2.4　修复性养护

对于透水水泥混凝土修复性养护的主要方式为再生和重铺。相对于透水沥青路面的铣刨，透水水泥混凝土路面是一种脆性材料，其破坏多为从上至下的全面层破坏，除为了恢复表面透水性能对部分面层进行铣刨外一般不存在铣刨的情况。

对于透水水泥混凝土的再生，建议采用厂拌再生的方法，这样可以有效地控制质量，并且在面层摊铺之前需对基层进行检验，满足要求后方可进行面层的再生。对于高强度的透水水泥混凝土路面而言，使用路面材料再生的透水水泥混凝土可能达不到强度要求，故建议采用新的透水水泥混凝土进行重铺。

7.7.3 透水砖路面养护

澳大利亚进行的试验表明，即使不进行维护，在 10 年使用期或更长期限内，透水铺砖路面也能保持足够的渗透率[16]。此外，PICP 中的大多数微粒污染物都集中在排水口、缝隙填充材料或多孔隙自透水水泥混凝土路面砖上部 20～40 mm 的位置[17, 18]。使用传统的街道真空清扫设备，有时与高压水射流清洗设备结合使用，可清除在缝隙和排水口中的微粒污染物，通过移除和更换顶部 30 mm 厚度的缝隙中的填充材料，可在很大程度上恢复路面的渗透率[19]。对于多孔隙自透水混凝土路面砖的路面而言，通常需要采用热水喷射和真空清扫。虽然，国外一些部门推荐对 PICP 的例行维护间隔时间为每年三次以上，但欧洲和澳大利亚的经验表明，这种频繁的维护通常是不必要的。在这方面，许多路面在没有进行系统清洁的情况下，已经良好地运营了 10～20 年。另外，PICP 的面积通常是由运营管理者决定的(例如根据街道的长度和宽度，或停车场面积来决定)，且该面积一般会远大于控制地表径流和渗透率所需要的最小面积。因此，路面发生堵塞造成影响的严重程度通常远低于其他影响因素造成的严重程度。

除偶尔清扫外，对 PICP 维护的主要要求是针对缝隙的，即要确保缝隙中填满细碎石集料，并控制缝隙中杂草的生长。

参考文献

[1] LI H, JONES D, WU R, et al. Development and HVS Validation of Design Tables for Permeable Interlocking Concrete Pavement: Final Report[R]. 2014.

[2] Permeable Pavements Task Committee.Permeable pavement[M].ASCE, 2015.

[3] American Concrete Institute. Pervious Concrete 522[M]. Farmington Hills, MI. 2010.

[4] IZEVBEKHAI B I, WOREL B, FRENTRESS T B D, et al. MnRoad-Pervious Concrete Project (Cell-64 Driverway Construction Report)[R]. 2006.

[5] 曹东伟等.排水沥青路面[M].北京:人民交通出版社,2010.

[6] 徐斌.排水性沥青路面理论与实践[M].北京:人民交通出版社,2011.

[7] 宋中南,石云兴等.透水混凝土及其应用技术[M].北京:中国建筑工业出版社,2011.

[8] 石云兴,宋中南,蒋立红,等.多孔混凝土与透水性铺装[M].北京:中国建筑工业出版社,2016.

[9] 中华人民共和国住房和城乡建设部.透水沥青路面技术规程:CJJ/T 190—2012[S].北京:中国建筑工业出版社,2012.

[10] 中华人民共和国住房和城乡建设部.透水水泥混凝土路面技术规程:CJJ/T 135—2009[S].北京:中国建筑工业出版社,2009.

[11] 中华人民共和国国家发展和改革委员会.透水砖:JC/T 945—2005[S].北京:中国建筑工业出版社,2005.

[12] 中华人民共和国住房和城乡建设部.透水砖路面技术规程:CJJ/T 188—2012[S].北京:中国建筑工业出版社,2012.

[13] 上海市城乡建设和管理委员会.排水性沥青路面养护技术规程:DG/TJ 08-2157—2015[S].上海:同济大学出版社,2015.

[14] 中华人民共和国交通部.公路沥青路面养护技术规范:JTJ 073.2—2001[S].北京:人民交通出版社,2001.

[15] 中华人民共和国交通部.公路水泥混凝土路面养护技术规范:JTJ 073.1—2001[S].北京:人民交通出版社,2001.

[16] SHACKEL B, MYERS B, PEARSON A. Experience in the application of permeable interlocking concrete block paving in Australia[J]. Concrete in Australia, 2010, 36(2):45-50.

[17] JAMES W, VON LANGSDORFF H. The use of permeable concrete block pavement in controlling environmental stressors in urban areas[C]//Proc. 7th Int. Conf. on Conc Block Paving, 2003, South Africa.

[18] DIERKES C, BENZE W, WELLS J. Sustainable urban drainage and pollutant source control by infiltration[C]//Proc. Stormwater Industry Assn Regional Conf. 2002, Orange.

[19] BEECHAM S, MYERS B. Structural and design aspects of porous and permeable block pavement [J]. Journal of the Australasian Ceramic Society, 2007, 43(1):74-81.

第 8 章　透水铺装路面全寿命周期经济成本与环境影响分析

8.1　全寿命周期与评价方法简介

根据国际化标准组织(International Standardization Organization, ISO)2006 年发布的最新标准 ISO-14040(环境的管理——生命周期评价、原则和框架)的定义，全寿命周期指的是产品系统各连续且相互关联的阶段，一般自原材料获取或由自然资源产生出产品开始，以最终处理为结束，如图 8-1 所示。全寿命周期思想是指，自产品开始阶段或设计阶段就考虑到产品的规划、设计、生产、经销、运行、使用、维修保养，直到回收再利用处置的所有环节，将所有相关因素在最初或设计阶段进行综合规划和优化的一种设计思想和方法。这一方法既可以节约整体成本，又能够降低整体环境影响，实现可持续发展。

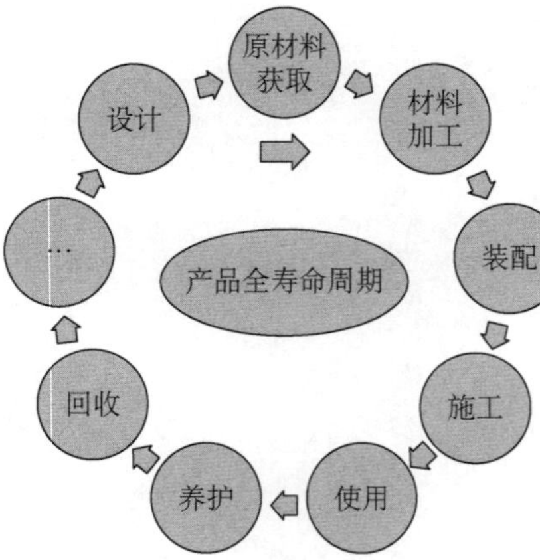

图 8-1　典型的产品全寿命周期阶段

全寿命周期经济成本与环境影响分析是指针对产品的规划、设计、生产、经销、运行、使用、维修保养，直到回收再利用处置的所有环节中，经济成本与环境影响的量化分析方法。这里的产品不仅仅指实体商品，其含义包括有形的物品，以及无形的版权、服务、思想或它们的组合。现有的全寿命周期方法包括全寿命周期成本分析(Life-Cycle Cost Analysis, LCCA)和全寿命周期评价(Life Cycle Assessment, LCA)，前者针对经济成本，后者针对环境影响。全寿命周期成本分析的方法部分类似于工程中的概预算方法，但相较于现有的概预算方法，全寿命周期成本分析将评价的时间范围扩展到了产品的整个寿命周期范围，将部分注意力放在其使用、维护和回收环节中，使得对于产品的评价更加全面且合理。随着人们环保意识的日益加强，全寿命周期评价这一从环境影响而非经济成本的角度评价产品全寿命周期影响的方法，也得到进一步发展。以下将详细介绍全寿命周期成本分析(LCCA)和全寿命周期评价(LCA)这两种方法及其在透水铺装上的应用。

8.2 路面全寿命周期成本分析框架与算法

全寿命周期成本分析(LCCA)的概念自 20 世纪 60 年代由美国军方提出并应用于军用器械采购以来,被迅速引入了道路行业,以解决当时路面性能退化,维修和养护费用增加等问题。在 1986 年版、1993 年版以及 2002 年版的《AASHTO 路面设计指南》中,均要求利用 LCCA 进行方案的比较和选择,并且在美国国家公路网(The National Highway System)1995 年编写的设计规范中明确规定,政府投资项目如果超过 2 500 万美元就必须做完整的 LCCA 报告[1]。

美国联邦公路局(FHWA)开发的 LCCA 软件 RealCost,在美国的多个州使用,成为一款得到广泛认可的 LCCA 评价软件。RealCost 所采用的 LCCA 方法将全寿命周期成本分为两部分:业主成本和用户成本[2]。

8.2.1 业主成本

业主成本是指路面的管理和运营者所承担的成本,在全寿命周期范围内,包括路面初期建设费用、养护费用、路面管理费用等。这些过程中产生的经济成本都被归于业主成本。可采用概预算的方法计算其具体数值。

所谓概预算,一般指的是在设计阶段,由设计单位根据设计方案或设计图纸,概算定额、指标,工程量计算规则,材料、设备的预算单价,建设主管部门颁发的有关费用定额或取费标准等资料预先计算工程从筹建至竣工验收交付使用全过程建设费用的经济文件。简言之,即计算建设项目总费用。我们这里的概预算法与一般概预算法的不同之处在于,我们的计算范围是道路的全寿命周期,因此不仅需要计算工程施工验收全过程的经济成本,还需要估算道路投入使用后,日常养护、维修、大修、回收等的经济成本,以及全寿命周期结束后道路可能产生的经济价值。值得一提的是,这里的经济成本不仅包括人工、材料和设备的直接费用,也包括项目监理、企业管理、行政费用等间接费用。

由于全寿命周期成本分析一般用于多方案的比选,而不同的设计方案其设计寿命不一定相同,那么所谓的“全寿命周期”该如何定义和选择就值得探讨了。一般而言,针对全寿命周期的评价和比较会选择相对较长的时间作为评价的背景,并且这一评价时间往往要求包含各不同道路设计方案的若干个寿命周期,即从施工、养护、损坏到重新修建、养护、损坏的过程。因此,所谓全寿命周期并非指道路从设计、施工到回收处置的一个周期,而是指若干个周期的集合。根据 RealCost 的要求,全寿命周期成本评价的时间范围一般为 30～40 年。

道路全寿命周期结束后可能产生的经济价值被称为残值,由于这一部分会产生收益,一般作为负成本计算。道路的残值由两部分组成:第一部分是道路材料循环利用的经济价值;第二部分是评价的时间范围结束后道路可能存在的使用价值。由于道路全寿命周期成本分析时间范围的选择,当分析时间结束时,并非所有方案中的道路都已达到了使用年限，对于那些尚未达到使用年限的道路必然存在潜在的经济价值。下面用一个简单的案例来说明这一经济价值的计算方法。

假设我们需要对两种不同的道路方案进行全寿命周期成本分析，分析的时间范围是30年，如果其中一条道路在第30年时刚好达到其使用年限，那么它的第二类残值即为0；如果其中另一条大路在第28年进行了重修并且将一直使用到第35年才达到其使用年限，那么它的第二类残值大小为(35－30)/(35－28)×道路重修的费用。

当我们讨论产生在未来的成本时，我们需要将未来的预期成本和收益转化为现值，这就是所谓的净现值(Net Present Value, NPV)。由于未来的不确定性，未来的收益和成本转化为现值都会表现出贬值的趋势，且贬值的程度取决于经济和社会环境，以折现率这一参数表示。由于道路的全寿命周期成本分析只考虑成本支出，其净现值的计算公式如式(8-1)所示。

$$\text{成本净现值}=\text{初始建设成本}+\sum_{k=1}^{N}\text{第 }k\text{ 项未来预期成本}\left[\frac{1}{(1+\text{折现率})^{\text{未来预期成本产生的年数}}}\right] \tag{8-1}$$

可以看到，相对远期的和本身较低的成本，其净现值也相对较低。在我们的计算过程中，道路的日常性养护由于相对差异性较小，在不同的道路设计方案中大多趋于一致，且相对均匀地分布在时间线上，因此其净现值对最终结果的影响很小；而道路的第一类残值由于经济成本相对较低，并且作为相对长期的负成本，对最终结果的影响也很小。综上所述，这两类成本在无特殊情况时，一般可以忽略。

8.2.2 用户成本

用户成本是指路面的使用者所付出的经济成本，包括而又不仅限于车辆运营过程中产生的车辆损耗、人身财产损失等成本。在最基础的情况下，用户成本可以认为是在整个寿命周期内路面使用者的成本。但是，进行全寿命周期成本分析的目的在于评价全寿命周期内由于不同路面结构、材料、施工或养护方案导致的成本差异，这些成本中与使用者相关的部分集中于道路的施工和养护对交通的影响。因此，计算用户成本只考虑施工作业区对车辆影响带来的成本。在综合考虑这些影响的情况下，用户成本可以分为三个部分：车辆运行成本、延误成本和安全成本。

车辆运行成本是指养护作业区附近车辆运行的成本，其大小受车辆类型、车龄、养护作业区状况等因素的影响。由于作业区会占据部分车道，车辆经过作业区时必然经历减速再加速的过程，因此其运行成本会高于正常行驶时的成本。养护区的车辆延误成本具体计算公式如式(8-2)所示，其中车辆运行成本[元/(km · veh)]是一个随地区和时间变化的值。

$$\text{车辆延误成本}=\text{作业区长度}\times\text{年平均日交通量}\times\text{作业区持续时间}\times\text{车辆运行成本} \tag{8-2}$$

车辆延误成本指的是由于养护作业区导致的时间延误成本，其主体实质是车辆内的人，因此其大小不仅受施工作业区性质的影响，还与人的时间成本密切相关。车辆延误成本的具体计算公式如式(8-3)—式(8-6)所示，其中时间价值是由平均收入水平和工作时间决定的值：

减速延误时间 =（作业区长度 / 作业区速度）−（作业区长度 / 上游行车速度） (8-3)

排队时间 = 排队长度 / 排队速度 (8-4)

总延误时间 = 减速延误时间 + 排队时间 (8-5)

延误成本 = 总延误时间 × 年平均日交通量 × 工作区作业天数 × 时间价值 (8-6)

安全成本指的是由于养护作业区的存在，导致的额外事故产生的成本，其具体计算方法如式(8-7)—式(8-10)所示，相关参数参考国外取值并做相应调整，见表 8-1。

车辆行驶里程 = 每日行车数 × 天数 × 里程 (8-7)

事故数 = 每公里的事故数 × 车辆行驶里程 (8-8)

作业区引起的事故数 = 事故数 × 作业区事故率百分比差值 (8-9)

安全成本 = 作业区引起的事故数 × 单位事故成本 (8-10)

表 8-1　安全成本计算方法及参数取值[2]

作业区事故率百分比差值		每亿公里里程的事故数	单位事故成本/元
死亡	45%	0.6	1.52×10^{7}
伤残		35.5	1.01×10^{5}

注：参考国外取值并进行适当调整。

8.2.3 小结

现有的全寿命周期成本分析方法相对完整，主要考虑了全寿命周期中业主的建设、修复成本以及用户在施工过程中的经济、时间和安全成本，并通过折现率将它们转化为统一的经济指标。值得注意的是，全寿命周期成本分析只是将注意力集中于道路施工、养护等作业的关键环节上，而缺乏对整个评价期间内道路运营时人车交互的考量。道路作为交通运输的载体，其与车辆的交互贯穿整个寿命周期，其性能的细微变化都可能对车辆成本产生巨大的影响。但同时也因为道路的复杂性，对于道路性能的准确预测存在很大困难，其对车辆的影响机理和影响方式学术界对此尚无统一意见，因此这一可能存在的影响有待于进一步研究。

8.3 路面全寿命周期评价框架与算法

LCA 方法可以分为三类，即过程全寿命周期评价(Process-based LCA，PLCA)、投入产出全寿命周期评价（Input-Output LCA，I-O LCA）以及混合全寿命周期评价（Hybrid LCA，HLCA）[3]。

过程全寿命周期评价（PLCA）是最为传统和经典的全寿命周期评价方法，源自20世纪60年代末，由美国中西部研究所对可口可乐包装瓶的研究，在国际环境毒理学与化学学会（Society for Environmental Toxicology and Chemistry，SETAC）及国际标准化组织（ISO）的推动下快速发展。ISO 2006年发布的最新标准ISO-14040/14044搭建了LCA的基本框架，并提出了相关的要求和指南[4]。它是一种自下而上的分析方法，主要通过实地调查、监测或二手统计资料，获取产品生产或服务全寿命周期过程中物料、能量和环境排放的投入产出清单，从而进行评价。PLCA方法的优点在于针对性强，它能够精确地分析具体产品或服务的全寿命周期的环境负荷，并对不同产品的环境影响进行比较，且能够根据产品或服务的具体情况调整评价模型，确定评价的范围和精度[5]。然而，基于清单分析的PLCA方法由于系统边界和边界条件设置的主观性，很多因素和条件被忽略，因此不可避免地存在误差。

与PLCA不同，投入产出全寿命周期评价（I-O LCA）是基于投入产出表建立的一种自上而下的全寿命周期评价方法。投入产出表是由列昂惕夫（Leontief）于20世纪30年代研究并创立的一种反映经济系统各部门之间投入与产出数量依存关系的分析方法[6]。这种分析方法在1965年以前主要用于经济分析，之后随着资源环境问题的日益显著，逐渐被引入到自然资源开发利用与环境保护等各个领域。它首先利用投入产出表计算出部门层面的能耗及排放水平，再通过评价对象与经济部门的对应关系来评价具体产品或服务环境影响。由于投入产出表的边界为整个国民经济系统，因而环境投入产出模型的核算边界也为整个国民经济系统，故能够完整地核算产品或服务的能耗及环境影响。但由于其计算是针对整个部门或行业，但计算精确性和针对性却不如PLCA，且评价结果只能是部门平均水平，而不能对部门内的产品进行比较。因此，在实际应用中，I-O LCA主要用于评价部门层面，而几乎不单独应用于具体产品的评价。

混合全寿命周期评价（HLCA）是指将PLCA和I-O LCA结合使用的方法。该方法由C. W. Bullard等[7]在20世纪70年代第一次石油危机之后提出，主要用于能源投入产出分析。比如对于自然资源开采过程，可以将交通运输、机械耗能等现场能耗及排放采用PLCA计算，而开采设备等投入产生的上游影响则用I-O LCA核算。通过将PLCA和I-O LCA结合，既可以消除截断误差，又可以加强对具体评价对象的针对性，同时还能将产品的使用和报废阶段纳入评价范围。但HLCA的数据存在精确性不足的问题，且获取兼具时效性和适用性的数据也存在困难，因此其使用应该更加谨慎。

由于道路系统的复杂性，其投入产出既是多元的，也有很多是隐性的，因此现有的道路全寿命周期评价多以过程全寿命周期评价（PLCA）为主。也有部分研究使用了混合全寿命周期评价（HLCA）方法，采用投入产出全寿命周期评价（I-O LCA）提供的上游行业数据，但其主体依然是过程全寿命周期评价方法。因此，我们将对过程全寿命周期评价

(PLCA)方法做详细介绍，如未做具体说明，之后所有的全寿命周期评价方法均指过程全寿命周期评价方法。

全寿命周期评价方法可分为四个步骤：确定研究目标与调查范围，清单分析，影响评价和解释，如图8-2所示。这四个步骤之间是相互联系、相互作用的，例如解释阶段发现的问题可以回到影响评价、清单分析、甚至研究目标与调查范围的确定步骤进行修正。常用路面寿命周期阶段划分如图8-3所示。

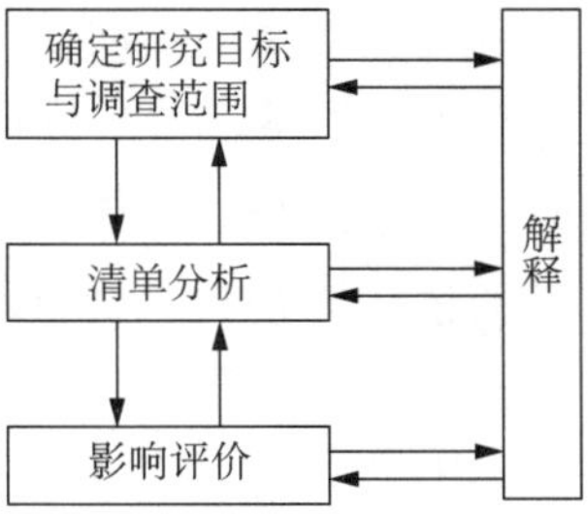

图8-2　过程全寿命周期评价的步骤

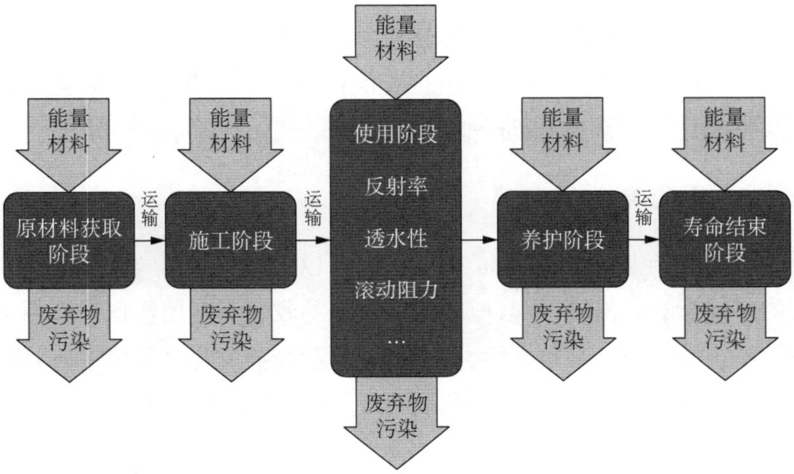

图8-3　常用路面寿命周期阶段划分

8.3.1　确定目标和范围

在进行全寿命周期评价之前，必须确定研究目标与调查范围。应该确定的研究目标包括进行研究的起因，研究结果的预期用途、预期用户和公开性；应该确定的调查范围包括研究对象及其功能单位、系统边界、边界条件、影响评价方法和类别、解释方法、假设和限制等各种研究要素。研究目标根据评价的集体情况而变化，研究范围如功能单位、系统边界等则有其共性。

功能单位要求我们确定所研究的系统应该具有的功能。功能单位的存在是为了使得投入和产出的物质和能量得以标准化，因此功能单位必须可以被清晰地定义和测量。例如，针对可乐的塑料包装瓶和易拉罐包装，我们可以将包装的可乐体积作为功能单位，分别评价包装单位体积可乐的塑料瓶和易拉罐的环境影响；也可以以利润作为功能单位，分别评价获得单位利润的塑料瓶和易拉罐的环境影响。

但是当研究的目标转向路面系统时，功能单位的确定存在一定的疑问。由于路面系统的特性和功能的多样性，在比较两种不同类型、工艺、材料或结构的路面时，实现其功能单位的统一既是困难的，也是不符合实际的。道路本身具有的功能既包括了交通的承载力，也包括了结构的承载力和抗变形能力，此外还有道路的使用寿命、环境韧性等，这些特性在不同类型、工艺、材料或结构的路面情况进行对比基本不可能完全一致。现有研究的一般做法是尽可能保持主要功能的一致性，对其他不一致的功能做出说明。一般的定义包括道路交通量，以年平均日交通量或等效标准轴载作用次数以及交通增长率表示；还包括分析的时间长度，一般为10～50年；还有道路可能面临的特殊气候和地质条件等因素。

系统边界确定全寿命周期评价应该包括哪些过程。在条件允许的情况下，一个完整的全寿命周期评价应该包括寿命周期中的全部阶段；仅仅当某些因素和阶段对最终结论影响很小的时候，这些因素和阶段才允许被忽略，而被忽略的条件也被称为边界条件。当某些影响较大的因素被忽略时，必须陈述其理由和可能造成的影响。

此外，这一步骤应该确定的内容还包括影响评价的类别和方法，数据来源、数据质量等，这些内容将在案例分析中得到进一步论述。

8.3.2 全寿命周期清单分析(LCI)

全寿命周期清单分析(Life Cycle Inventory，LCI)这一步骤就是对路面全寿命周期中各个阶段的环境影响做出统计和计算，包括数据的收集和利用数据计算两个部分。

由于路面系统的复杂性和长期性，这一过程一般会分成几个阶段进行，常见的方法是将路面的全寿命分为五个阶段：原材料获取阶段、施工阶段、使用阶段、养护阶段和寿命终止阶段。

1. 原材料获取阶段

原材料获取阶段的清单分析主要是计算路面在修筑之前所有路面材料生产过程的环境影响。这一过程不仅包括沥青、水泥、集料等材料生产过程的环境影响，还包括这些材料的运输及拌和加工过程[8]。这一阶段的环境影响计算方法同样类似于概预算法，根据材料和设备的用量与单位用量的环境影响的乘积计算总体的环境影响；而单位用量的环境影响，可以通过单位用量的能源用量与单位能源燃烧的环境影响的乘积来计算。以碳排放为例，若共有 n 种能源且消耗第 i 种能源的材料或设备有 $m(i)$ 种，则总碳排放量可以使用式(8-11)和式(8-12)计算：

$$\text{总碳排放量} = \sum_{i=1}^{n} \text{第 } i \text{ 种能源的消耗量} \times \text{第 } i \text{ 种能源的单位碳排放量} \quad (8\text{-}11)$$

$$\text{第 } i \text{ 种能源的消耗量} = \sum_{j=1}^{m(i)} \frac{\text{第 } j \text{ 种材料}}{\text{设备的用量}} \times \frac{\text{第 } j \text{ 种材料}}{\text{设备的单位能源消耗量}} \quad (8\text{-}12)$$

某些材料生产过程相对复杂，单位用量的环境影响难以快速获取。例如，沥青作为一种石化产品，是石化行业多种产物中的一种，环境影响需要进一步统计和分配到各个产物当中；且其生产工艺随地区和时间的变化而变化，难以得到一个准确的值[9]。因此，这些数据的收集难以通过个人行为实现，更需要各级政府和各类组织的努力。

欧美等国在这一方面的工作开展得较早，获取了许多相对可靠的数据。在发达国家，这一方面的工作大多由如沥青协会、混凝土协会等行业协会执行并监督，各自调查、收集行业内产品的环境影响[10]。值得注意的是，这里行业协会统筹的数据收集和环境影响评价方法，并不一定就是投入产出法。实际上，他们更多采用的是过程法。国内这一方面工作开展得较晚，行业的透明度不足，难以获得相关的数据，并且美国行业协会参与调查的方法在国内也并不适用。

2. 施工阶段

这一阶段主要计算路面整平、摊铺、碾压等过程的环境影响。这一阶段的环境影响计算方法，类似于原材料获取阶段，根据材料和设备的用量与单位用量环境影响的乘积计算总体的环境影响。具体数据可根据施工规范的台班定额和台班消耗计算能源消耗[11]，也可以根据类似项目的实际状况进行类比。

3. 使用阶段

这一阶段主要计算路面使用过程中与车辆、环境等交互造成的环境影响。它是路面全寿命周期中最复杂的一个阶段，也是目前为止最不完善的一个阶段。路面系统作为整个交通系统的一部分，其各方面的性能和行为都会对车辆、环境的环境负担产生影响[12]。对于这些影响，许多研究从多个方面出发，研究其具体的影响方式和关系。

路面的滚动阻力是影响人车交互过程中车辆耗损的主要因素。路面的滚动阻力不同，车辆行进过程中受到的阻力不同，其油耗也自然不同。有研究将路面对车辆的阻碍作用分为三个因素：平整度、表面纹理和弯沉，以国际平整度指数（IRI）、平均构造深度（MPD）和弯沉值来评价路面的滚动阻力，并分别考虑这些因素对于油耗的影响[13]。现在有许多模型用于评估滚动阻力对车辆油耗的影响，根据是否考虑滚动阻力变化和车速变化可分为四类。考虑的因素越多，模型对真实状况的仿真度越高，相对模型也就越复杂。常用模型包括世界银行发布的考虑滚动阻力变化而车速不变的 HDM-4 模型[14]，美国环保署发布的滚动阻力和车速均变化的 MOVES 模型[15]等。

路面的反射率会影响到道路与环境的相互作用，进一步影响城市环境和人类健康。路面的反射率即指路面对于太阳辐射的反射比例，提高路面的反射率会使路面吸收的热量减少，反射至环境周围建筑、大气的热量增加。前者降低城市平均气温，缓解城市热岛效应，降低了制冷费用而提高了制暖费用；后者则会提高附近建筑的温度，提高制冷费用[16]。美国的一项研究表明，在全国范围采用高反射率路面，每年可以降低 40TWh 的能量消耗，相当于美国总用电量的 1%[17]。

此外，水泥和沥青等胶结料在环境影响下，也会发生性质的改变，对环境产生影响。在水泥的烧制过程中，石灰岩会释放出大量的 CO_2。随着水泥路面的长期使用，路面中存在的石灰岩会重新吸收空气中的 CO_2。这一过程会逐渐降低空气中的 CO_2 浓度，形成负的碳排放值。但由于吸收 CO_2 的速度难以确定，这一过程消耗的时间可能是数年，也可能是数十年甚至数百年[18]。而在沥青路面的长期使用过程中，密集配路面会存在地表径流，透水路面则会存在渗透水，这都会将沥青混合料中的沥青析出液带入水源。但很多研究表明,沥青路面析出液中污染物达到危险浓度的可能性很小[19]。

4. 养护阶段

这一阶段主要计算路面在长期使用过程中各种养护策略造成的环境影响。养护阶段在时间上和使用阶段重合,评价方法则与材料准备和修筑两个阶段部分类似。

这一阶段的主要环境影响分为直接影响和间接影响。直接影响包括养护行为所需要的材料生产和养护施工造成的环境影响,这两部分与材料生产阶段和施工阶段类似。间接影响则是指养护行为造成交通延误,由此会产生额外的环境负担。路面的养护必须在一段时间内部分或全部封锁交通,由此会导致车辆降速或绕行,就会造成车辆油耗的增加。

此外,养护行为会导致路面性能发生变化,也会对路面的环境负担产生影响。但由于路面性能变化的原因是多方面的,不仅包括养护行为,气候条件和车辆运行都会导致路面性能的变化。因此,路面性能变化产生的环境影响会归于使用阶段进行讨论。

5. 寿命终止阶段

这一阶段主要计算当路面使用寿命结束时不同的处理方法造成的环境影响,主要的处置方法分为两类:掩埋和循环再生利用[20]。

掩埋的处置方法即将路面材料破碎后进行掩埋。这一过程的环境影响分为三部分,即破碎、运输和掩埋过程的消耗。对于材料掩埋后的环境负担,很少有相关的文献,还需要进一步的研究。

循环再生利用即是将路面材料破碎后作为集料,按一定比例掺加到新的路面材料中。由于循环再生的材料来自旧路面系统而用于新的路面系统,由循环带来的环境效益如何在两个系统之间分配,是一个尚在研究和讨论的问题。目前,存在的分配方法包括:界限法(cut-off),质量损失法(loss of quality),闭环法(closed loop),均分法(50/50)和替换法(substitution)[21],但仍未有方法能得到广泛一致的认可。由于数据的缺乏,均分法是最为常用的方法。尽管忽略了循环利用材料的数量和重要性,但它在实践中具有较好的可操作性[22]。

8.3.3 全寿命周期影响评价(LCA)

清单分析的结果往往包含的是单一环境影响数据,难以被直接理解和用于评价。为了将清单分析的结果用于决策,就必须对清单分析的结果进行整理与比较,说明其中各个具体环境影响类别的等效值和重要性。

这一评价过程可以分为四个步骤:分类、分配、标准化和量化。这四个步骤中的参数和算法,也正是目标和范围中应该确定的影响评价方法。

1. 分类

分类即是将清单分析的结果归入不同的环境影响类别中去。这一阶段要求我们选择适当的分类方法和模型,以区分不同的影响类别。目前,常用的分类是将环境影响分为资源消耗、自然环境、人类健康三大类,不可再生资源消耗(Abiotic resource use)、酸化

(Acidification)、气候变化(Climate change)、生态毒性(Ecotoxicity)、富营养化(Eutrophication)、人体毒性(Human toxicity)、土地消耗(Land use)、颗粒物(Particulate matter formation)、光化学烟雾(Photochemical ozone formation)、平流层臭氧损耗(Stratospheric ozone depletion)、水损耗(Water use)等诸多小类[23]。相对而言,碳排放导致的温室效应和气候变化是国内外共同关注的重点,也是许多 LCA 评价的目标;能源消耗在当前资源短缺的背景下,也是重点评价的对象。

2. 分配

分配即是将清单分析的结果分配到各个类别中,确定每一种输出物质的影响类别。很多污染物可以归入同一类中,例如氮氧化物(NO_x)、硫氧化物(SO_x)都可以归入酸化类,二氧化碳(CO_2)、甲烷(CH_4)都可以归入气候变化类,如图 8-4 所示。

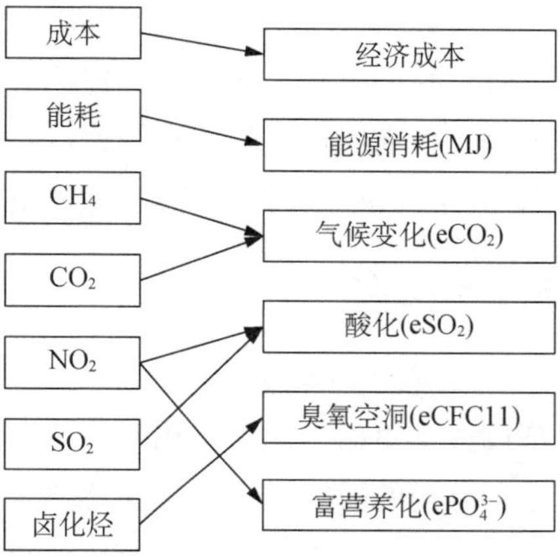

图 8-4　过程全寿命周期评价的步骤

3. 标准化

标准化的过程是将同一类别中的不同污染物归于同一个指标中。例如,气候变化这一类中,不仅包含了二氧化碳(CO_2)、甲烷(CH_4),还包括氢氟碳化合物(HFCs)、全氟碳化合物(PFCs)、六氟化硫(SF_6)等。通过自然科学研究得到的结果,将各种温室气体在一定时间内(一般为 100 年)的全球变暖能力与 CO_2 比较,以此将他们转化为一定量的等效 CO_2 并求和,最终以等效的 CO_2 排放量(eCO_2)来评价全球变暖潜力值[24]。对于其他的环境影响类别,当然也有相应的评价指标和标准化参数对应。图 8-4 中就给出了部分影响类别的常用标准化单位,如以等效 SO_2 排放量评价酸化潜势,以等效氟利昂排放量评价臭氧空洞潜势等。值得注意的是,标准化单位并不是唯一的,某些模型通过等效 CO_2 排放量来评价酸化威胁,同样是无误且可行的。

4. 量化

量化的过程即是将各个类别的归一化指标进行数据处理的过程。这个过程两种常见的方法:归一化方法和规范化方法。归一化方法是将这些指标加权求和,得到一个最终的环境影响评估参数。依据 ISO-14040 的解释,这一做法并无牢固可靠的科学依据,得到的结果只能作为参考。但由于其简便且易于比较的特点,依然为很多研究所采用。规范化方法则是将这些指标与规范化参考值对比,比较其在各方面环境影响的比重和严重性。这一阶段在影响评价中属于可选阶段,评价的方法和结果也因评价者的不同而改变。

8.3.4　解释和结论

这一阶段首先根据清单分析和影响评价的结果,确定重要事项。这一重要事项既可以是某个过程或者阶段,这一过程或阶段的环境影响在整体环境影响中占据了巨大的比例;也可以是某种数据、方法或者模型,它对最终结果产生了巨大的影响。这些重要因素的识别为最后的结论提供基础和方向。

与此同时,我们还需要对全寿命周期评价过程中的方法和数据进行检验。这些检验包括而又不仅限于:完整性检验,检验评价结果是否达成了目标和范围中的全部要求,是否满足解释的要求;一致性检验,检验评价过程中的时间、地点、方法、边界条件等因素是否始终保持一致;敏感性检验,检验结果受到数据、方法、模型等中的不确定性因素影响的剧烈程度。

当数据检验的结果达到要求,我们就可以根据重要事项给出结论,同时提出建议,表明研究的局限性。结论一般包括方案比选的结果,对结果影响较大的因素,数据检验的结果等。再利用评价的数据结论,给出符合逻辑的推论,向决策者提供建议。最后,根据数据、方法等可能存在的不足,陈述结论的不足和局限性。

8.3.5 小结

现有的全寿命周期评价体系框架相对完整,但从基本方法到很多步骤的细节都存在争议或是空白。即便是相对完善的清单分析环节,也有许多方法和模型有待填补。现有道路方向的研究也大多关注道路全寿命周期的某个阶段或是环境影响的某个方面,完整全面的全寿命周期分析研究凤毛麟角。这也是由于全寿命周期分析方法的复杂性和数据收集的难度导致的,一个完整的全寿命周期分析往往需要好几个月去收集数据,即便如此获得的数据通常也难以达到质量和数量的要求。但随着人们对环境保护的日益重视和全寿命周期方法的日益完善,相关数据的收集和数据库的建设逐步走上正轨,利用全寿命周期方法评价产品的环境影响也会成为更多人的选择。

8.4 路面透水性能的环境影响评价方法

透水路面渗透性的经济成本和环境影响巨大且复杂,难以研究和量化。一般而言,透水路面的功能是使雨水渗入地下,降低城市洪水的风险,同时补给地下水,促进植被增长,移除雨水中的部分铅、磷等污染物。因此,透水率的影响可归纳为三个方面:缓解城市内涝、水循环和水净化。在美国和欧洲其他国家,透水路面的水循环和净化功能更受到关注;在中国,缓解城市内涝是当务之急。

8.4.1 缓解城市内涝

城市内涝可能带来大面积的交通阻塞,同时会产生财产损失甚至人员伤亡。由于人身和财产损失的程度更多受到路面之外因素的影响,例如道路附近的地形、建筑密度和人口密度等,并且这些因素的影响方式尚不明确,因此我们以交通阻塞来评价透水性能在缓解城市内涝方面的环境影响。

城市内涝带来的交通阻塞对单一车辆而言,可以分为两种情况:涉水行驶和绕行。在这两种情况下，都会带来额外的油耗和车辆损耗，因此产生额外的环境影响。而我们就以这些参数来评估路面透水性能在缓解城市内涝方面的作用。

8.4.2　水循环

雨水可以通过透水路面渗入土壤，补充地下水，从而缓解超采地下水造成的城市整体沉降，并且增加了植物根系附近土壤的水分浓度，促进植物生长。由于城市沉降的起因是多方面的，其带来的后果也有极大的不确定性；因此我们选择以补充地下水、降低城市植被灌溉需求来评价路面透水性能在水循环方面的环境影响。

具体而言，透水路面补充的地下水供给了部分或全部城市内的植物生长所需的水分，也节约了城市内植被灌溉所需的运输成本。因此，我们将以节约的运输成本及其环境影响来评估透水性能在水循环方面的作用。

8.4.3　水净化

地表径流在通过透水路面进入地下时，由于透水路面多孔结构的物理吸附作用和内部菌落的生物降解作用，雨水中的部分污染物被滤去或分解，透水路面起到了净化水质的作用。我们可以将污染物的移除量作为污染物排放的减少量，评估路面透水性能在水净化方面的作用。

8.5　综合经济成本与环境影响的分析评价方法

上文对路面全寿命周期的经济成本和环境影响分别做了简要的说明，也介绍了基本的计算方法。如前所述，路面全寿命周期成本分析（LCCA）的计算过程是将全部成本根据承担者分为两大类：业主成本和用户成本，再对这两类成本进一步细分和计算；而路面全寿命周期的清单分析（LCI）过程则按照时间和空间的顺序，依次计算路面在整个寿命周期中产生的环境影响。因此，以方法而言，二者存在巨大的差异；但进一步讨论其每一个部分，又会发现二者所评价的对象有较多的相似之处。LCCA 和 LCI 的逻辑对应关系如图 8-5 所示。

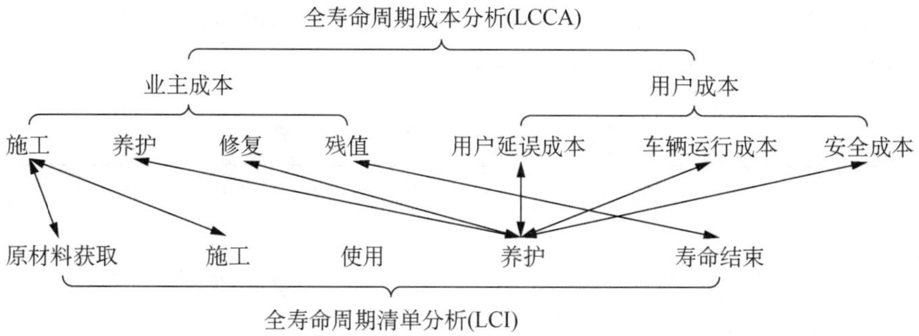

图 8-5　LCCA 和 LCI 的逻辑对应关系

LCI 中的“原材料获取”阶段和“施工”阶段与 LCCA 中的“施工”部分，评价的都是路面材料和施工过程。LCI 中的“养护”阶段，既包含了 LCCA 中“养护”“修复”两个过程，即路面投入使用后，业主为维持其结构和功能而进行的维护工作；又包含了用户成本的评价对象，即维护工作中用户所付出的额外成本和影响。此外，“残值”和“寿命结束”阶段评价的对象都是路面寿命到达终点时，对路面进行循环利用或者废弃填埋的过程。因此，LCI 和 LCCA 在评价流程上存在着大量的一致性，这是因为二者都以路面为评价对象；在方法上也存在重叠，很多计算采用概预算法完成。而存在的最大差异在于二者评价的目标不同：LCCA 的目标在于经济成本，而 LCI 的目标在于环境影响。

既然 LCCA 和 LCI 在流程和框架上存在大量的相似性，那么同时进行 LCCA 和 LCI 就成为可能。相对于 LCCA 以承担主体为依据的分类方法，LCI 的时空顺序相对更容易理解和操作，LCA 的框架也更加庞大且符合逻辑，因此我们可以将 LCCA 的评价目标融入 LCI 的流程中，实现对经济成本和环境影响的同步分析。

8.6 透水路面全寿命周期经济成本与环境影响案例分析

8.6.1 确定目标和范围

我们将以 LCA 的框架和流程对透水路面进行经济成本与环境影响评价，为简洁起见，这一评价过程是尽可能简化的。具体评价方法是通过对透水路面和不透水路面全寿命周期内的经济和环境成本进行比较，目标在于体现透水路面的环境优越性，计算可能的溢出经济成本，并得出总体成本的大小，与不透水路面做比较。受众主要是包括道路行业的设计者、决策者等在内的利益相关者。

我们假定了一条上海市内的二级公路作为我们的研究对象，并给出一条透水沥青路面(Permeable Asphalt Pavement, PP)和另一条相似的密级配沥青路面(Dense-graded Asphalt Pavement, DP)进行对比。路面的功能单位假定为年平均日交通量 5 000 辆，重型车比例 10%，交通量的年增长率为 5%，评价的时间范围为 12 年，并且无特殊抗寒和防水要求，其他的参数如表 8-2 所列。如前文提到的那样，LCCA 的推荐时间范围是 30～40 年，LCA 的一般时间范围是 10～50 年，那么 36 年可看作是个适当的值。但为了简化计算，我们假设两种道路的设计寿命都是 12 年，那么 12 年评级范围的值就相当于 36 年的 1/3，可以代替 36 年的评价范围进行计算。

表 8-2　　本次案例分析的两条道路设计参数

参数	密级配沥青路面(DP)	透水沥青路面(PP)
路面长度/km	10①	
路面宽度/m	20①	
设计寿命/a	12①	

（续表）

参数		密级配沥青路面(DP)	透水沥青路面(PP)
设计时速/($km \cdot h^{-1}$)		60①	
初始年平均日交通量/辆		5 000①	
初始年平均日重型车交通量/辆		500③	
交通增长率		5%	
折现率		8%	
当地年平均降雨量/mm		1 100③	
时间价值/(元 · h^{-1} · veh^{-1})		100	
车辆运行价值/(元 · km^{-1} · veh^{-1})		1	
作业区车速/($km \cdot h^{-1}$)		40	
内涝	平均深度/m	0.4②	0.2②
	平均持续时间/d	4②	2②
	频率/(次 · a^{-1})	2②	1②
	绕行距离/km	20②	
径流系数		0.3②	1.0②
运水距离/km		30②	
污染物背景浓度/($mg \cdot L^{-1}$)	TP	5③	
	TN	3③	
	Pb	0.1③	
	Zn	1	

注：① 设计的标准参数；
② 假设的默认值；
③ 源自网站和论文的数据。

评价范围和系统边界包括原材料获取阶段、施工阶段、使用阶段的透水率影响模型和养护阶段，如图 8-6 所示。由于透水沥青路面和不透水沥青路面的不同点主要表现在结构、材料、使用阶段的透水性和养护工作中，我们选取了全寿命周期中的这些阶段作为我们评价的范围。由于透水路面相对容易出现飞散、孔隙阻塞等病害，其养护工作量更大，二者的养护工作时间表分别如表 8-3 和表 8-4 所列。分别假定的边界条件是在某一过程中，当输入或输出的量小于总体的 1%时，这一因素可以被忽略。

全寿命周期分析的数据来源主要是文献、数据程序等，对数据的精度要求不高；LCI 清单分析数据包括能耗，CO_2，Pb，Zn；不进行影响评价，而直接对清单分析结果和经济成本归一化。

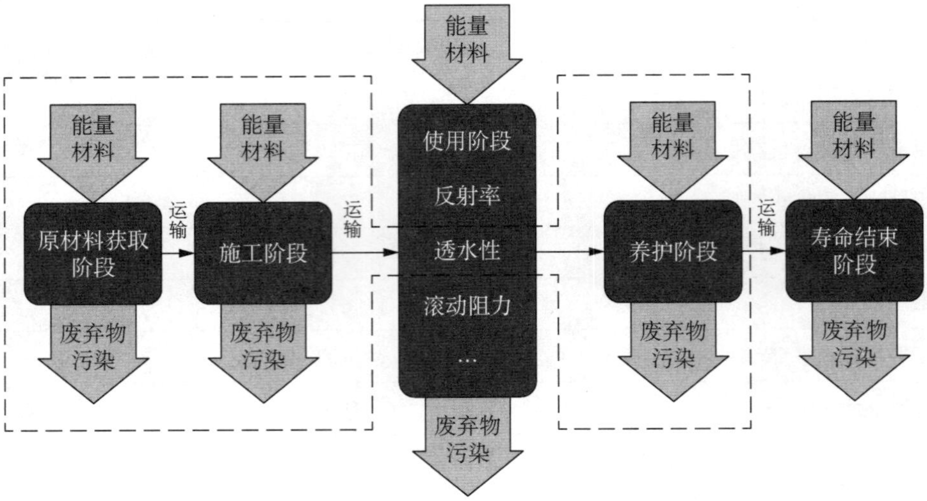

图 8-6　本次案例分析的评价范围和系统边界

表 8-3　　密级配不透水沥青路面养护时间表

时间/(次·a^{-1})	养护行为	面积百分比/%	深度/cm	持续时间/d
4	微表处	15	1	10
8	铣刨重铺	20	5	40

表 8-4　　透水沥青路面养护时间表

时间/(次·a^{-1})	养护行为	面积百分比/%	深度/cm	持续时间/d
4	高压水冲洗	100	—	—
4	铣刨重铺	20	3	40
8	铣刨重铺	30	5	50

值得注意的是,这些假设都非常粗略,仅作为简单案例分析的背景,而实际应用的全寿命周期经济成本和环境影响评价必定要给出可行的设计方案和图纸。简单案例分析本身也有诸多省略和细节忽略,仅以明确全寿命周期经济成本和环境影响评价方法为主要目的。

8.6.2　原材料获取、施工和养护阶段的经济成本和环境影响

由于这些阶段都可以通过概预算法计算其经济成本和环境影响,因此在计算时将它们归为一类,具体的计算结果和统计见表 8-5。

表 8-5　　原材料获取、施工和养护阶段的经济成本和环境影响

项目		能耗/MJ	eCO_2/kg	Pb/kg	Zn/kg	成本/元
原材料生产	DP	2.69E+07	5.36E+06	5.00E+00	5.32E+01	9.80E+06
	PP	9.71E+06	8.45E+05	2.92E+00	8.65E+00	3.57E+07
原材料运输：从产地到拌和楼	DP	5.17E+06	4.39E+05	1.20E-02	6.27E-01	1.62E+06
	PP	4.70E+06	4.00E+05	1.10E-02	5.71E-01	1.47E+06
拌和	DP	4.44E+06	3.86E+05	2.83E-01	9.28E-01	3.94E+06
	PP	3.88E+06	3.38E+05	2.83E-01	9.28E-01	3.94E+06
混合料运输：从拌和楼到工地	DP	4.33E+06	3.70E+05	1.01E-02	5.24E-01	1.45E+06
	PP	3.94E+06	3.37E+05	9.21E-03	4.77E-01	1.32E+06
摊铺和碾压	DP	2.00E+05	1.49E+04	1.20E-02	4.30E-02	5.97E+05
	PP	1.75E+05	1.31E+04	1.20E-02	4.30E-02	5.97E+05
养护和维修	DP	9.41E+05	1.86E+05	6.38E-01	2.17E+00	1.16E+06
	PP	3.28E+06	3.18E+05	1.05E+00	3.57E+00	3.68E+06
总计	DP	4.20E+07	6.75E+06	5.95E+00	5.75E+01	1.86E+07
	PP	2.57E+07	2.25E+06	4.28E+00	1.42E+01	4.67E+07
透水路面相对密级配路面的减少量		1.63E+07	4.50E+06	1.67E+00	4.33E+01	−2.81E+07

8.6.3　用户成本

养护阶段的用户成本更多地表现为时间、安全等隐性成本，其环境影响难以被评估，因此仅计算经济成本，具体计算结果见表 8-6。

表 8-6　　用户成本(仅经济成本)　　(单位：元)

路面类型	养护类型	时间延误成本	车辆延误成本	安全成本	总计(净现值)
DP	微表处(第 4 年)	7.60E+04	9.12E+04	4.90E+03	1.26E+05
	铣刨重铺(第 8 年)	4.92E+05	5.91E+05	3.18E+04	6.03E+05
PP	铣刨重铺(第 4 年)	4.05E+05	4.86E+05	2.61E+04	6.74E+05
	铣刨重铺(第 8 年)	9.23E+05	1.11E+06	5.96E+04	1.13E+06

8.6.4　使用阶段的经济成本和环境影响

根据之前给出的透水性能环境影响评估方法，并根据材料用量同步计算其环境影响，可以得出透水率的经济成本与环境影响，具体计算结果如表 8-7 所列。由于这些因素在时间上在未来 12 年内均匀分布，所以计算经济成本时每一年的净现值需要分别计算。

表 8-7　使用阶段透水率的经济成本和环境影响

影响因子		能耗/MJ	eCO_2/kg	Pb/kg	Zn/kg	成本/元
城市内涝	DP	2.53E+07	1.78E+06	1.45E+00	4.97E+00	4.95E+06
	PP	3.64E+06	2.57E+05	2.08E-01	7.16E-01	7.13E+05
水循环	DP	1.25E+07	1.47E+06	8.39E-01	4.37E-01	2.77E+06
	PP	0.00E+00	0.00E+00	0.00E+00	0.00E+00	0.00E+00
水净化	DP	0.00E+00	0.00E+00	0.00E+00	0.00E+00	0.00E+00
	PP	0.00E+00	0.00E+00	−1.08E+02	−1.00E+03	0.00E+00
总计	DP	3.77E+07	3.25E+06	2.28E+00	5.41E+00	7.72E+06
	PP	3.64E+06	2.57E+05	−1.08E+02	−1.00E+03	7.13E+05
透水路面相对密级配路面的减少量		3.41E+07	3.00E+06	1.11E+02	1.01E+03	7.01E+06

8.6.5 小结

将上述计算结果进一步整合，可得透水沥青路面和密级配沥青路面所有评价阶段内的经济成本和环境影响，如表 8-8 所列。各阶段经济成本及经济和环境综合成本比较结果如图 8-7 和图 8-8 所示。

表 8-8　所有评价阶段内的经济成本和环境影响

评价内容		能耗/MJ	eCO_2/kg	Pb/kg	Zn/kg	成本/元
原材料获取和施工	DP	4.11E+07	6.57E+06	5.32E+00	5.53E+01	1.74E+07
	PP	2.24E+07	1.93E+06	3.23E+00	1.07E+01	4.30E+07
养护和修复	DP	9.41E+05	1.86E+05	6.38E-01	2.17E+00	1.16E+06
	PP	3.28E+06	3.18E+05	1.05E+00	3.57E+00	3.68E+06
用户成本	DP	0.00E+00	0.00E+00	0.00E+00	0.00E+00	7.29E+05
	PP	0.00E+00	0.00E+00	0.00E+00	0.00E+00	1.80E+06
使用阶段透水性能	DP	3.77E+07	3.25E+06	2.28E+00	5.41E+00	7.72E+06
	PP	3.64E+06	2.57E+05	−1.08E+02	−1.00E+03	7.13E+05
总计	DP	7.97E+07	1.00E+07	8.24E+00	6.29E+01	2.70E+07
	PP	2.93E+07	2.51E+06	−1.04E+02	−9.88E+02	4.92E+07

当我们采取归一化的方法，将所有的环境影响等效为经济成本时，可以看到透水路面的透水性能在使用阶段带来了巨大的负成本，使透水路面的经济与环境综合成本接近于零，远低于普通密级配沥青路面的综合成本。这证明了透水路面的环保性能不仅仅可以抵消其相对庞大的初始建设和后期维护成本，还可以带来额外的收益。另外，可以证明整

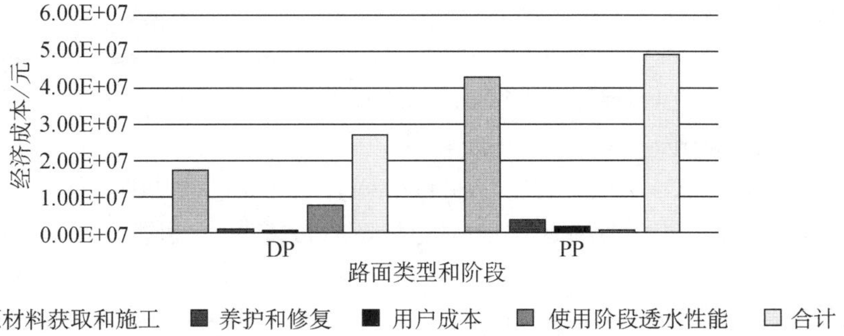

图 8-7　透水沥青路面和密级配沥青路面各阶段经济成本比较

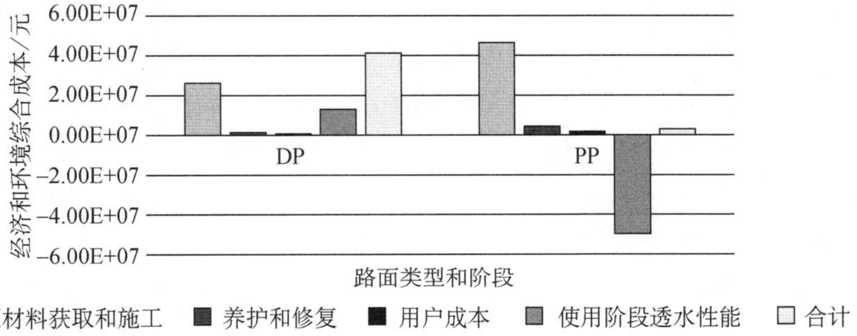

图 8-8　透水沥青路面和密级配沥青路面各阶段经济和环境综合成本比较

个评价过程中假定的一致性，始终未发生变更；且评价的范围与确定的目标相同，评价的完整性得到保证。故认为这一案例分析达成了初始确定的目标。最终的结论是透水路面具有极大的环境优越性，虽然其经济成本与普通密级配路面相比高出近一倍，但其环境影响远远超出额外的经济投入。

参考文献

[1] 朱青青.路面工程 LCCA 项目级模型及应用[D].广州：华南理工大学，2010.

[2] WALLS J，SMITH M R. Life-cycle cost analysis in pavement design-in search of better investment decisions[R].U.S：Federal HighwayAdministration，1998.

[3] 王长波，张力小，庞明月.生命周期评价方法研究综述——兼论混合生命周期评价的发展与应用[J].自然资源学报，2015(7)：1232-1242.

[4] 霍李江.生命周期评价(LCA)综述[J].中国包装，2003(1)：42-46.

[5] BILEC M. A hybrid life cycle assessment model for construction process[D]. Pittsburgh，United States：University of Pittsburgh，2007.

[6] LEONTIEF W W. Environmental repercussions and the economic structure：An input-output approach[J]. Review of Economics and Statistics，1970，52(3)：262-271.

[7] BULLARD C W，PENNER P S，PILATI D A. Net energy analysis-handbook for combining process and input-output analysis[J].Resource Energy，1978，1(3)：267-313.

[8] 蔡日升.沥青混合料能耗与碳排放量化分析体系研究[D].西安：长安大学，2013.

[9] KENDALL A，HARVEY J，LEE I S. A critical review of life cycle assessment practice for infrastructure materials [R]. US -Japan Workshop on Life Cycle Assessment of Sustainable Infrastructure Materials，Sapporo，Japan，2009.

[10] European Bitumen Association. Life Cycle Inventory：Bitumen[R]. 2011.

[11] 朱浩然.典型沥青路面施工期能耗及碳排放定额测算研究报告[R].江苏：江苏省交通科学研究院股份有限公司，2013.

[12] WANG T，HARVEY J，JONES D. A framework for life-cycle cost analyses and environmental life-cycle assessments for fully permeable pavements [R]. California：University of California Pavement Research Center，2010.

[13] WANG T，LEE I S，HARVEY J，et al. UCPRC life cycle assessment methodology and initial case studies on energy consumption and GHG emissions for pavement preservation treatments with different rolling resistance[R].California：University of California Pavement Research Center，2012.

[14] ZAABAR I，CHATTI K. Calibration of HDM4 models for estimating the effect of pavement roughness on fuel consumption for US conditions[C]//Transportation Research Board 2010 Annual Meeting，Washington，DC，2010.

[15] US EPA.MOVES(motor vehicle emissions simulator)[R]. United States Environmental Protection Agency，2010.

[16] GUI J，PHELAN P E，KALOUSH K E，et al. Impact of pavement thermophysical properties on surface temperatures[J].Journal of Materials in Civil Engineering，2007，19(8)：683-690.

[17] AKBARI H，POMERANTZ M，TAHA H. Cool surfaces and shade trees to reduce energy use and improve air quality in urban areas[J].Solar Energy，2001，70(3)：295-310.

[18] LAGERBLAD B. Carbon dioxide uptake during concrete life cycle-state of the art[R]. Swedish Cement and Concrete Research Institute，CBI. Nordic Innovation Centre Project Number 03018，Stockholm，Sweden，2006.

[19] BRANDT H C A，DE GROOT P C. Aqueous leaching of polycyclic aromatic hydrocarbons from bitumen and asphalt[J].Water Research，2001，35：4200-4207.

[20] RAJENDRAN S，GAMBATESE J A. Solid waste generation in asphalt and reinforced concrete roadway life cycles[J]. Journal of Infrastruct Systems，2007，13：88-96.

[21] THOMAS J V D，JOHN T H，STEPHEN T. Muench et al. Towards Sustainable Pavement Systems：A Reference Document[R]. Federal Highway Administration，2015.

[22] 黄仕伟.路面结构全寿命能耗分析方法[D].长沙：湖南大学，2013.

[23] MICHAEL Z H，MARK A J H. Life Cycle Impact Assessment[M].New York：Springer，2015.

[24] THOMAS J V D，JOHN T H，STEPHEN T M，et al. Towards Sustainable Pavement Systems：A Reference Document[R]. Federal Highway Administration，2015.

第 9 章　固体废弃物在透水路面中的资源化应用

随着城市化进程的加快与国内各行业的发展建设，无论是房屋改建、道路施工等产生的建筑固体废弃物，还是工业生产带来的工业固体废弃物，其数量在近十年一直呈现高速增长的状态。伴随着固体废弃物种类与产量的日益增长，固体废弃物的无序堆放与不健康处理往往会导致更为严重的环境污染。因此，固体废弃物处理已成为国际十大环境问题之一，而将固体废弃物应用于道路建设中通常是处理废弃物优先考虑的选择与研究方向。透水路面作为新兴的环保型路面，应当在满足道路设计与环境要求的前提下合理使用固体废弃物，避免废弃物自身所带来的污染，实现双赢。

9.1　固体废弃物分类与选择

固体废弃物是指人类在生产、消费、生活和其他活动中产生的固态、半固态废弃物质(国外的定义则更为广泛，动物活动产生的废弃物也属于此类)。固体废弃物主要包括固体颗粒、垃圾、炉渣、污泥、废弃制品、破损器皿、残次品、动物尸体、变质食品、人畜粪便等。有些国家把废酸、废碱、废油、废有机溶剂等高浓度的液体也归为固体废弃物。固体废弃物通常分为五类，如图 9-1 所示。

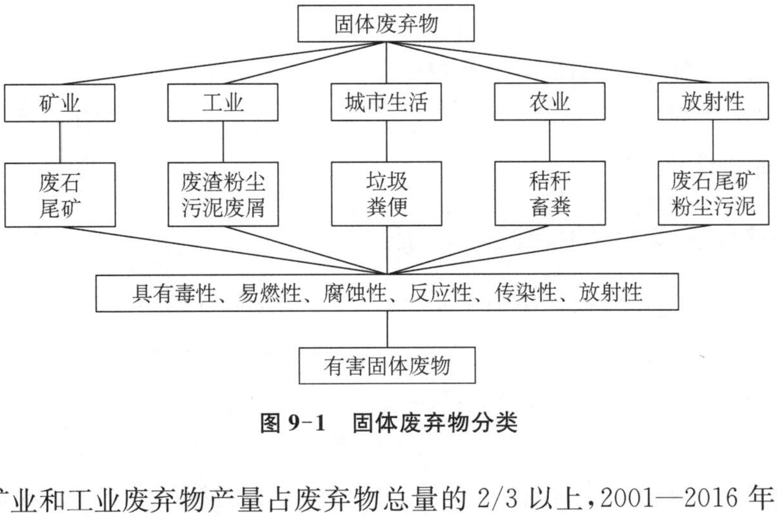

图 9-1　固体废弃物分类

其中，矿业和工业废弃物产量占废弃物总量的 2/3 以上，2001—2016 年的 15 年间，工业固体废弃物从最初的 9.45 亿 t 增长到 2016 年的 30.9 亿 t，同比增长 227%。未经处理的工业固体废弃物通常会对环境造成多方面的污染：

（1）对水域的污染。在雨水的作用下，固体废弃物渗沥液透过土壤渗入地下水中，造成地下水污染。如果将固体废弃物直接倒入河流、湖泊、海洋，会引起大批水生生物中毒死亡，从而造成更严重的污染。

（2）对土壤的污染。固体废弃物的存放不仅占用大量的土地，其渗沥液中所含的有毒物质会改变土壤结构和土质，杀死土壤中的微生物，破坏土壤的生态平衡，使土壤遭到污染。一些病菌通过农作物的富集由食物链进入人体，从而危害人体健康。

（3）对大气的污染。在固体废弃物堆放过程中，某些有机物在一定温度和湿度下发生分解，产生有害气体，造成对大气的污染；有些微粒状的废物会随风飘扬，扩散到大气中，造成空气污染，波及建筑物及花果树木的污染，影响人体健康[1]。

常规应用于道路建设的固体废弃物包括建筑拆除料（Construction and Demolition Materials，以下简称 C&D）、钢渣、赤泥、高炉渣、粉煤灰、煤渣等。此类废弃物危害较小，经过适当的工艺处理可成为工业原料或能源，其较废水、废气更易实现资源化。目前，利用一些工业固体废弃物已能制成多种产品，如制成水泥、混凝土集料、砖瓦、纤维、铸石等建筑材料。危险性废物占比小，通常是由于其自身所带来的严重污染和潜在的严重影响，因而其通常不在道路建设的考虑范围之内[2]。

9.2 建筑固体废弃物在透水路面中的应用

建筑固体废弃物又称建筑拆除料，是人们在从事拆迁、建设、装修、修缮等建筑业的生产活动中产生的渣土、废旧混凝土、废旧砖石及其他废弃物的统称。按产生源分类，建筑固体废弃物可分为工程渣土、装修垃圾、拆迁垃圾、工程泥浆等；按组成成分分类，建筑垃圾中可分为渣土、混凝土块、碎石块、砖瓦碎块、废砂浆、泥浆、沥青块、废塑料、废金属、废竹木等。

目前，在透水路面中应用最多的此类废弃物称为再生集料，一般指经历破碎、清洗以及重新分级后的废弃混凝土块。同时，作为集料在透水路面中的应用在目前已比较成熟，且得到了一定的实际应用[3]。

9.2.1 建筑垃圾在透水水泥混凝土中的应用

用于路面铺装的透水砖，考虑到强度的要求，孔隙率在 15%～20%为宜。资料显示，用于制作透水砖的浆体的水灰比决定着浆体流动性，水灰比的大小和浆体流动性是成正比的，水灰比越大，则被包裹的集料表面越光滑，但浆体易滴淌，从而聚集在试件的底部，不利于连通孔隙的形成。透水砖浆体的流动性可以用跳桌法测试的流动值表示，流动度越大，稠度越小[4]。对于同种浆体，流动值因集料的种类和粒径大小而不同，为了确定水灰比，试配多组试件，测出它们的抗压强度、实际孔隙率和透水系数，找出合适的流动度范围，根据结果选定合适的水灰比范围。

9.2.1.1　透水砖制作工艺

建筑物拆除过程中产生大量的废混凝土，构成了固体废弃物的主要组成部分。如果将它们回收利用于生产，既可减少建筑垃圾、减轻环境污染，又可节省对天然砂石的开采，从而产生显著的社会效益和经济效益。利用废旧混凝土作为主要原料研制透水砖，用于城市广场和城市道路的铺设，不仅能防止雨水汇集，保持交通畅通，有效解决城市“热岛效应”，吸尘、吸声、降低噪声，还可以美化环境，变废为宝，节约自然资源。其制备工艺如图 9-2 所示。

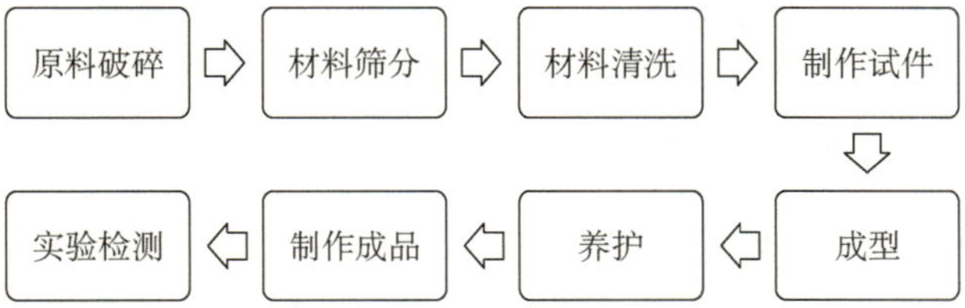

图 9-2　透水砖制作流程

9.2.1.2　制备工艺的影响因素

用废旧混凝土制备透水砖的主要工艺包括原料清洗、搅拌、成型、养护等。原料清洗工艺是指对建筑垃圾进行清洗，一方面，建筑垃圾一般产生在建筑物拆除现场，其中包含很多杂物，如现场黏附的土末、杂草、木屑等，这些杂物若是混在透水砖中，会影响胶凝材料浆体和建筑垃圾集料之间的黏结，严重影响透水砖制品的性能；另一方面，在混凝土块的破碎过程中会产生很多微细粉末，附着在破碎后的混凝土碎块上。此类微细粉末组成较为复杂，主要包括砂灰、粉尘以及建筑垃圾破碎时产生的粉尘。微细粉末首先在成型的过程中会影响水泥和集料的结合界面。其次，由于粉尘粒径较小，在透水砖成型过程中是以细集料的形式进入透水砖，严重影响透水砖透水性能[5]。

为了使透水砖的外形美观、颜色鲜艳，达到美化环境的效果，将建筑垃圾透水砖分为两层制：下面层和上面层。上面层掺入颜料制成彩色混凝土。在搅拌过程中，若只是刚开始搅拌时浆体比较干涩，搅拌几分钟后拌合物整体流动性增大，而且拌和物的表面呈现金属光泽，集料裹浆均匀，这样的拌和物制备出的透水砖综合性能较好。若是搅拌过程中一直感觉浆体干涩，则说明水灰比太小，制备出的试件强度会比较低。若是搅拌过程中拌和物一直较稀，胶结体和集料有分离的现象，则说明水灰比太大，制备出的试件透水性能比较差，应该减少水的用量。建筑垃圾制备透水砖制料的搅拌关键在投料顺序和搅拌时间。从制备过程来说，下面层首先将胶结材料水泥、硅粉、粉煤灰拌和均匀，再与集料混拌，然后加水及减水剂拌和均匀。而上面层则先将颜料与胶结材料混合拌匀，再与集料混拌，然后加入水及减水剂拌和均匀。最后，将拌和好的两种混合料装模，按先下面层，再上面层的顺序装填[6]。

9.2.1.3　成型与性能检测

成型工艺一般分为振动成型和静压成型，透水砖因为需要透水这一特性，通常对组分集料均匀分布具有一定的要求，故一般采取振动成型。首先，按计算好的配合比称量、配料并拌和均匀；其次，将拌和好的浆体装入模具，放置到振动台上，并在模具上加上配重块，开动电源进行振动；最后，完毕后用抹刀修平表面，用湿润的塑料薄膜覆盖，24 h 后脱模[7]。

9.2.1.4 透水系数测试

透水混凝土的透水系数是表征混凝土的透水性和使用效果的重要技术参数。目前，对透水混凝土透水系数的测试主要有两种方法：定水头和变水头。

1856 年，达西根据在装满砂的圆筒中的实验，得到如下关系式：

$$Q = K \cdot A \cdot \frac{H_1 - H_2}{L} \tag{9-1}$$

式中 Q——渗流量，mm^3/s；

H_1，H_2——通过砂样前后的水头，mm；

L——沿砂样水流方向的高度，mm；

A——砂样的横截面积，mm^2；

K——透水系数，也叫水力传导系数，mm/s。

1. 常水头透水性试验方法（本次采用）

这种方法是日本混凝土工学协会推荐的透水性混凝土透水系数试验方法，它主要参考日本标准《土壤饱水渗透率的试验方法》(JIS A 1218—1998)，试验时采用定水头法，根据达西公式测定混凝土透水系数[8]。

该测试装置采用高度为 H(mm)、断面为 A(mm^2)的圆柱形试件，上部密封连接透明的圆形套筒，并在套筒的上部设一出水口。将试件及圆形套筒放入一个水槽中，水槽的上部设出水口。水槽出水口至套筒出水口之间的距离为水头差 h。试验前将试件充分饱水，将水槽中充满水直至水从出水口流出；从套筒上部不断给水，使试件上部水位高度保持不变，测定从水槽出水口流出的水量 Q(mm^3)和出水时间 Δt(s)。根据达西定律，在一定水头差作用下，单位时间内通过混凝土的水量与混凝土试件的横截面积成正比，与其高度成反比，即：

$$Q_1 = \frac{K \cdot A \cdot h}{H} \tag{9-2}$$

式中 Q_1——单位时间内溢出口流出的水量，mm^3/s，$Q_1 = Q/\Delta t$；

K——根据达西定律定义的透水系数，表示水在混凝土中流动的难易程度，mm/s；

A——试件的横截面积，mm^2；

h——水头差，mm，这里的水头差 h 就是式(9-1)中的 $H_1 - H_2$；

H——试件的高度，mm。

2. 变水头透水性试验方法

采用装置为两端开口的带刻度透明圆筒，圆筒内直径为 80 mm。测量时将圆筒置于试件上表面，圆筒与试件之间用蜡条密封连接。向圆筒中加满水，水通过试件向下渗漏。测量水面从 H_1 下降至 H_2 所经历的时间，则透水系数 K_1 可用式(9-3)计算：

$$K_1=(H_1-H_2)/\Delta t \quad (\text{mm/s}) \tag{9-3}$$

式中　K_1——测定的透水系数，mm/s；

$\Delta h=H_1-H_2$——水位变化高度，mm；

Δt——水位下降一定高度所经历的时间，s。

此方法中的透水系数是利用渗透速度来定义的。从式(9-3)中可以看出用渗流速度定义的透水系数与水位高度有关，当水位越高时，透水速度就越快。实验结果见表 9-1。

表 9-1　　建筑垃圾透水混凝土实验设计及结果(28 d)

组别	骨料粒径/mm	水灰比	替换率/%	灰集比	抗压强度/MPa	透水系数/$(\text{mm}\cdot\text{s}^{-1})$
1	4.75～9.5	0.31	0	0.25	32.1	13.2
2	4.75～9.6	0.31	10	0.25	30.2	12.9
3	4.75～9.7	0.31	20	0.25	28.1	12.5
4	4.75～9.8	0.31	30	0.25	25.6	11.8
5	4.75～9.9	0.31	40	0.25	22.3	11.1

9.2.2　建筑垃圾在透水沥青路面中的应用

在透水沥青路面中通常采用的建筑拆除料有再生集料(Recycled Concrete Aggregates, RCA)，碎石(Crushed Brick, CB)，废旧沥青混合料(Reclaimed Asphalt Pavement, RAP)。对于 RCA 及 CB 在透水路面中的应用基本与其在透水混凝土中的应用类似，使用方法基本为等量替代，此类情况由于再生集料自身性质与常规集料差异，常常对其耐久性造成一定影响。此外，当前不论是传统密级配沥青混合料还是 OGFC 混合料的再利用，都面向普通沥青路面(基层、面层)。此类处理经常会浪费掉 OGFC 混合料中原始存在的优质高黏沥青，然而对于将 OGFC 旧料再利用至 OGFC 路面的研究目前仍存在不足，大部分情况下只将其用于基层。北京建筑大学的徐世法[9]对 20%掺加率的回收 OGFC 混合料进行了一定的研究，并提出了添加木质纤维的改善方法。

9.2.2.1　材料选择与物理指标测定

根据美国材料与试验协会(American Society for Testing Materials, ASTM)发布的规范《土壤粒度分析的标准试验方法》(D 422-63—2007)先进行筛分试验，并对筛分得到的材料进行蒸馏水清洗并烘干。之后，对烘干后的材料依次进行表观密度试验，砂当量试验，高黏沥青的旋转薄膜烘箱加热老化(RTFOT)试验。

1. 表观密度试验(容量瓶法)

材料的表观密度测定采用《公路工程集料试验规程》(JTG E 42—2005)中 T 0328—2005 细集料表观密度试验方法进行。试验时,将水注入容量瓶,接着放入烘干的试样约 300 g(m_0),随后摇转容量瓶,将气泡排出,塞紧瓶塞静置 24 h 左右,然后再加水至瓶颈刻度线处,塞紧瓶塞,擦干瓶子表面水分,称其总质量(m_2)。最后倒出瓶中水和试样,洗净之后注入同样温度的洁净水至瓶颈刻度线处,称其总质量(m_1)。按式(9-4)计算表观相对密度。

$$\gamma_a=\frac{m_0}{m_0+m_1-m_2} \tag{9-4}$$

式中 γ_a——集料的表观相对密度,无量纲;

m_0——集料的烘干质量,g;

m_1——水及容量瓶的总质量,g;

m_2——试样、水及容量瓶的总质量,g。

2. 砂当量试验

砂当量值测定采用《公路工程集料试验规程》(JTG E 42—2005)中 T 0334—2005 细集料砂当量试验方法进行。试验前,按照规程配备冲洗液并准备烘干的试样,先将冲洗液加入试筒至下面的 100 mm 刻度处,然后加入 120 g 试样,反复敲打试筒下部,去除气泡,静置 10 min。接着用机械振荡器振荡试筒 90 次,将液面补充到 380 mm 刻度线处,静置 20 min,分别测量絮状凝结物上液面高度(h_1)以及放置配重活塞后,试验筒顶面至活塞底面的高度(h_2)。实验仪器如图 9-3 所示。按式(9-5)计算砂当量值。

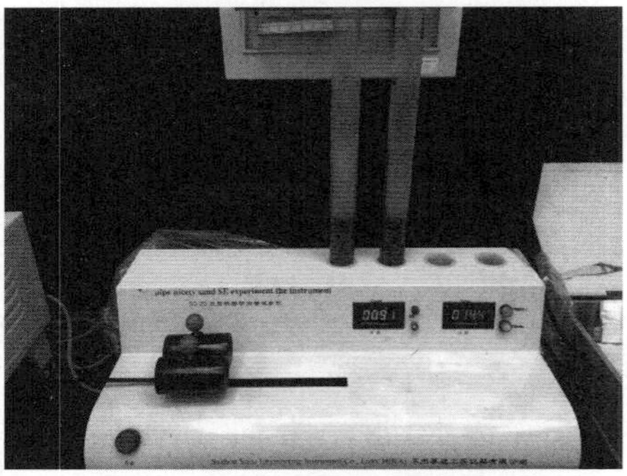

图 9-3 砂当量仪器(含机械振荡器)

$$SE=\frac{h_2}{h_1}\times 100\% \tag{9-5}$$

式中 SE——试样的砂当量,%;

h_2——试筒中用活塞测定的集料沉淀物的高度,mm;

h_1——试筒中絮凝物和沉淀物的总高度,mm。

9.2.2.2 路用性能指标测定

沥青胶浆由沥青和填料混合制成,填料在胶浆内部的分布会对胶浆性能产生较大的影响,通过参考国内外文献,比照不同的胶浆制备方法,最终确定使用胶浆剪切机和小型搅拌机来制备沥青胶浆。

本研究所用沥青为高黏沥青,故在胶浆制备和试验过程中需要保证较高温度,设定为

185 ℃。填料在沥青加热的同时，也需要在 180 ℃的烘箱中烘一个小时左右，保证填料干燥的同时保证与沥青的温度接近。接着，将填料分成三份，等量添加至沥青中，第一次添加填料之后，拿玻璃棒充分搅拌，然后开启胶浆剪切机，将仪器的剪切速率设定为 4 000 r/min，剪切 5 min 后，加入第二份填料，10 min 后加入第三份填料，之后充分剪切，使沥青胶浆混合均匀。之所以分开加入等量填料的原因在于：①防止由于添加填料过多，在剪切的时候填料飞出，影响掺量粉胶比的准确性；②防止填料颗粒结团，虽然使用高速剪切机均匀剪切，但是在填料过多的情况下容易在沥青表面张力的作用下，结团黏附在容器底和容器壁上。依次采用析漏损失、肯塔堡飞散、马歇尔稳定度、动稳定度、冻融劈裂强度来评价其路用性能。实验结果如表 9-2 所列。

表 9-2　　　　OGFC-13 性能实验

类别	油石比/%	OGFC 回收料替代率/%	孔隙率/%	析漏损失/%	肯塔堡飞散/%	马歇尔稳定度/kN	动稳定度/(次·mm^{-1})	冻融劈裂强度比/%
OGFC-13	5	0	20	0.29	11	6.95	7 683	87.3
再生-1	5	10	19.7	0.25	12.1	7.39	9 325	83.2
再生-2	5	20	19.5	0.24	13	7.50	12 300	80.6
规范值	—	—	18～25	<0.3	<20	≥3.5	≥3 000	≥80
方法	—	—	T0705	T0732	T0705	T0709	T0719	T0729

9.2.2.3　小结

目前，透水混凝土在国内已经得到较大程度推广，而建筑固体废弃物在透水混凝土中的应用目前以再生集料为主，强度较常规集料有所下降，且由于再生集料自身在破碎过程中存在较多细小孔隙，通常拥有更大吸水率，对于其在寒冷气候下冻融性能及饱水状态下力学性能具有一定影响。透水沥青路面在过去几十年间以排水沥青路面为主，得到了较大规模推广，且技术已经相对成熟。建筑垃圾在透水沥青路面中绝大部分以基层利用为主，在利用 RAP 掺入 OGFC 时孔隙率会稍稍降低，而动稳定度却会大幅提升，但冻融劈裂强度却下降到规范边缘，表面其抗水损坏性能在较为恶劣的气候条件下有可能无法满足要求，因此需要进行性能改善，例如添加木质纤维、高性能添加剂或优化配合比等。

9.3　赤泥在透水路面中的应用

赤泥是氧化铝冶炼工业生产过程中排出的固体废弃物，因一般含有较多的氧化铁成分，其外观颜色与赤色泥土相似故而得名。目前，我国年排出的赤泥量达万吨以上，累积赤泥堆存量高达亿吨，但其利用率仅为 15%左右。

赤泥的主要污染物是碱、氟化物、钠和铝等，这些污染物经各种途径进入地下水，随着食物链进入人体,或者人们长期饮用含有这些污染物的地下水,各种污染离子就会在人体内富集,对人体造成危害。赤泥中氟化物含量远超过国家标准,其长期影响不容忽视。铝对人体的危害主要表现在降低人的消化功能以及影响肝功能,另外对人脑神经也会产生不利影响。赤泥滤水在进入地下水体的过程中,除将本身的污染物带入外,同时通过溶滤作用将大量的硫酸根离子、钙离子带入地下水体,造成二次污染。因此,必须对赤泥再处理后加以利用,才能变废为宝减少污染。

当前对于赤泥的利用主要包括:

(1) 生产水泥。20 世纪 90 年代赤泥就已经用于生产水泥,但由于赤泥含碱量高,所以生产过程中赤泥的掺量受水泥含碱指标制约,赤泥利用水平在此类情况下仅有 5%~20%,后续研究中的赤泥脱碱技术解决了此类问题却大幅提升了生产成本。

(2) 生产建筑用砖材料。利用赤泥生产建筑材料一直是研究热点,此类涉及赤铁矿等矿渣烧制成砖技术,在此不做赘述。

(3) 掺入混凝土。自 20 世纪以来,国内外相继开展了相关研究。结果表明,当赤泥代替水泥用量较少时,具有一定应用前景;而用量过多时,会造成强度明显下降。

(4) 金属的回收。赤泥一般是由冶炼赤铁矿的矿物资源所得,所以其常常被用来进行进一步提取回收金属二氧化钛及铁等。

9.3.1 赤泥在透水水泥混凝土路面中的应用

9.3.1.1 材料选择与物理性质

(1) 水泥:强度等级 P·O 42.5;密度 3.2 g/cm^3;比表面积 330 m^2/kg。

(2) 矿粉:改性赤泥粉状。

(3) 减水剂:聚羧酸减水剂:减水率为 20%;掺量为胶凝材料用量的 0.5%。

(4) 保水剂:羟丙基甲基纤维素醚,黏度为 60 000~200 000 m Pa·s。

(5) 赤泥样品来源见表 9-3,其物理指标见表 9-4。

表 9-3　赤泥样品的来源及产生工艺

编号	企业地区	生产工艺	矿石类型
CN-1	河南	高温拜耳法	一水硬铝石型铝土矿

表 9-4　赤泥的主要物理指标

序号	物理指标	指标值
1	密度/(g·cm^{-3})	2.97
2	塑性指数	17~30
3	液性指数	0.92~3.37
4	熔点/℃	1 150~1 250

9.3.1.2　成型与力学性能

为保证透水水泥混凝土路面施工中不流浆堵孔、底部不封浆、集料颗粒能嵌挤形成良好的拱架结构，透水水泥混凝土路面施工中宜采用击实成型或摊铺碾压成型的方式，由此透水水泥混凝土的工作性设计按干硬性混凝土设计。与之相适应，室内试件成型采用静压成型和碾压成型方式。

1. 抗压试件成型

抗压试模采用 100 mm×100 mm×100 mm 单模；钢套筒内净边长 100 mm，高 40 mm，筒壁厚 15 mm；钢压头底边长 98 mm×98 mm，厚 15 mm。将钢套筒对准安置在试模上，拌和物装入试模中，加上钢压头，置于液压压力机下静压成型。

2. 抗折试件成型

抗折试模尺寸为 100 mm×100 mm×400 mm，采用轮碾碾压成型，钢轮直径为 200 mm，宽 98 mm。试件碾压密实度不低于静压试件密实度。

3. 试件养护

为避免试件表面失水对透水水泥混凝土力学性能的影响，试件成型后立即用塑料薄膜覆盖并进入标养室养护。标准养护条件：温度是(20±3)℃，相对湿度为 90%以上。带模一天后拆模，按普通混凝土养护相关规定标养至 3 d，28 d，测试其抗压强度和抗折强度。

4. 性能测试

抗压强度试件尺寸为 100 mm×100 mm×100 mm，每个龄期制作 3 个试件，试验结果取 3 个试件的平均值为代表值；当最大值或最小值与中间值之差大于中间值的±15%时，取中间值为代表值；当最大值和最小值与中间值之差均大于中间值的±15%时，试件作废。

抗折强度试件尺寸为 100 mm×100 mm×400 mm，每个龄期制作 3 个试件，采用三点加荷，试验结果取 3 个试件的平均值为代表值；当最大值或最小值与中间值之差大于中间值的±15%时，取中间值为代表值；当最大值和最小值与中间值之差均大于中间值的±15%时，试件作废。折断后的断块参照水泥胶砂试验做混凝土抗压强度测试，上下压板采用 10 mm 钢板加工制作，混凝土受压面积为 100×100(mm^2)。试验结果取 6 个试件的平均值为代表值，当不超过两个试件测试值大于平均值的±15%时，取其余 4 个或 5 个试件的平均值为代表值；当 3 个或 3 个以上试件的测试值均超过平均值的±15%时，试件不具有代表性。

赤泥透水混凝土实验设计及试验结果如表 9-5 所列。

表 9-5　　赤泥透水混凝土实验设计及结果(28 d)

组别	骨料粒径/mm	水灰比	替换率/%	灰集比	抗压强度/MPa	透水系数/($mm \cdot s^{-1}$)
1	4.75～9.5	0.31	0	0.25	32.1	13.2
2	4.75～9.6	0.31	5	0.25	20.3	12.5

（续表）

组别	骨料粒径/mm	水灰比	替换率/%	灰集比	抗压强度/MPa	透水系数/(mm·s^{-1})
3	4.75～9.7	0.31	10	0.25	17.5	12.1
4	4.75～9.8	0.31	15	0.25	15.6	11.3
5	4.75～9.9	0.31	20	0.25	14.9	11.1

9.3.2 赤泥在透水水泥沥青路面中的应用

9.3.2.1 材料选择与物理性能

1. 集料

粒径在13.2 mm以下的细集料采用玄武岩，粒径在13.2 mm以上的粗集料采用石灰岩。

2. 沥青

高黏改性沥青，按照AASHTO TP5对DSR试验的要求进行PG分级试验，该沥青为PG-76号沥青。

3. 填料

填料为普通石灰岩矿粉与改性赤泥。

9.3.2.2 路用性能试验

1. Brookfield旋转黏度试验

Brookfield旋转黏度仪是依靠旋转运动来产生简单剪切，用来快速确定材料的黏弹性等各方面的流变性质的一种测试仪器。旋转黏度仪由内筒和外筒构成，通常是固定外筒以一定的角速度旋转内筒，通过沥青黏性的带动，使得外筒受到一定的剪切应力，最后数据采集系统输出结果。高黏度沥青胶浆是一种复杂的混合物，在温度较低时属于典型的非牛顿流体，而随着温度的升高，胶浆由非牛顿流体逐渐向牛顿流体过渡，通过测量不同温度下的胶浆黏度，可以研究胶浆的流变性质。

Brookfield旋转黏度仪是国际上使用较为广泛的测量沥青黏度的仪器，多用于测量沥青及沥青胶浆的高温黏度。Brookfield旋转黏度仪主要由Brookfield旋转黏度计和保温容器组成，如图9-4所示。

需要注意的是，在每个试验温度下，每隔60 s读数一次，连续读数3次，以3次读数的平均值作为测定值。另外，试验温度应从低到高进行，盛样筒和转子的恒温时间保持在1.5 h，此外每次调整新的温度，都应该恒温至少20 min以避免误差。

2. 弯曲梁蠕变试验

美国SHRP研究开发了弯曲梁流变仪(BBR)，应用工程上梁理论来测量沥青及沥青胶浆小梁试件在蠕变荷载作用下的劲度，试验规程见AASHTO M320。

弯曲梁流变仪由三个部分组成，机械加载装置、温度控制装置和数据采集系统。该仪

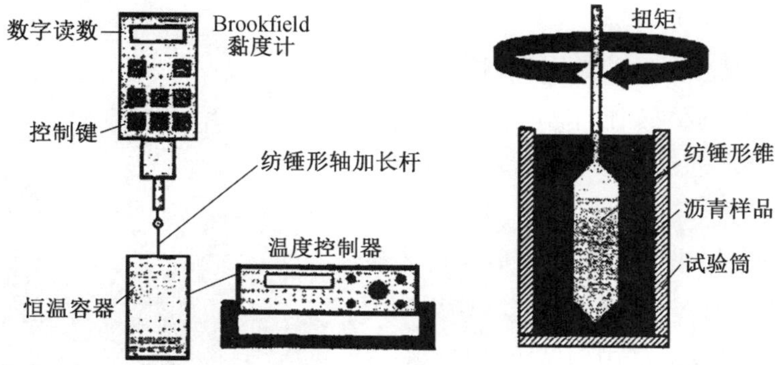

图 9-4　Brookfield 旋转黏度仪

器利用瞬时蠕变荷载，将钝头椎体在两端支撑的沥青梁中间部位以弯曲方式在恒定低温下进行加载。空气轴中安装在加载轴上的荷载传感器是关闭的，以消除阻力。轴上传感器可检测梁弯曲程度。采用气动压力加载，如图 9-5 所示。

图 9-5　弯曲梁流变仪

图片来源：http://images.qianyan.biz。

弯曲梁蠕变试验数据是通过数据采集设备每隔 0.5 s 或更少的时间自动采集一次，采集的数据包括加载时间(s)，荷载大小(N)，变形挠度(mm)以及温度(℃)。接着，附带的电脑软件就自动按照式(9-6)计算加载时间分别为 8.0 s，15.0 s，30.0 s，60.0 s，120.0 s 和 240.0 s 的劲度模量。

$$S_{\mathrm{m}}(t)=\frac{PL^3}{4bh^3W(t)} \tag{9-6}$$

式中　$W(t)$——梁随时间变化的跨中挠度，mm；

P——施加在梁上的集中荷载，N；

L——梁的跨距，mm；

b——梁宽，mm；

h——梁厚，mm。

将 8.0 s，15.0 s，30.0 s，60.0 s，120.0 s 及 240.0 s 计算的劲度模量的对数与时间对数进行二次多项式回归，即按照式(9-7)模型进行回归，通过回归确定模型的系数之后，按照式(9-8)求解拟合劲度曲线的斜率 m 值。

$$\lg S_{\mathrm{m}}(t)=A+B\lg t+C\lg^2 t \tag{9-7}$$

$$m(t)=\left|\frac{d\lg S_{\mathrm{m}}(t)}{d\lg t}\right|=\left|(B+2C\lg t)\right| \tag{9-8}$$

3. 动态剪切流变试验

动态剪切流变仪(DSR)是用来测定高温和中等温度下的沥青胶浆黏性和弹性性质，如图9-6所示。在设定的温度和荷载频率下，DSR测量复数剪切模量(G^*)和相位角(δ)，其中复数剪切模量(G^*)用来表示在重复剪切时胶浆抵抗变形的能力，有$G^* = \tau_{max}/\gamma_{max}$，作用应力和由此而产生的应变滞后用相位角($\delta$)表示。

图9-6 剪切流变仪示意图

图片来源：http://jxjky.jxjt.gov.cn。

动态剪切流变仪的工作原理是：将沥青夹在一个固定和一个能左右振荡的板之间，振荡板从一端移动到另一端，又返回到原处，形成一个循环周期。试验过程采用应变控制模式，应变值$\gamma = 10\%$，频率$\omega = 10$ rad/s，约1.59 Hz，试样直径为25 mm，厚度为1 mm，试验方法参照AASHTO-TP5进行。

当剪应力通过旋转轴加载到沥青胶浆上时，动态剪切流变仪就会测出胶浆对应此剪应力时产生的剪应变。对于绝对弹性材料，剪应变的产生与应力相一致，其相位角δ为0°，而对于完全黏性材料，相位角δ接近90°。

复数剪切模量G^*既包括弹性(可恢复)部分又包括黏性(不可恢复)部分，一般来说，评价沥青材料抗永久变形能力引入抗车辙因子$G^*/\sin\delta$，在最高路面设计温度下，抗车辙因子越大，表示沥青的流动变形越小，其抵抗车辙产生的能力越强，反之，则说明抗车辙能力越弱。

4. 拉拔试验(BBS)

拉拔试验是通过在外界对黏附有沥青的拔头施加拉拔力，测量最终发生破坏时的拉应力强度来定量地表征沥青胶浆的黏附性能。具体的试验规程参照AASHTO TP-91。试验过程中需要用到玄武岩石板、废弃压石板以及特制拔头。

试验准备工作包括，将玄武岩石板和拔头加热到185 ℃，接着依次放置硅胶圈，加热后的沥青以及拔头，然后取废弃压石板加压1 h，将石板置于40 ℃的水浴箱中保温96 h，放置20 ℃常温保温1 h后利用Positest AT-A测试装置拉拔，测得破坏时的拉拔强度。最终试样如图9-7所示。

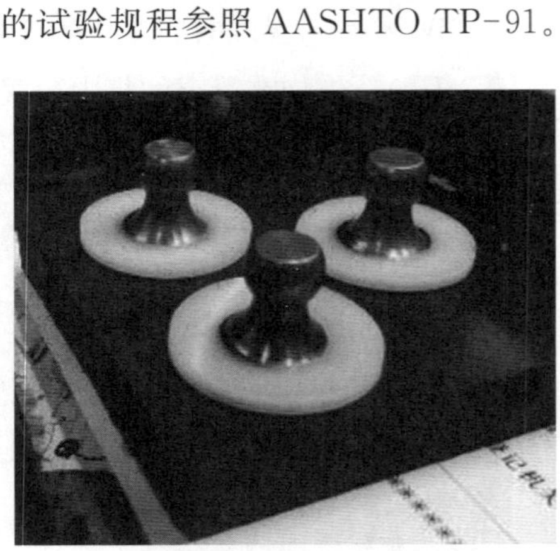

图9-7 拉拔试验装置(拔头、硅胶圈和玄武岩石板)

9.3.2.3 路用性能试验结果分析

1. 布氏黏度试验

沥青的黏性反映了沥青在外力作用下抵抗剪

切变形的能力，其随温度的变化直接反映了沥青的感温性能，通过布氏黏度试验做出沥青胶浆的黏温曲线能够评价其高温性能。沥青路面是以沥青胶浆作为胶结料，将松散的砂石料黏结起来，形成具有一定强度的结构物，所以沥青胶浆的黏结性能对其路用性能有很大的影响。沥青胶浆黏度越大，黏结力越强，所拌制的沥青混合料强度越高，稳定性和耐久性越好，沥青路面抗车辙能力越强。

材料根据其黏性与剪变率的关系分为牛顿流体和非牛顿流体。其中，凡是符合牛顿黏性定律的液体，都称为牛顿流体。牛顿黏性定律的数学表达式见式(9-9)。

$$S = \eta D \tag{9-9}$$

式中　S——剪应力；

D——剪变率；

η——流动物体的黏性常数。

这里牛顿流体的黏性常数即黏度(η)与剪变率(D)无关，故在剪应力和剪变率的关系图中是一条通过原点的直线。而非牛顿流体黏度(η)会随着剪变率(D)的变化而变化，这时就构不成直线关系。

本研究对象为高黏度沥青胶浆，它是一种复杂的混合物，在温度较低时属于典型的非牛顿流体，而随着温度的升高，胶浆由非牛顿流体逐渐向牛顿流体过渡。原数据统计表见表 9-6。

表 9-6　　不同温度下各胶浆旋转黏度试验结果

温度/℃	黏度/(mPa·s)										
	原样沥青	老化沥青	矿粉胶浆			普通赤泥胶浆			改性赤泥胶浆		
			0.3 粉胶比	0.6 粉胶比	0.9 粉胶比	0.3 粉胶比	0.6 粉胶比	0.9 粉胶比	0.3 粉胶比	0.6 粉胶比	0.9 粉胶比
135	2 449	3 878	4 906	10 580	13 830	7 099	22 640	39 557	6 743	21 633	40 890
175	510	621	1 007	1 373	1 942	1 071	2 196	3 124	862	2 144	3 545
185	—	—	846	967	843	782	1 493	2 215	614	1 452	2 587

注：表中—代表由于扭矩百分比超出了仪器测量范围，故无法继续进行黏度测量。

对不同的沥青胶浆在 135 ℃和 175 ℃情况下的黏度进行比较，结果如图 9-8 和图9-9 所示。

从图 9-8 和图 9-9 中可以看出，不管是 135 ℃还是 175 ℃，对原样沥青进行 RTFOT 老化处理或者加入填料均能不同程度地提高其黏度。相较于矿粉胶浆而言，掺入普通赤泥和改性赤泥后均对胶浆黏度有着更大程度的提高，即短期老化沥青＜矿粉沥青胶浆＜普通赤泥沥青胶浆≈改性赤泥沥青胶浆。当粉胶比同样在 0.3～0.6 范围内时，普通赤泥对沥青胶浆黏度的提高能达到最优的效果，当粉胶比进一步扩大到 0.9 时，改性赤泥的影响是最大的。

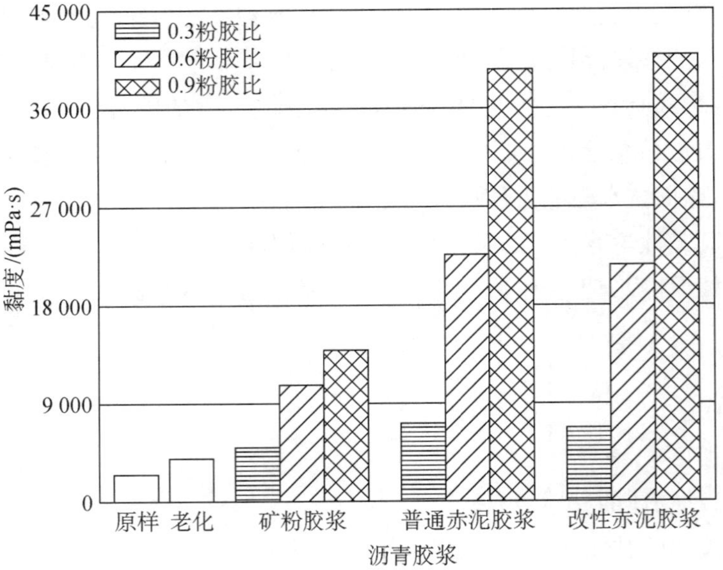

图 9-8 135 ℃时不同填料种类和掺量的胶浆黏度

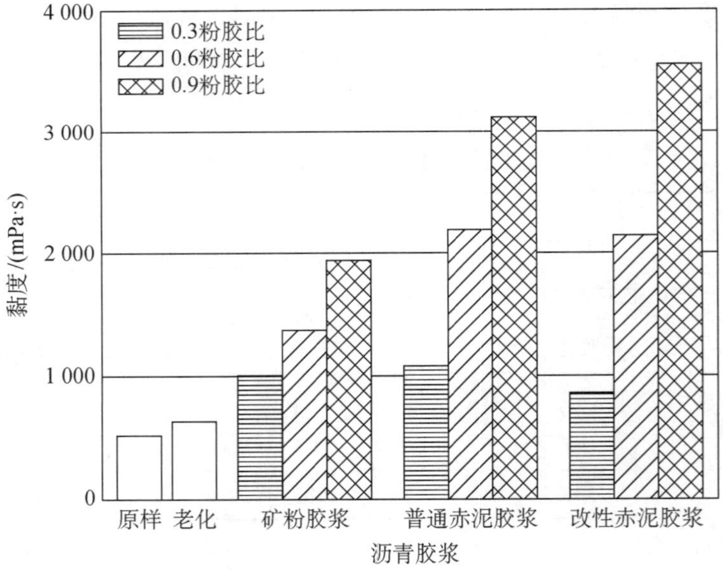

图 9-9 175 ℃时不同填料种类和掺量的胶浆黏度

在同样的温度下，掺入矿粉的沥青胶浆相较于短期老化沥青而言，具有更高的黏度增长率，同时，随着粉胶比的增大，增长率也随之提高。相比于矿粉沥青胶浆和短期老化沥青而言，掺入普通赤泥和改性赤泥的胶浆，黏度增长率均有较大的提高，即短期老化沥青＜矿粉沥青胶浆＜普通赤泥沥青胶浆≈改性赤泥沥青胶浆。其中，当粉胶比在0.3～0.6范围内时，普通赤泥胶浆的黏度增长率要大于改性赤泥胶浆的黏度增长率，当粉胶比达到0.9时，改性赤泥胶浆的黏度增长率最大。

2. 弯曲梁蠕变试验分析

弯曲梁蠕变试验反映了沥青胶浆在低温条件下抵抗脆性破坏的能力，一般要求劲度模量取值小于 300 MPa，变化速率 m 值大于 0.3 为合适范围。为了获取较为准确的数据，每种胶浆都设置三个平行试验组，制备三根小梁，最终的劲度模量和变化速率 m 值取的是三者的平均值，试验数据结果见表 9-7。

表 9-7　　低温弯曲蠕变试验结果

	温度/℃	原样沥青	老化沥青	矿粉胶浆			普通赤泥胶浆			改性赤泥胶浆		
				0.3 粉胶比	0.6 粉胶比	0.9 粉胶比	0.3 粉胶比	0.6 粉胶比	0.9 粉胶比	0.3 粉胶比	0.6 粉胶比	0.9 粉胶比
劲度模量/MPa	−12.0	90.4	112.5	131.7	203.0	274.0	106.0	203.0	326.0	160.0	235.3	344.0
	−18.0	219.0	245.5	296.0	448.0	448.5	264.3	387.5	681.0	375.0	494.3	636.0
	−24.0	428.0	467.5	566.0	753.5	995.5	506.0	712.5	1 110.0	569.5	884.5	951.3
变化速率 m 值	−12.0	0.392	0.335	0.383	0.368	0.341	0.370	0.331	0.355	0.377	0.362	0.331
	−18.0	0.313	0.297	0.310	0.294	0.203	0.294	0.217	0.258	0.292	0.264	0.229
	−24.0	0.208	0.211	0.229	0.210	0.179	0.199	0.140	0.183	0.164	0.183	0.141

根据不同的填料种类，按照温度的变化分别拟合劲度模量和变化速率 m 值的变化曲线，分析在温度变化的过程中，同种填料种类不同掺量的沥青胶浆劲度模量和变化速率 m 值的变化关系，并将不同粉胶比的胶浆进行对比。图 9-10—图 9-15 为不同胶浆在不同温度下劲度模量和变化速率 m 值的比较。

从图 9-10、图 9-12 和图 9-14 均可以看出，随着温度的降低，沥青胶浆的劲度模量呈现增大的趋势，而且相较于原样沥青而言，短期老化后的沥青胶浆以及掺入填料后的胶浆的劲度模量都会增大。从图 9-11、图 9-13 和图 9-15 可以看出，变化速率 m 值与劲度模量具有相反的规律，即随着温度的降低，m 值大小也会下降，表现为沥青胶浆的变形能力越弱，内部产生的剪切应力越大。

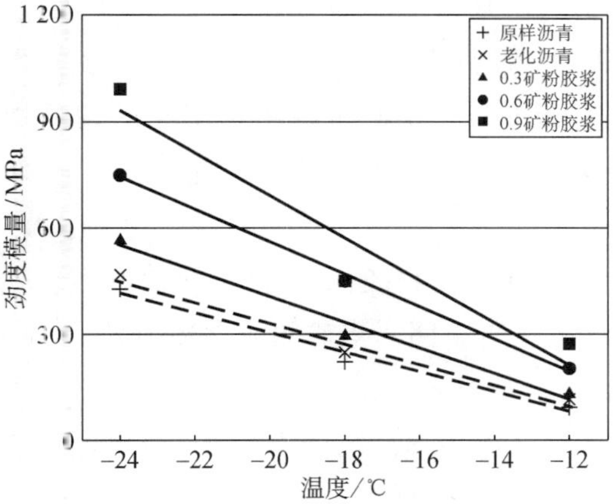

图 9-10　矿粉胶浆劲度模量比较

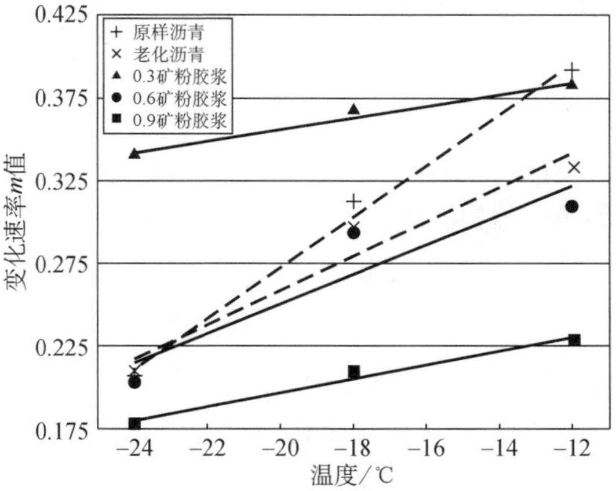

图 9-11　矿粉胶浆变化速率 m 值比较

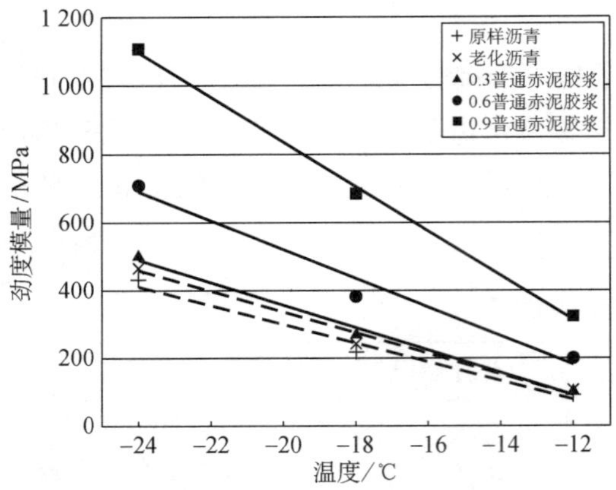

图 9-12　普通赤泥胶浆劲度模量比较

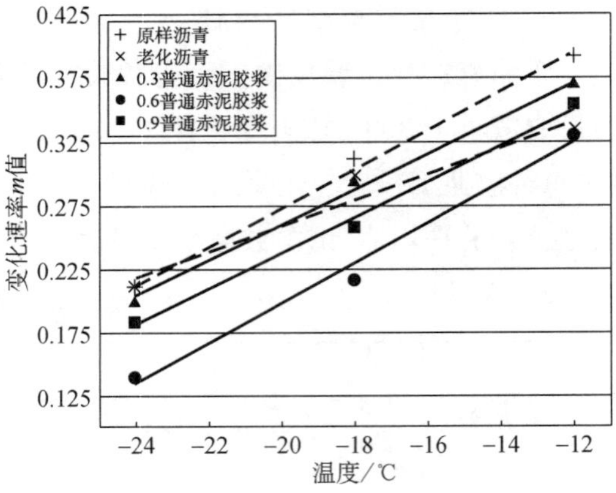

图 9-13　普通赤泥胶浆变化速率 m 值比较

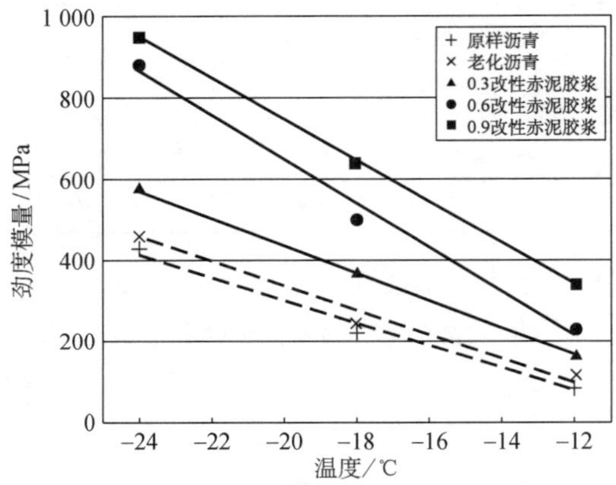

图 9-14　改性赤泥胶浆劲度模量比较

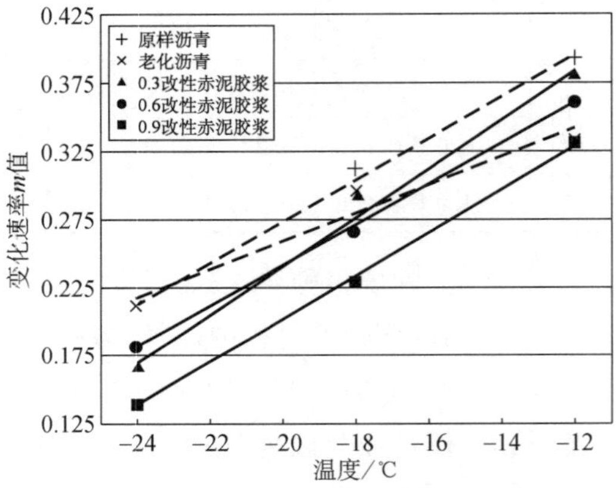

图 9-15　改性赤泥胶浆变化速率 m 值比较

3. 填料掺量与劲度模量和变化速率 m 值的变化关系

温度在−12 ℃时，沥青胶浆的劲度模量和变化速率 m 值基本在合理范围之内，而在−24 ℃时劲度模量和变化速率 m 值基本都超过规定范围。于是，取温度在−18 ℃的情况下的各种胶浆，按照填料种类分成三类进行比较分析。如图 9-16—图 9-18 所示。

从图 9-16—图 9-18 可以看出，整体上来说，随着粉胶比的增大，沥青胶浆的劲度模量也随之增大，但是其变化速率 m 值却逐渐下降。实验过程中由于在剪切搅拌和制模、脱模的过程中难免出现问题，造成一些细小误差(0.9 普通赤泥的变化速率 m 值不减反增)。

对于矿粉胶浆而言，当粉胶比达到 0.6 之后，再次提高粉胶比，劲度模量没有出现太大的变化，而变化速率 m 值却随着粉胶比的增大一直下降。当矿粉胶浆粉胶比为 0.3 时，其劲度模量满足小于 300 MPa 的要求，且变化速率 m 值也满足大于 0.3 的要求。

对于普通赤泥胶浆而言，当粉胶比为 0.3 时，其劲度模量和变化速率 m 值也近似于满足规范要求值，但是随着粉胶比的增大，劲度模量也一直增大，抗裂性能下降。改性赤

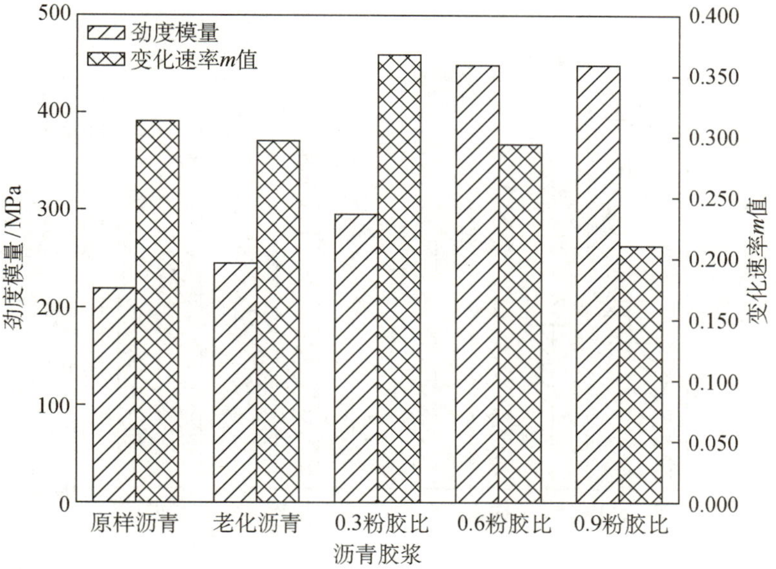

图 9-16　−18 ℃下矿粉胶浆劲度模量和变化速率 *m* 值比较

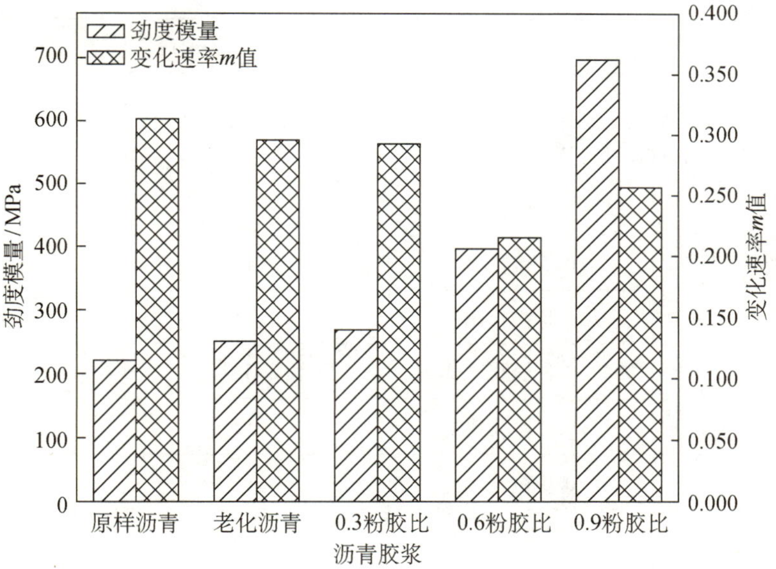

图 9-17　−18 ℃下普通赤泥胶浆劲度模量和变化速率 *m* 值比较

泥和普通赤泥的低温性能类似，劲度模量随着粉胶比的增大而增大，变化速率 m 值随着粉胶比的增大而减小，在 0.3～0.9 粉胶比变化范围内，均不满足要求。

4. 动态剪切流变试验分析

在动态剪切流变试验中，采用应变控制模式，应变值 $\gamma = 12\%$，试验频率 $\omega =$ 10 rad/s，约等于 1.59 Hz，试验温度采用 82 ℃，试样直径为 25 mm，厚度为 1 mm，试验方法为 AASHTO 标准 TP5。试验结果列于表 9-8。

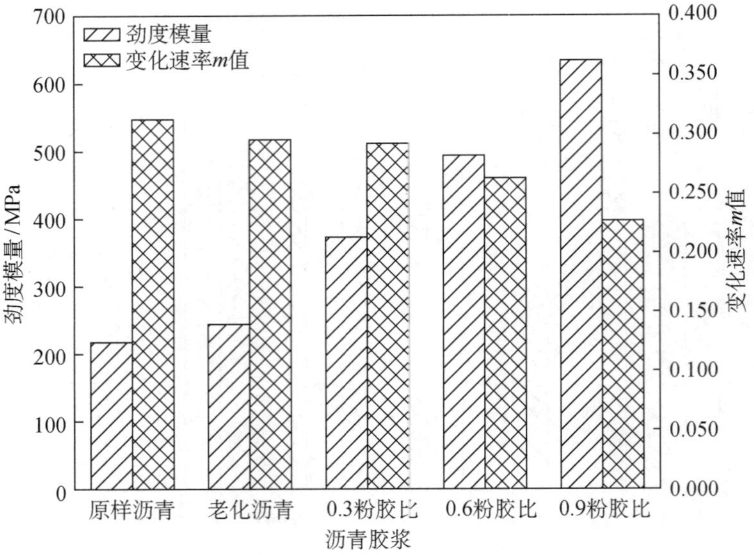

图 9-18　−18 ℃下改性赤泥胶浆劲度模量和变化速率 m 值比较

表 9-8　　82 ℃动态剪切流变试验结果

项目		$(G^*/\sin\delta)$/kPa	δ/(°)
原样沥青		1.75	61.6
老化沥青(RTFOT)		2.01	59.3
矿粉胶浆	0.3 粉胶比	2.46	61.2
	0.6 粉胶比	3.41	60.2
	0.9 粉胶比	4.34	61.6
普通赤泥胶浆	0.3 粉胶比	2.58	58.3
	0.6 粉胶比	5.12	53.7
	0.9 粉胶比	8.11	52.3
改性赤泥胶浆	0.3 粉胶比	3.55	57.1
	0.6 粉胶比	5.10	59.4
	0.9 粉胶比	8.49	54.6

图 9-19—图 9-21 为沥青胶浆抗车辙因子($G^*/\sin\delta$)随粉胶比变化的趋势，图 9-22 和图 9-23 分别为不同沥青胶浆抗车辙因子($G^*/\sin\delta$)和相位角(δ)之间的比较。

(1) 从图 9-19—图 9-21 可以看出，随着粉胶比的增大，沥青胶浆的抗车辙因子逐渐增大，说明填料的加入提高了沥青的强度，沥青变硬，抗车辙能力得到了提高。但是抗车辙因子增大的程度和粉胶比的关系并不是简单的线性关系，这点在改性赤泥沥青胶浆上尤为明显。

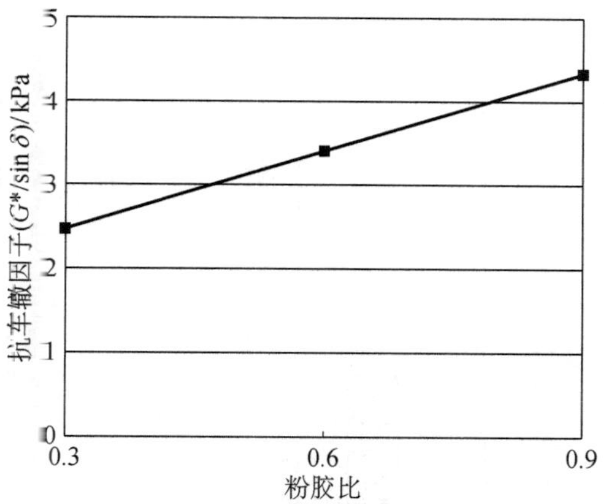

图 9-19　矿粉胶浆抗车辙因子变化趋势

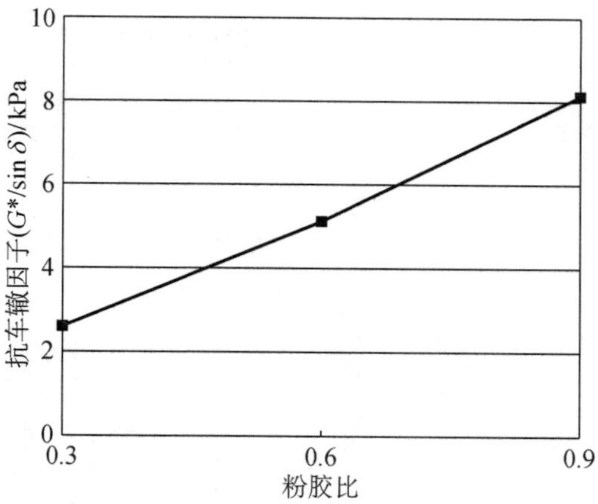

图 9-20　普通赤泥胶浆抗车辙因子变化趋势

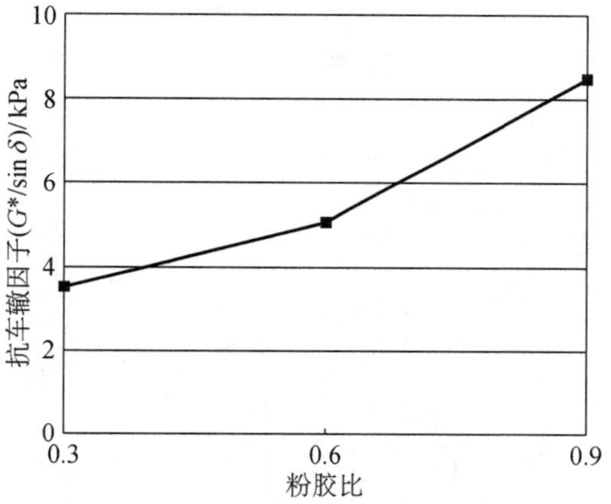

图 9-21　改性赤泥胶浆抗车辙因子变化趋势

(2) 从图 9-22 可以看出，对原样沥青进行短期老化或者添加填料处理均能够提高其抗车辙能力，并且在粉胶比为 0.3 的时候，矿粉胶浆和普通赤泥胶浆抗车辙因子相近，而改性赤泥胶浆抗车辙因子大于前面二者，说明少量的改性赤泥的加入对原样沥青的抗车辙能力有明显的改善作用。但是随着粉胶比的增加，普通赤泥胶浆和改性赤泥胶浆的抗车辙因子均大于矿粉沥青胶浆的抗车辙因子，说明普通赤泥和改性赤泥对原样沥青的硬化效果要大于矿粉对原样沥青的硬化效果。

(3) 从图 9-23 沥青胶浆相位角的比较图中可以看出，原样沥青和老化沥青的相位角大都在 60°左右，不同粉胶比的矿粉胶浆相位角也是在这一范围之内，这说明掺入矿粉对沥青的相位角影响较小，其弹性和黏性部分的比例基本不变。但是普通赤泥胶浆则随着粉胶比的增大呈现出降低趋势，即弹性部分比例逐渐增大，这点较于改性赤泥的波动不稳定性来说要有明显优势。

5. 拉拔试验分析

每组胶浆设置 3 个平行试验以消除误差，数据测量结果见表 9-9。

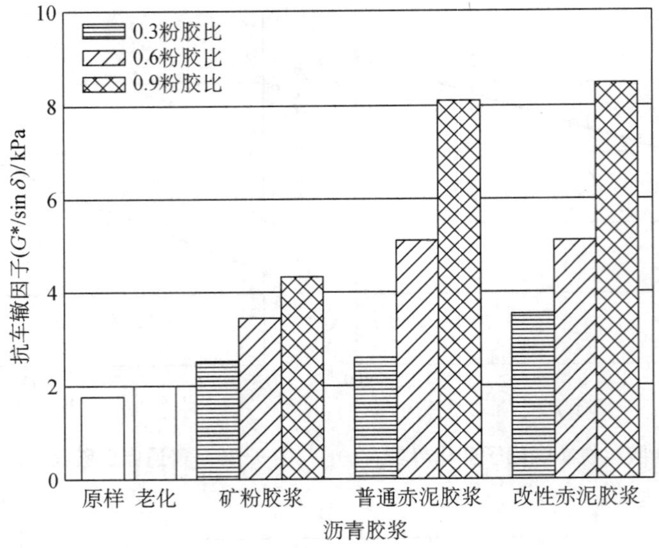

图 9-22 不同沥青胶浆抗车辙因子的比较

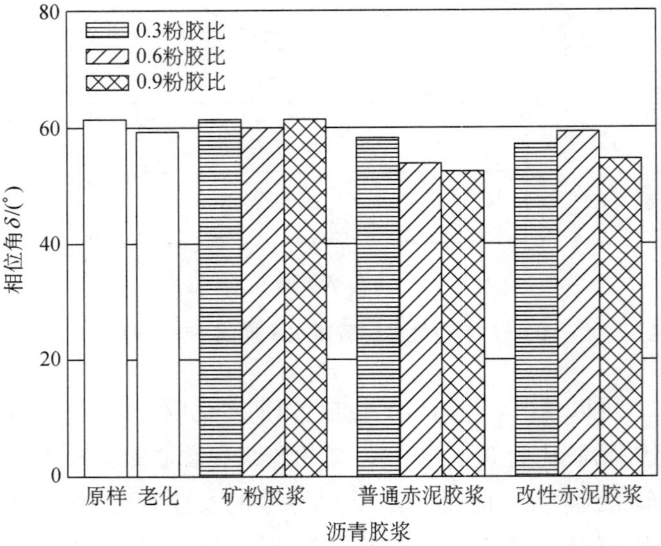

图 9-23 不同沥青胶浆相位角的比较

表 9-9　　拉拔试验结果

拉拔强度/MPa										
原样沥青	老化沥青	矿粉胶浆			普通赤泥胶浆			改性赤泥胶浆		
		0.3	0.6	0.9	0.3	0.6	0.9	0.3	0.6	0.9
2.15	2.63	1.24	1.98	2.5	2.36	2.64	2.81	1.3	2.28	2.59

将各个胶浆的拉拔强度进行对比分析，如图 9-24 所示。

从图 9-24 中可以看出，经过老化处理后的沥青胶浆较原样沥青来说，具有更高的拉

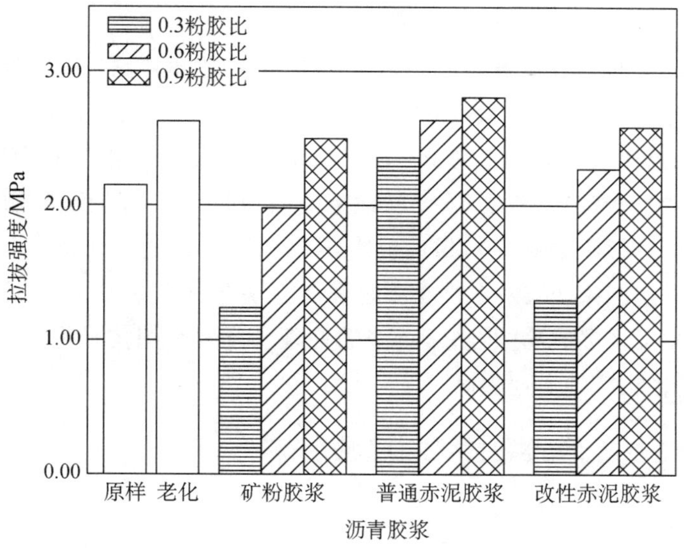

图 9-24　不同沥青胶浆拉拔强度的比较

拔强度，说明沥青短期老化后，其黏附性得到了提高。而当掺入矿粉和改性赤泥两种填料之后，在部分粉胶比情况下沥青胶浆的拉拔强度降低，说明由于添加了填料，使得胶浆内部结构发生变化，填料颗粒不能很好地与沥青结合，从而降低胶浆的黏附性，而随着粉胶比的提高，填料颗粒比例逐渐提高，胶浆内部除了沥青-沥青黏结还有填料-胶浆黏结。当掺入普通赤泥填料后，沥青胶浆的拉拔强度得到提高，并且随着粉胶比的增大，拉拔强度进一步增大。

9.3.3　小结

赤泥在透水水泥混凝土中的应用目前以矿渣形式应用于基层为主，当利用赤泥生产透水水泥混凝土面层时，强度相比于常规透水水泥混凝土具有较大幅度下降，极大限制了力学性能，所以针对透水水泥混凝土不建议掺加赤泥进行生产，只能以赤泥生产水泥或添加相应耦合剂的方式提高其性能。在赤泥应用于透水沥青路面时，从实验结果可以看出，赤泥可以提高沥青胶浆黏度，却降低了沥青胶浆的低温性能，且随着粉胶比的增大，抗车辙因子不断增大，由此表明赤泥对沥青胶浆的高温性能有增强效果，对其低温性能有削减影响。因此，对于赤泥在透水沥青路面中的应用，应充分考虑当地气候条件。

9.4　钢渣在透水路面中的应用

钢渣是炼钢工业中用石灰提取杂质而生成的大量固态废弃物，其再生利用性有利于环境综合治理，是可持续发展战略的重要内容。可以用钢渣替代碎石应用到道路工程中。钢渣具有较大的孔隙率，把钢渣应用到透水混凝土中，有利于雨水的排放，节约了水资源。总之，把钢渣应用到透水水泥混凝土中符合当代社会要求，既能减轻环境污染、节约资源，又符合生态型、绿色型混凝土的发展方向。

目前,欧美国家的钢渣利用率均达 90%以上,其中用于道路工程的比例达 70%左右。因此,钢渣建材化利用,需渣量最大,无二次污染,是钢渣再生利用的有效途径。此外,也有把钢渣用于化肥和水泥工业的例子。由于钢渣的不稳定性制约着钢渣的利用发展,所以应用到工程中的钢渣选用陈放 5～6 年以上的旧钢渣。钢渣具有较高的抗破碎能力(相关参数为压碎值、洛杉矶磨耗值),目前已有很多国家把钢渣用作优质集料。20 世纪 70 年代以来,工业发达国家面临资源严重不足和能源缺乏的处境,因此在钢渣利用方面做了大量的研究,积累了许多成功的经验,钢渣的处理和开发利用技术得到了进一步发展,钢渣的综合利用率也相应地迅速提高[10]。

9.4.1 钢渣在透水水泥混凝土路面中的应用

9.4.1.1 材料选择与物理性质

试验采用 5 年以上的陈化转炉钢渣,经过破碎、磁选和筛分等工艺,生产出不同粒级的钢渣。为了全面了解钢渣的稳定性情况,对钢渣进行物理、力学性能检测,以确定这些钢渣的路用性能。本次试验将钢渣作为粗集料,粒径分别为 2.36～4.75 mm, 4.75～9.5 mm, 9.5～13.2 mm 单一级配来实现透水混凝土的透水功能。因此,对混合陈渣进行矿物组成和化学成分分析[11],如表 9-10 所列。

表 9-10　　钢渣物理性质

渣样	外观	矿物组成
陈化转炉钢渣	深灰、略带褐色、多孔、坚硬	RO 相:为 MgO 和 FeO 的固溶体总称,呈粒状和块状,有些颗粒有很好的解理面,颜色较浅呈淡黄色,以 MgO 为主,固溶少量的 FeO,含量约 35%; CaO:呈圆粒状和小点状,分布在 C_3S 和 C_2S 表面,含量约 20%;C_3S:呈长条状和大片状,含量约 20%; C_2S:呈不规则块状,含量约 10%;铁酸盐:有 C_2F, CF,含量约 7%

从钢渣的矿物组成和化学成分看,新老钢渣的化学成分有一定的差别。冷却后的钢渣(新渣)是一种不稳定渣,不能直接使用。钢渣属工艺岩,与天然岩相比,主要是稳定性差。其稳定性取决于游离的 CaO 即 f-CaO 含量。f-CaO 与水消解成 $Ca(OH)_2$ 产生体积膨胀粉化。钢渣破碎的越细,其稳定性来得越早。经检测发现,露天堆放一年左右,钢渣的膨胀粉化现象基本结束(称为老渣或陈渣)。老渣克服了膨胀疏松,才可作为工程原料投入使用[12]。

(1) 水泥:强度等级:P·O 42.5;密度 3.2 g/cm^3;比表面积 330 m^2/kg;

(2) 矿粉:钢渣粉状;

(3) 减水剂:聚羧酸减水剂:减水率为 20%;掺量为胶凝材料用量的 0.5%;

(4) 保水剂:羟丙基甲基纤维素醚,黏度为 60 000～200 000 m Pa·s。

9.4.1.2 成型与力学性能

具体方法参考本书 9.3.1 节相关内容。

9.4.1.3　试验结果

钢渣透水混凝土实验设计及结果如表 9-11 所列。

表 9-11　　钢渣透水混凝土实验设计及结果(28 d)

组别	骨料粒径/mm	水灰比	替换率/%	灰集比	抗压强度/MPa	透水系数/$(mm\cdot s^{-1})$
1	4.75～9.5	0.31	0	0.25	32.1	13.2
2	4.75～9.6	0.31	10	0.25	32.7	12.9
3	4.75～9.7	0.31	20	0.25	33.8	12.8
4	4.75～9.8	0.31	30	0.25	31.6	12.9
5	4.75～9.9	0.31	40	0.25	30.3	12.7

9.4.2　钢渣在透水水泥沥青路面中的应用

我国曾于 2010 年 1 月由中国钢铁工业协会提出，全国钢标准化技术委员会归口出版《透水沥青路面用钢渣》(GB/T 24766—2009)，其中详细规定了用于各类透水沥青路面钢渣的技术标准。钢渣在透水沥青路面中的应用在近几年发展迅速，已经拥有相当成熟的工艺与技术，在此不做赘述。

9.4.3　小结

钢渣的应用经历了几十年的方法，如今无论是在国内还是国外都得到了大规模的推广应用，其转化率及技术成熟度都在 90%以上。因此，如今的研究重点在于如何用钢渣改善透水混凝土性能而非单纯的替代置换。

9.5　粉煤灰在透水水泥混凝土路面中的应用

粉煤灰是燃煤后从烟气中收集的细粉煤灰，占燃煤电厂排放的固体废弃物的大部分[13]。在中国，2000 年粉煤灰产量为 1.5 亿 t，2015 年为 3.5 亿 t，给经济建设和环境保护带来巨大压力[14]。此外，由于粉煤灰的化学成分，大量未经处理的粉煤灰会产生粉尘和空气污染。当粉煤灰排入河流时，会导致河流淤塞，其中所含的有毒化学物质也会对人类和其他生物造成伤害。然而，目前的透水水泥混凝土研究大多集中在粉煤灰对强度和污染物去除效率的影响上[15, 16]，对含粉煤灰透水水泥混凝土的环境影响和生物毒性的研究还比较有限。

9.5.1　材料选择与物理性质

(1) 水泥：强度等级：P・O 42.5；密度 3.2 g/cm^3；比表面积 330 m^2/kg；

(2) 粉煤灰、硅灰成分如表 9-12 所列；

(3) 本次设计未添加高性能减水剂。

表 9-12　　粉煤灰、硅灰、水泥成分表(w/w)　　单位:%

成分	Al_2O_3	SiO_2	Fe_2O_3	Na_2O	CaO	MgO	TiO_2	ZrO_2
粉煤灰	26.7	56.2	4.4	1.3	3.8	0.1	0.1	—
硅灰	0.91	92.13	0.31	—	—	—	0.04	6.41
水泥	6.18	22.97	3.25	0.007	58.51	2.55	0.044	0.044

9.5.2 成型与力学性能

具体方法参考本书 9.3.1 节相关内容。

9.5.3 试验结果

配合比设计及试验结果见表 9-13。

表 9-13　　配合比设计及试验结果初选

组别	水灰比	灰集比	各组分比例/%			孔隙率/%	抗压强度/MPa
			9.5～13.2	4.75～9.5	2.36～4.75		
1	0.31	0.18	0	100	0	25.7	12.7
	0.31	0.18	15	75	10	25.6	17.6
	0.31	0.18	30	50	20	24.7	19.1
	0.31	0.18	45	25	30	25.1	15.7
2	0.31	0.2	0	100	0	25.1	16.1
	0.31	0.2	15	75	10	23.7	18.9
	0.31	0.2	30	50	20	23.1	20.8
	0.31	0.2	45	25	30	24.2	22.9
3	0.31	0.22	0	100	0	23.9	22.1
	0.31	0.22	15	75	10	22.4	23.3
	0.31	0.22	30	50	20	23.1	25.1
	0.31	0.22	45	25	30	24.3	25.7
4	0.31	0.24	0	100	0	22.5	21
	0.31	0.24	15	75	10	21.2	22.4
	0.31	0.24	30	50	20	20.5	24.9
	0.31	0.24	45	25	30	21.3	23.7
5	0.31	0.26	0	100	0	20.3	17.1
	0.31	0.26	0	90	10	20.2	19.3
	0.31	0.26	0	80	20	19.9	22.6
	0.31	0.26	0	70	30	18.7	21.1

9.5.4　小结

随着粉煤灰掺量的增加，孔隙率和渗透系数减小的趋势略有不同。孔隙率变化小于 3%。孔隙率的降低速度减慢，渗透系数降低。说明粉煤灰与水泥对孔隙率和渗透系数的影响不存在明显差异。然而，由于孔隙率和渗透系数的值很小，任何微小的变化都会造成很大的影响，因此这种变化不应被忽视。当粉煤灰掺量为 0～20%时，抗压强度由 25.7 MPa提高到 34.5 MPa。然后，抗压强度迅速下降。粉煤灰加入后，粉煤灰中的酸性 SiO_2 与水泥中的碱性组分发生反应，在集料表面形成一层黏结材料，由此改变了渗透性混凝土的内部孔隙结构。

综上所述，粉煤灰通过减小或封闭连通孔隙的大小，影响透水混凝土的有效孔隙率和渗透系数。抗压强度是反映透水混凝土抗变形能力的最重要指标。然而，有时破坏是由拉伸应力引起的，故引入劈裂拉伸强度来表示其抗裂性。表 9-14 清楚地展示了抗压强度与劈裂抗拉强度的变化情况，20%粉煤灰掺量的劈裂抗拉强度最高，但其增长幅度低于抗压强度。

一般情况下，粉煤灰掺量为 20%时，抗压强度可提高 30%以上，劈裂抗拉强度可提高 8%以上，孔隙率和渗透率较对照组略有下降。

表 9-14　粉煤灰试验结果

组别	灰集比	粉煤灰掺量	各组分比例/%			孔隙率/%	抗压强度/MPa	透水系数/($mm \cdot s^{-1}$)
			9.5～13.2	4.75～9.5	2.36～4.75			
1	0.22	0%	45	25	30	23.3	25.7	7.1
2	0.22	10%	45	25	30	22.9	29.8	6.9
3	0.22	20%	45	25	30	21.8	34.5	6.7
4	0.22	30%	45	25	30	21.1	25.2	6.4
5	0.22	40%	45	25	30	20.9	20.1	6.1

9.6　小结

总的来说，每一种固体废弃物在经历特定的加工再处理后均可应用到透水路面的建设中。目前，建筑固体废弃物中的建筑拆除料及钢渣已经在国内外得到了较大规模的应用，同时由于两种废弃物自身具有天然的环保性质(不携带任何重金属等有毒物质)可直接作为集料使用，所以在使用时对环境造成的污染微乎其微。因此，目前研究的主要关注点在于如何优化生产工艺及提高所制造的透水路面强度。对于赤泥来说，改性后的赤泥可以完全替代传统矿粉作为一种优质填料使用，但对于此类试验需要更加优化成本以便大规模推广。此外，试验表明粉煤灰不仅可以提高混凝土性能，而且大幅度降低了制造成本。然而，由于赤泥、粉煤灰等是由工业冶炼焚烧收集而来的固体废弃物，其自身通常携带一些重金属有毒物质，当应用于透水路面时，在长期雨水冲刷的情况下，是否会有重金属被冲刷而出，形成对周围生态环境具有一定威胁的重金属渗滤液，这是需要进一步研究的。

参考文献

[1] 侯小洁.我国固体废弃物处理现状及对策分析[J].中国高新技术企业，2014(1)：79-81.

[2] 李锐铎，冯小雨，胡超峰.国内工业固体废弃物在公路建设工程中的应用[J].内江科技，2010，31(4)：111，113.

[3] 杨敬帅，马晓霞.建筑垃圾的再生利用研究[J].现代商贸工业，2009，21(13)：304-305.

[4] 宋志斌，黄明君，马建军.混凝土透水砖的研制[J].河北工程大学学报(自然科学版)，2008，25(2)：13-16.

[5] 左富云，孙可伟.基于废旧混凝土制备透水砖工艺的研究[J].居业，2007，28(6)：36-38.

[6] 王海燕，刘华章.混凝土透水砖的配合比设计、生产与施工[J].新型建筑材料，2007，34(7)：27-29.

[7] 马养志.透水砖的生产工艺与发展前景[J].砖瓦，2004(7)：47-49.

[8] 陈志山.大孔混凝土的透水性及其测定方法[J].混凝土与水泥制品，2001(1)：19-20.

[9] 徐世法，陈绍坤，王晓晓，等.再生透水沥青混合料性能研究[J].中外公路，2014，34(3)：231-235.

[10] 薛明，李光新.上海市钢渣的路用室内研究及其应用前景[J].粉煤灰，1999(3)：32-33.

[11] 郭鹏.钢渣透水混凝土在轻交通路面结构中的应用研究[D].重庆：重庆交通大学，2010.

[12] 张作顺，徐利华，余广炜，等.钢渣在水泥和混凝土中资源化利用的研究进展[J].材料导报，2010，24(2)：432-435.

[13] AHMARUZZAMAN M. A Review on the utilization of fly ash[J]. Progress in Energy & Combustion Science，2010，36(3)：327-363.

[14] 刘关宇.粉煤灰综合利用现状及前景[J].科技情报开发与经济，2010，20(19)：167-170.

[15] 李东旭，陈益民，沈锦林，等.碱对粉煤灰的活化和微观结构的影响[J].材料科学与工程，2000，18(1)：50-52，57.

[16] AOKI Y，RAVINDRARAJAH R S，KHABBAZ H. Properties of pervious concrete containing fly ash[J]. Road Materials & Pavement Design，2012，13(1)：1-11.

第 10 章　透水铺装现存问题及发展趋势

透水铺装由于其良好的生态性能和环保性能，近年来受到越来越多的关注，已成为新型环保路面的热点研究对象。欧洲、美国、日本和中国等很多国家和地区对其相继进行了大量的研究，从实验室研究到实验路以及实际应用，并取得了一定的研究成果。目前，主要应用于以下低频轻载领域：城市道路、城市广场、小区道路、运动场、停车场、人行道、公园道路、游乐场、自行车道等。

同时，作为一种集多功能于一体的新型路面结构，透水铺装目前还存在着许多问题，这些问题限制着透水铺装的大规模使用，因此就需要做进一步研究和探索。目前，透水铺装主要面临和需要解决的问题有以下几个方面。

10.1　堵塞与养护

透水铺装具有降噪、降温、减少城市地表径流等多种优点，而这些优点几乎都依赖于其路面材料的大孔隙结构。然而，在近些年使用过程中，透水路面最常见的病害就是路面内部的孔隙堵塞，这使得路面透水性能及其他路用性能大大下降。所以，孔隙堵塞成为透水铺装应用的热点研究问题。Kuldip Kumar 等[1]对美国的一个停车场的铺装进行堵塞研究，结果发现，从投入使用的第二年到第四年，由于路面内部颗粒的沉积和车辆的剪切应力作用导致路面孔隙堵塞，使路面渗透率明显下降 60%～90%。Guthrie 等[2]研究了孔隙堵塞和饱和度对透水混凝土抗冻融作用的影响。结果显示，被堵塞或完全饱和的试件，其损坏的速度更快。

10.1.1　堵塞机理

关于透水铺装堵塞机理，一般认为，透水铺装中的堵塞物主要来自两个方面：一方面由于雨水搬运效果，雨水渗流过程中将来自于空气中或者地表以及其他外界的固体颗粒带入路面结构内部；另一方面，路面结构内部本身的集料等由于受到车辆外荷载的作用被挤压碾碎，形成细小的颗粒物从而堵塞孔隙[3]。另外，堵塞位置通常也不同，有来自铺装结构表层的，也有来自内部靠近土基的[4]。同时，水文气候条件等也对堵塞有着一定的影响[5]。

10.1.2　防堵塞方法

针对透水铺装孔隙堵塞问题，目前有多种堵塞防治方法，各方法的重点均是清除造成堵塞的颗粒来恢复路面的渗透能力，主要以使用水和真空（或二者结合）的压力清洗为主。

1. 表面清洁

从维持透水路面渗透率的角度来看，表面清洗是最重要的维护方式，通过真空清扫来保障长期的使用性能。

2. 预防性表面清洁

定期用适当的街道清扫设备来做预防性表面清洗可以降低表面堵塞的可能性。

3. 恢复性表面清洗

如果透水路面已经有了堵塞，预防清洗可能不足以恢复表面渗透性能。因此，就需要使用恢复性真空清洗来清除堵塞沉积物，以恢复路面的渗透速率。预防性清洗与恢复性清洗二者所需设备的类型是不同的。

此外，对于不同的透水铺装类型，其堵塞防治方法也有所不同[6]。

10.1.3 未来研究重点

未来对于堵塞问题的研究重点在于开发新的防堵塞透水铺装，使透水铺装更能抗堵塞，而且不需要经常维护。弯曲度是多孔材料的一种特性，通常定义为实际的流动路径长度与流动路径的直线距离的比值[7]。如图 10-1 所示，通过透水铺装的不同流动路径，具有不同的弯曲度。孔隙堵塞的可能性随着弯曲度的增加而增加。因此，未来开发防堵塞透水铺装的研究重点在于，使透水铺装能够在不减少其力学性能的前提下，开发低弯曲度的均匀孔隙结构。

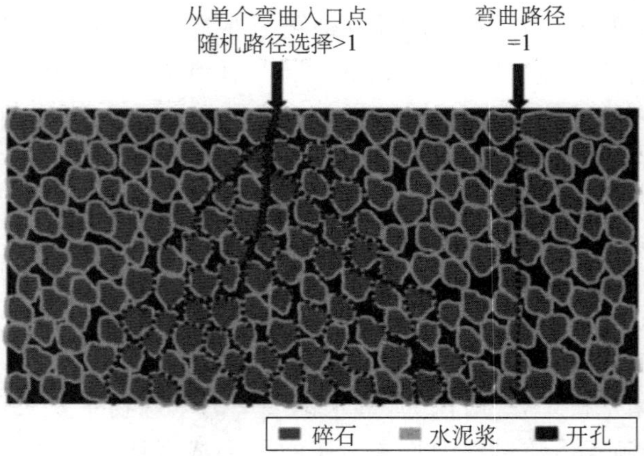

图 10-1 透水水泥混凝土的不同流动路径[3]

10.2 冻融耐久性

在各种透水铺装中，对于透水沥青路面而言，影响其使用的最重要问题是耐久性不足，使用寿命相对较短。造成这一问题的最主要原因是低温下集料从路面表面剥落和松散，使得路表面性能下降，失去原有的降噪等优点，并且持续恶化之后会影响行车性能。从混合料结构考虑，松散是由于砂浆本身的开裂、沥青黏结的破坏，或者是由于砂浆与砂浆之间的界面破坏而导致的。造成这一破坏的主要原因是冻融损伤破坏。

多孔隙沥青混合料的冻融有如下特点[8]：①材料属性和损伤特性呈非线性变化。②水的作用机理复杂。水在冻结过程中的作用包括结冰带来的静水压，以及向冰晶积聚产生的渗透压。此外，水的冻结不仅受温度影响，还取决于混合料内部的孔隙压力、盐分、渗流等。③内部冰荷载作用不可忽略。④多孔隙沥青混合料冻融破坏机理复杂。多孔隙沥青混合料的主要破坏形式宏观上表现为松散，微观上分析为沥青与集料界面黏结性能失效，以及胶浆自身的断裂破坏(图 10-2)。

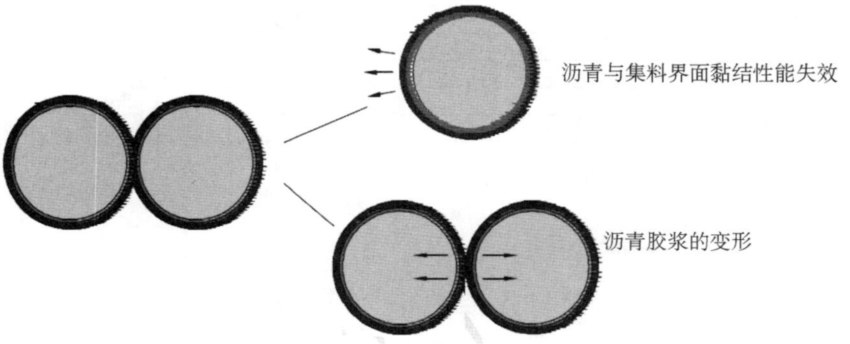

图 10-2　多孔隙沥青混合料受冻结荷载下的破坏模式[7]

不同掺和料对透水水泥混凝土冻融循环的影响实验研究结果表明[9]：掺加粉煤灰和矿粉能提升透水水泥混凝土的冻融循环性能，并且矿粉提升效果更好。掺加聚乙烯纤维、硅灰能大幅度提升透水水泥混凝土的抗冻性能。掺加石英砂对透水水泥混凝土的抗冻性能影响不明显。多种掺和料组合配制的透水水泥混凝土试件相比其他单一掺和料的透水水泥混凝土试件来说并没有显示出明显的优势，并且成本相对较高，故其工程应用与制备有待进一步的研究优化。

10.3　重载应用

控制车辙的产生是路面设计中的一项重要内容，对于透水路面在重载交通下的车辙，加州大学[10]通过对透水连锁混凝土路面的试验路进行了加速加载现场试验，结果表明，在饱水状态下，透水路面结构在重载作用下产生了较大车辙，最终导致路面结构的破坏。

实验用重载模拟车 HVS 对三种不同基层厚度的路面结构分别在干燥和饱水状态下进行重复加载。实验结果表明，路面结构在干燥和完全饱水的两种状况下加载之后车辙有很大的不同。在轻载作用下，车辙变形较小，但随着作用次数增加，开始出现较大的车辙变形。在重载作用下，车辙变形较大，路面结构容易破坏。从车辙变形来源分析，车辙主要来自基层和土基的变形。重载作用下，增加基层厚度，可以有效降低土基顶面的压应力，进而有效降低饱水土基车辙，控制饱水土基永久变形。通过土工格栅/格室等措施可以加强碎石基层，或采用沥青或水泥处治基层/垫层来降低基层车辙变形。面层采用较厚的透水水泥或透水沥青混凝土也可以有效保护基层和土基，从而降低车辙风险。饱水条件下各层车辙如图 10-3 所示。

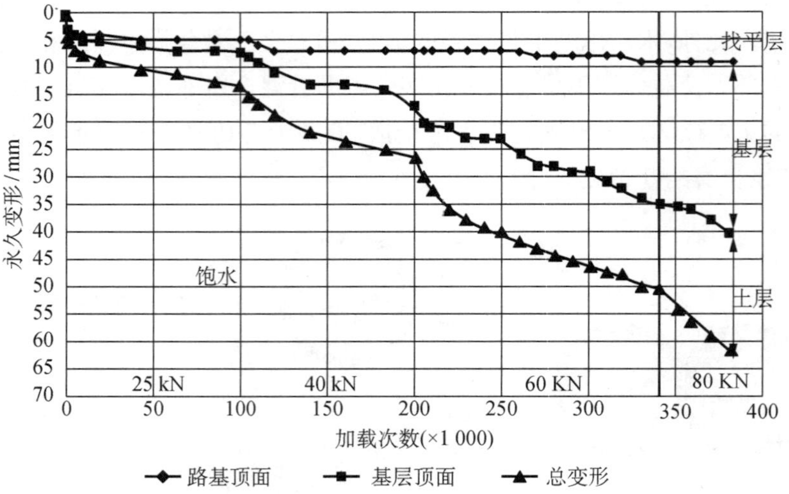

图 10-3　饱水条件下各层车辙

因此，对于透水路面而言，如何提高其在重载交通下的承载能力，是后期开展大规模推广和应用的关键问题。针对不同路面结构层的要求，通过对透水路面材料和结构各方面的优化来提高透水路面的承载能力，使其能够适用于重交通条件下城市主干道等，也是海绵城市和可持续绿色发展的关键问题。

10.4　透水铺装环境效益研究

透水铺装具有降温降噪、防治水污染等优点，作为新型环保型路面，其绿色环保优势促使其投入越来越多的应用，但目前仍然需要对污染物去除能力的预测方法等环境效益进行研究，建立持续可靠的参考标准。

透水铺装结构除了对路表面沉积物有去除的效果之外，在透水路面面层、基层、底基层和路基内对水质也有一定的作用。基层、底基层材料作为过滤层，对减少污染物有一定的作用。虽然对可溶性污染物的去除率和对地下水的影响研究越来越多，但仍需进一步研究[11]。

10.4.1　沉积物污染物去除效应

研究表明，在透水铺装中主要是通过清除在地表上的沉积物来实现去除污染物的目的。这些污染物主要包括附着在沉积物上的结合金属和其他污染物。当前需要做有关特定路面预期污染去除率方面的研究。

10.4.2 溶解金属去除效应

溶解金属是一类可溶性污染物。溶解金属去除的关键是 pH。一些研究表明，透水混凝土路面可以通过增加 pH 值[12]以及释放碳酸钙而增加碱性，并且可以降低金属的流动性。已有研究表明混凝土路面可以降低降雨酸度。需要进一步探究通过增加与水泥质材料和不同的土基的接触时间来增大溶解性金属污染物去除的可能性，将石灰石基底/底基层或特定过滤层应用到透水路面系统中。这些研究涉及材料选择、添加剂种类、结构设计以及使用选定材料的分层等方面，最终希望以此来提高金属和其他污染物的总体污染物去除能力。

10.4.3 氮和磷富营养污染物去除效应

氮和磷等营养物质浓度过高会使水体富营养化，这也是许多水域水质受损污染的主要原因。目前的数据表明，透水路面系统去除氮和磷的性能差异很大。透水铺装提供了一个解决水体富营养化污染问题的方案，但仍需要更多的数据来探究透水路面系统对于营养类污染物的去除性能。

10.4.4 温度效应

越来越多的人开始关注路面对城市热岛效应的作用和水热影响。透水铺装材料具有较高的比热容，相比较常规混凝土而言，它可以保持更低的表面温度，该特性可能比表面反射率更重要。因此，需要对效益量化的方法进行额外的研究。

10.4.5 空气质量的影响

透水铺装材料对于减少城市环境中的空气污染效果是目前需要进一步研究的问题。

10.5 有效、可靠的结构设计

目前，针对透水铺装材料的性能研究已经有了初步的成果，但对于将来用于重载和大规模的推广应用，传统的密级配结构设计方法并不适用。未来通过对透水路面各个结构层材料性能的经验累积和工程应用经验累积，完善和优化透水路面结构设计和验算标准，提高其综合路用性能和环保性能，是未来透水铺装研究和发展的关键，也是透水铺装应用走向成熟的重要步骤。

参考文献

[1] KUMAR K, KOZAK J, HUNDAL L, et al. In-situ infiltration performance of different permeable pavements in a employee used parking lot-A four-year study[J]. Journal of environmental

management, 2016, 167: 8-14.

[2] GUTHRIE W S, CARSON B D, DENNIS L E. Effects of soil clogging and water saturation on freeze-thaw durability of pervious concrete[J].Transportation Research Board,2010,2164:89-97.

[3] KIA A, WONG H S, CHEESEMAN C R. Clogging in permeable concrete: A review[J]. Journal of environmental management, 2017, 193: 221-233.

[4] CHOPRA M, KAKUTURU S, BALLOCK C, et al. Effect of rejuvenation methods on the infiltration rates of pervious concrete pavements[J]. Journal of Hydrologic Engineering,2010, 15 (6), 426-433.

[5] YONG C F, MCCARTHY D T, DELETIC A. Predicting physical clogging of porous and permeable pavements[J].Journal of Hydrologic Engineering, 2013, 481: 48-55.

[6] WINSTON R J, AL-RUBAEI A M, BLECKEN G T, etal. Maintenance measures for preservation and recovery of permeable pavement surface infiltration rate-The effects of street sweeping, vacuum cleaning, high pressure washing, and milling[J]. Journal of environmental management, 2016, 169: 132-144.

[7] BEAR J. Dynamics of fluids in porous media[M]. New York: American Elsevier Publishing Co., 1988.

[8] 易军艳.基于界面行为的多孔沥青混合料冻融损伤特性研究[D].哈尔滨:哈尔滨工业大学,2012.

[9] 楼俊杰.不同掺和料影响下透水混凝土性能及冻融循环劣化研究[D].济南:山东大学,2016.

[10] LI H, JONES D, WU R, et al. Development and HVS Validation of Design Tables for Permeable Interlocking Concrete Pavement: Final Report[R].University of California,eScholarship,2014.

[11] Permeable Pavements Task Committee. Permeable pavements[M]. American Society of Civil Engineers, 2015.

[12] COLLINS K A, HUNT W F, HATHAWAY J M. Hydrologic comparison of four types of permeable pavement and standard asphalt in eastern north carolina[J]. Journal of Hydrologic Engineering, 2008,13(12), 1146-1157.